Edgar F. Warnecke

Burgen und Schlösser im Land von Hase und Ems

2. erweiterte Auflage

H. TH. WENNER

Fotos:

Werner Franke: 56, 161, 178/179, Luftbildfreigabe Bez.-Reg. Weser-Ems 106/148
Elisabeth von Gusovius: Vorsätze, 8, 99, 104, 109, 120, 152, 182, 185, 200, 207
Gutsverwaltung Sondermühlen: 90
Klaus Rohmeyer: 24
Staatsarchiv Münster: 32
Staatsarchiv Osnabrück: 15, 21, 22, 38, 42, 50, 75, 133, 137, 143
H. Tecklenburg: 34, 175, 176
H. Voß: 124
Westfälisches Landesmuseum für Kunst und Kulturgeschichte Münster: 40, 100, 173
Dr. Edgar F. Warnecke: alle übrigen sowie sämtliche Lagepläne und Skizzen

ISBN 3-87898-297-6 Zweite verbesserte Auflage
(ISBN 3-87898-229-1 Erstausgabe)

Inhalt

Vorwort Die zweite Auflage wurde inhaltlich auf den neuesten Stand gebracht, darüber hinaus konnten die Abbildungen durch 22 Aufnahmen ergänzt bzw. ersetzt werden. Da eine Vollständigkeit im Sinne eines Kataloges nicht beabsichtigt ist, verblieb es bei der Anzahl der vorgestellten Bauwerke. Doch werden bei weniger bekannten Burgen und Schlössern die Geschichte baulicher Veränderungen noch eingehender behandelt sowie Planung und Bau einiger Herrensitze mehr in den historischen Gesamtzusammenhang eingefügt.

Die Arbeit hat ihren Schwerpunkt in der Kulturgeschichte der Bauten als Lebensform ihrer Bewohner.

In kaum einem anderen Bauwerk ist die enge Verbindung von Architektur, wirtschaftlichen Notwendigkeiten und Landschaft so sichtbar wie bei den Adelssitzen. Sie entstanden meist abseits von den Zentren der Kunst und wurden oft selbst zu einem kulturellen Mittelpunkt. In der Ausschmückung der Bauwerke und Gärten kommt sowohl der Geschmack der Besitzer als auch die Mode der Zeit zum Ausdruck. Bauliche Formgebung und ornamentaler Schmuck bleiben fast immer zurückhaltend. Von einer »Übergestaltung« kann in keinem Fall gesprochen werden. Im Vergleich zum Münsterland sind die Adelssitze des betrachteten Raumes meist einfacher. Im Gegensatz zur zurückhaltenden Verwendung von schmückendem Beiwerk wird nicht gespart bei der Errichtung von Schutzanlagen.

Der Osnabrücker Raum ist während der Zeit des Burgen- und Schloßbaus durchaus als eine eigenständige Baulandschaft anzusprechen. Im 16. Jahrhundert ist im Fachwerkschmuck ein Zusammenhang mit dem Oberwesergebiet nicht zu verkennen. Bezeichnend für die konservative Baugesinnung mag es sein, daß im Osnabrücker Land sehr lange an Bauformen der Renaissance festgehalten wird. Während die Höhenburgen im Laufe der Jahrhunderte verfielen, da sie wegen ihrer exponierten Lage den wirtschaftlichen Anforderungen nicht mehr genügten und auch der Entwicklung der Verteidigungstechnik nicht mehr entsprachen, haben viele Wasserburgen die Zeitläufte, wenn auch in stark veränderter Form, überstanden. Sie konnten durch vorgezogene Wälle und Vermehrung der Graften leichter den Erfordernissen neuer Kampfmethoden begegnen. Noch wichtiger für das Überleben war die Lage mitten in ihrer Feldflur und im ebenen Gelände; sie erlaubte, den Bau des Herrenhauses und der Wirtschaftsgebäude ohne Schwierigkeiten neuen wirtschaftlichen und arbeitstechnischen Verhältnissen anzupassen. Rittersitze blieben daher meist bis auf den heutigen Tag als Wohn- und Arbeitsplatz erhalten. Die fortwährende Anpassung und die allgemeine bauliche Entwicklung bedeuten jedoch, daß nur spärliche Reste vom älteren Bauzustand zu finden sind. Im Gegensatz dazu zeigen die Wassergräben oft noch ihren ursprünglichen Umfang; sie dienen der Erhaltung der Bausubstanz und gleichzeitig der Repräsentation.

Mit Ausnahme der Rittersitze Barenaue, Ostenwalde und Schelenburg haben die beschriebenen Adelshäuser durch Aussterben der Familie, durch Verkauf infolge wirtschaftlicher Schwierigkeiten oder auf andere Weise im Laufe der Jahrhunderte den Besitzer gewechselt. Doch tauchen in der Burgenlandschaft immer wieder dieselben Namen auf. Die Geschichte der Adelssitze erscheint damit als eine große Familien- und Sippengeschichte.

Hoch ist der Blutzoll, den die adligen Herren als Offiziere vorwiegend in kaiserlichen Diensten aber auch unter fremden Fahnen erbrachten. Oft war es nur möglich, den ererbten Besitz entfernten Verwandten zu übergeben. Als Mann der Wirtschaft selten so erfolgreich wie als Soldat vor dem Feind, konnte der Erbe sein Gut nicht immer halten. Es kam zur Minderung des Besitzes. Kluge Heiratspolitik führte dagegen oft zur Vermehrung des Gutes.

Schloßherr zu sein, bedeutet heute, finanzielle Opfer zu bringen. Ein nicht unerheblicher Teil der Adelssitze erhielt nach dem Ersten und vor allem nach dem Zweiten Weltkrieg einen neuen Besitzer, da die Kosten für Unterhaltung der umfangreichen, oft kaum noch sinnvoll genutzten Gebäude, Mauern und Graften nicht mehr aufgebracht werden konnten.

Da das Buch sich an den interessierten Laien wendet, ist auf die Anwendung eines kunsthistorischen Fachvokabulars weitgehend verzichtet worden.

Die nachstehend aufgeführte Literatur nennt eine Auswahl allgemein interessierender Werke, die für die kulturgeschichtliche Betrachtung der Burgen und Herrenhäuser herangezogen worden sind.

vom Bruch, R., Die Rittersitze des Fürstentums Osnabrück. Osnabrück 1930 (Neudruck Osnabrück 1965).

–, Die Rittersitze des Emslandes. Münster 1962.

Dehio, G., Handbuch der deutschen Kunstdenkmäler–Bremen/Niedersachsen. München–Berlin 1977.

Dehio, G., Handbuch der deutschen Kunstdenkmäler–Westfalen. München–Berlin 1977.

Engel, G., Landesburg und Landesherrschaft an Osning, Wiehen und Weser. Bielefeld 1979.

Henneko, Dieter, und Alfred Hoffmann, Geschichte der deutschen Gartenkunst. Bd. I–III, Hamburg 1962–65.

von der Horst, K. A., Die Rittersitze der Grafschaft Ravensberg und des Fürstentums Minden. Berlin 1894 (Neudruck Osnabrück 1979).

Ludorff, A., Die Bau- und Kunstdenkmäler des Kreises Tecklenburg. Münster 1907.

Ludorff, A., Die Bau- und Kunstdenkmäler des Kreises Halle. Münster 1908.

Poppe, R., Burg- und Schloßtypen des Osnabrücker Landes. Osnabrück 1953.

Prinz, J., Das Territorium des Bistums Osnabrück. Göttingen 1934 (Neudruck Osnabrück 1973).

Iburg von Nordwesten. Links das ehemalige Kloster, rechts Gebäude der einstigen bischöflichen Residenz mit Bergfried.

Als älteste historisch faßbare Wasserburg des altwestfälischen Raumes wird der rundliche Gräftenhof angesehen, den ein Wassergraben als Schutz umgab. Viele Adelssitze lassen noch heute ihren Ursprung aus einem Gräftehof erkennen.

Während des gesamten Mittelalters und noch im 16. Jahrhundert wurden mit Hilfe von Wasserläufen oder mittels Stauanlagen Wasserbefestigungen geschaffen. Doppelte und mehrfache Graften umgaben meist kreisförmig den eigentlichen Wohnplatz. Das System der Wassergräben blieb auch in einer Zeit erhalten, als die Bauwerke sich den Erfordernissen der Zeit entsprechend änderten.

Unter dem Druck kriegerischer Einfälle entstand im 10. Jahrhundert der wasserumfriedete wehrhafte Erdhügelhof. Es wurde gewöhnlich ein ringförmiger Wassergraben ausgeschachtet und die gewonnenen Erdmassen zu einem breiten Hügel, der sogenannten Motte (frz. la motte = Erdscholle), aufgeworfen. Auf der höchsten Stelle errichtete man ein hölzernes Turmhaus, das mit einem Palisadenring umgeben wurde.

Viele Erdhügel sind in der Folgezeit abgetragen worden, um günstigeres Gelände für den erweiterten Herrensitz zu schaffen, andere wurden erweitert oder umbaut. Die Erdhügelburg dient von Anfang an als Sitz einer einzelnen Familie, im Gegensatz zur germanischen Burg, die nur in Zeiten der Gefahr dem Volk als Schutzwehr zur Verfügung stand. Der germanische Herrensitz lag von der Volksburg räumlich getrennt.

Aus der Erdhügelburg entwickelte sich die Turmhügelburg, ein aus Stein gebauter, gewöhnlich rechteckiger Turm. Dieser war zusätzlich mit Graben, Wall und Palisadenzaun gesichert. Häufig bezog man in den Bereich der schützenden Wassergräben eine Vorburg mit Wirtschaftsanlagen ein.

Die Turmhügelburg wurde von den Normannen im Nordwesten Frankreichs wahrscheinlich unter Benutzung spätromanischer Wehrbaukunst zu Wohn- und Wehrturm (Donjon) weiter gebildet und hat sich später in England, Deutschland und im übrigen Europa ausgebreitet. Der Tower in London weist schon in seinem Namen darauf hin, daß der wichtigste Teil der Burg der Turm war. Viele Turmburgen sind noch heute in Irland zu sehen, darunter das großartige um 1200 erbaute Trim Castle (Ruine). Seit dem 12. Jahrhundert gibt es freistehende, turmartige Steinwerke (DOMUS LAPIDEA) mit mächtigem Mauerwerk, die der Abwehr eines Feindes dienen konnten oder wenigstens eine Schutzwehr darstellten. Diese Bauwerke standen nicht mehr auf künstlichen Hügeln, doch waren sie ringförmig von Wasser umgeben. Gewöhnlich bildet der stets mehrstöckige Turm, der meist inmitten der Burganlage steht, im Grundriß ein Rechteck. Die Ausmaße betragen über 8 × 10 Meter. Der Turm besitzt nur wenige und schmale Lichtscharten. Fenster im Erdgeschoß werden vermieden. Der Eingang befindet sich in großer Höhe und kann nur mit Hilfe einer Leiter erreicht werden (vgl. Schelenburg S. 70 und Gesmold S. 78). Das Untergeschoß diente zur Vorratshaltung, die Obergeschosse waren Zufluchtsort. Die Weiträumigkeit im Inneren erlaubte ein dauerndes Bewohnen. Die Turmburg ist damit Wehr- und Wohnbau. Im hohen Mittelalter überwiegt die wehrtechnische Funktion, in der Folgezeit setzte sich der Wohncharakter stärker durch.

Für Osnabrück ist erstmalig ein Steinwerk 1177 bezeugt. Als die Städte noch nicht ummauert waren, konnten diese als sichere Zuflucht dienen. Die Steinwerke in der Bierstraße (Hofgebäude der Firma Kobe und Hopfer) und in der Dielingerstraße (Haus der Vereinigung »Schlaraffia« in Osnabrück) vermitteln eine Vorstellung von ihrer ursprünglichen Aufgabe. Sie erinnern jedoch nicht mehr an ein sie umgebendes Wassersystem.

Steinwerke gab es auch auf größeren Höfen. Die erhalten gebliebenen, oft noch von Wasser umgebenen Bauten stehen auf rechteckigem Grundriß und sind mit Schießscharten versehen. Das 12 Meter hohe Steinwerk auf dem Schultenhof zu Rüssel, östlich Ankum, das Steinwerk auf dem Meyerhof zu Brickwedde, südöstlich Ankum, und auf dem Meyerhof zu Schledehausen mit ähnlichen Ausmaßen mögen dafür kennzeichnend sein. Die geringe Innenfläche zeigt, daß sie nicht zum dauernden Wohnen geeignet waren. Sie nahmen nur im Falle äußerster Gefahr Familie und Gesinde auf. Kamin, Abort und Ausguß, wie bei den genannten Bauten deuten auf die Möglichkeit des zeitweisen Bewohnens hin.

Es ist zu vermuten, daß auch von Anfang an eine Vereinigung von Turmburg und Ringmauerburg erfolgte. Eine Vorstellung von einer Rundburg des hohen Mittelalters vermittelt die Deckelkrönung eines Silberbechers, der das Wappen des Geschlechts von Bar trägt. Die plastische Darstellung ist in der ersten Hälfte des 16. Jahrhunderts vermutlich im norddeutschen Raum geschaffen worden.

Die Burg Barenaue wurde vor 1305 von den Herren von Bar am Südrand des Kalkrieser Moores angelegt und war nur über einen schmalen Weg vom festen Land her zugänglich. Es ist nicht ausgeschlossen, daß die Feste dem Künstler als Vorbild gedient hat. Nach der Plastik schützten dicht aneinandergereihte und oben zugespitzte Holzplanken die runde Wehranlage. Der Zugang erfolgte durch ein bewehrtes Tor. Die Burg wurde beherrscht von einem viereckigen hohen Turm. Er war Zufluchtsort der Verteidiger, wie schon seine zentrale Lage zeigt. Zwei Kamine und Dachausbauten sowie eine Kornwinde weisen auf seine unterschiedlichen Aufgaben hin. Neben dem Turm erhob sich ein bescheidenes Herrenhaus. Wirtschaftsgebäude und Kapelle lehnten sich an den Palisadenzaun an.

Der größere Teil der alten Wasserburgen wies neben den Holzplanken (Palisadenzaun) und dem Wassergraben auch einen Turm wie in Barenaue auf, doch diente dieser ausschließlich dem Schutz und der Verteidigung. Hier ist die Übernahme von Baugepflogenheiten der Höhenburgen erkennbar. Der Bergfried der Höhenburg war immer nur letzter

Zufluchtsort und diente keinen Wohnzwecken. Sein Durchmesser geht auch bei Türmen, die im Fall äußerster Not kurzfristig Unterkunft boten, nicht über 9–10 Meter hinaus. Die runden, quadratischen oder polygonalen Bergfriede gehören meist zum festen Bestand der Höhenburg des 13. Jahrhunderts.

Landes- und Dynastenburgen

Der Ausbau der Osnabrücker Landesherrschaft dauerte im wesentlichen von 1200 bis 1400. Hier halfen die Vermehrung des bischöflichen Tafelgutes, das Recht des Forstbannes, Markt-, Zoll- und Münzrecht, das Erwerben der Vogteigewalt über die geistlichen Grundherrschaften und das Befestigungsregal.

Im Westen und Nordwesten machten die Grafen von Tecklenburg dem Osnabrücker Bischof die Landesherrschaft streitig, im Norden und Osten die Grafen von Calvelage-Ravensberg und die Grafen von Oldenburg, weniger die Diepholzer Herren. Daher schufen die Osnabrücker Bischofe wie die Bischöfe von Münster und wiederum die weltlichen Landesherren zur Sicherung und Abgrenzung ihrer Gebiete ein System von Burgen. Die Festen des 13. Jahrhunderts dienten vor allem der Sicherung des Territoriums, die Burgen des 14. Jahrhunderts waren Instrumente strategischer Planung und Hauptstützpunkte in dem noch nicht festgefügten Hochstift. Von der Mitte des 14. Jahrhunderts an wurden sie in erster Linie als Verwaltungs- und Repräsentationssitz in Anspruch genommen. Aus den Burgplätzen entwickelten sich die späteren Ämter.

Die Burgen lagen an Heer- und Handelsstraßen. Reisende und Truppen durften es nicht wagen, abseits der Verkehrsverbindungen durch Wald und Sumpf zu ziehen. Die Sperrung einer Straße konnte deshalb für den Landesherren recht zweckmäßig sein.

Iburg

Die älteste Feste des Osnabrücker Bischofs war die Iburg auf dem 40 Meter hohen, dem Teutoburger Wald südlich vorgelagerten Berg an der alten Paßstraße nach Warendorf und Münster. Benno II., treuer Gefolgsmann, Ratgeber und Baumeister Kaiser Heinrichs IV., hatte sich am westlichen Bergsporn um 1073 auf sächsischem Vorgängerbau einen rechteckigen Turm aus gequadertem Mauerwerk, vermutlich einen Wehr- und Wohnturm, errichtet, von dem heute nur noch der Stumpf erhalten geblieben ist.

Um 1080 legte er neben seinem bischöflichen Sitz ein Benediktinerkloster an. Die erste Klostergemeinschaft bestand aus 12 Mönchen – an die Zahl der Jünger Christi erinnernd –, die Benno aus dem Stift St. Alban in Mainz mitgebracht hatte, und einem Abt, der vorher Mönch in St. Pantaleon in Köln war.

Die ehemalige Aufteilung in Haupt- und Vorburg ist an der bischöflichen Burg am steilen Westhang und auf der Klosterseite am leichter zugänglichen Osthang zu erkennen. Vermutlich bestand auf dem Burgberg schon in vorgeschichtlicher Zeit eine Fluchtburg.

Aus Bennos Zeiten stammen die Grundmauern, Gewölbeteile des Nordwestflügels und Reste einer dreischiffigen Basilika.

Eine Bestimmung aus dem Jahre 1186 besagt, daß der Burgdienst im Frieden von fünf, im Kriege von zehn Rittern und ebenso vielen Knappen versehen werden mußte. Der Umfang der Burg dürfte demnach im 12. Jahrhundert noch bescheiden gewesen sein.

Im späten Mittelalter erfolgten mehrere Ausbauten. Nach einem schweren Brand 1349 errichtete Bischof Johann II. Hoet unter anderem zwei Vortürme, die jedoch 1557 bzw. 1777 wieder abgebrochen wurden. Konrad IV., Graf von Rietberg, der erste hier ständig residierende Bischof, ließ den um 1100 entstandenen achteckigen Bergfried in seiner jetzigen Gestalt erhöhen. Hier wurden die münsterschen Wiedertäufer Knipperdolling, Jan von Leyden und Krechting eingekerkert, bevor sie unter den sieben Linden, dem Gerichtsplatz vor dem Schloß, verurteilt und vermutlich auf dem Stallbrink bei Oesede gerädert und enthauptet worden sind.

Bischof Erich II. erstellte die Kanzlei an der Südseite und den Marstall. Bischof Franz Graf von Waldeck schuf den kleinen Zwischenbau des Nordflügels (ehemaliges Pforthaus).

Das heutige Antlitz erhielt das Schloß im wesentlichen durch Bischof Philipp Sigismund von Braunschweig, der die Burg zu einer vierflügeligen, geschlossenen Renaissanceanlage ausbauen ließ. Der Westflügel mit Laubengang ist wegen Verwitterungsschäden später abgetragen worden. Heute grenzt eine Mauer das Schloß im Westen ab. Philipp Sigismund zeigte für den Gartenbau großes Interesse. Er legte zusammen mit seinem Jagdhaus »Freudenthal« unterhalb der Iburg einen »Lustgarten« an, in dem ausländische Blumen und Pflanzen zum Gebrauch für Apotheken gezogen wurden. Außerdem war der Garten mit schönen »Bildsäulen« geschmückt. Das Lust- und Jagdschlößchen wurde unter Bischof Franz Wilhelm von Wartenberg an die heutige Stelle versetzt. Nach der Säkularisation diente es über ein Jahrhundert als Försterwohnung. Das »Alte Forsthaus Freudenthal« steht seit Jahrzehnten dem »gemeinen Publicum« für Speis und Trank offen.

Im 30jährigen Krieg erlitt das Schloß durch die Niederländer und die langjährige schwedische Besatzung (1633–1650) schweren Schaden. Franz Wilhelm, der seit der Besetzung seines Bistums durch die Schweden sich hauptsächlich am kurkölnischen Hof aufgehalten hatte, fand das Schloß bei seinem Wiedereinzug 1650 in einem trostlosen Zustand vor – es gab keinen regensicheren Raum mehr.

Der Rittersaal mit nach Westen anschließenden Zimmern und die »Hirschseite« wurden unter dem bayerischen Architekten Johann Krafft, den der Bischof aus seiner Heimat nachgeholt hatte, neu aufgebaut. Der Trakt, der die Nordseite des Schlosses einnimmt, hat seinen

Nördlicher Seitenflügel des Klosters mit Wappen des Erbauers, darüber in einer Nische St. Clemens, dem das Kloster geweiht ist.

Namen von Hirschen erhalten, die dort hinter einem Gatter gehalten wurden. Es gehörte schon immer zum standesgemäßen Luxus der Fürsten, Wildgehege (Tiergarten) mit einheimischen und nicht selten auch mit exotischen Tieren zu halten.

Die »neue Galerie«, eine Steinmauer mit hölzernem Turm, die den Hof in einen fürstlichen und einen Küchenhof teilte, und die »eingehängte Galerie«, die zusammen mit der neuen die Nord- und Südseite des Schlosses verband, waren ebenfalls das Werk von Franz Wilhelm.

Im Rittersaal beeindruckt die wuchtige Kassettendecke mit der perspektivisch gemalten Arkadenarchitektur des Italieners Andreas Aloisius Romanus mit thronendem Zeus im Mittelfeld und der Darstellung der Taten des Herkules. Die Verbindung von antikem und christlichem Denken war der Barockzeit nicht fremd. Die Malerei behandelt den Illusionsraum der Decke innerhalb der rahmenden Scheinarchitektur als malerische Einheit und nicht als Summe von Teilbildern. Die Aufteilung der Decke in Kassetten kam einer Darstellung von acht Taten des Herkules entgegen.

65 Bildnisse der Osnabrücker Bischöfe, die Karl den Großen und Wittekind als Schlüsselfiguren für die christliche und heidnische Zeit einschließen, lassen die Herrschaftsgeschichte bis zur Säkularisation 1803 verfolgen. Darstellungen am Kamin nehmen in allegorischer Weise das Thema Feuer auf. Der Betrachter sieht den Brand der drei Männer im Feuerofen, das Brandopfer Kains und den Brand von Sodom und Gomorrha, wie sie das Alte Testament beschreibt.

Bis zur Errichtung des Osnabrücker Stadtschlosses residierten die Bischöfe meist in Iburg, als letzter der erste evangelische Bischof Ernst August I. aus dem Hause Braunschweig-Lüneburg mit seiner Gemahlin Sophie, der Tochter des »Winterkönigs«, des Kurfürsten Friedrich von der Pfalz und »Mutter der Könige« Englands und Preußens. Hier wurde am 12. 10. 1668 deren Tochter Sophie-Charlotte, die spätere erste preußische Königin, geboren.

Ernst August beendete die Bauarbeiten seines Vorgängers und ließ über der Durchfahrt zum Burggrafenflügel die lutherische Schloßkirche einbauen.

Nach dem Brand von 1349 blieben von der Klosterkirche der Gründungsbau im aufgehenden Mauerwerk des Querschiffes und des Chores mit Ausnahme der Ostwand erhalten. Jüngere Ausgrabungen im westlichen Teil des Langhauses scheinen darauf hinzudeuten, daß sich hier ein noch vor der Kirchengründung durch Bischof Benno II. angelegter Bau befand. Das Gotteshaus wurde als gotische dreischiffige Hallenkirche mit Querhaus und rechteckigem Chor erst 1520 vollendet. 1765 wurde die Kirche im Sinne des Rokoko stuckiert und 1890 nach der Vorstellung der Zeit wieder bereinigt. Von künstlerischer Bedeutung ist die in feinem Flachrelief gearbeitete Grabplatte des Bischofs Gottschalk von Diepholz. Der sogenannte Sarkophag Bennos II. stammt aus der Zeit um 1600 und zeigt eine liegende Gestalt auf barocker Tumba.

Plan der ehemaligen bischöflichen Residenz aus dem Jahre 1776. Der Klostertrakt ist nicht abgebildet.

Besonders beeindruckt ein Fresko des Schmerzensmannes aus dem 15. Jahrhundert im Oratorium, einem nördlich an das Gotteshaus anschließenden Raum, der in den barocken Bau eingegliedert wurde.

Der repräsentativste Teil der Klosterbauten, die von drei Seiten St. Clemens umgeben, ist der 1750 bis 1775 vom westfälischen Landbaumeister Johann Conrad Schlaun entworfene Neubau des Abtsflügels. Die Leitung des Baus »in fremder Hand« erklärt sich nicht nur aus der Personalunion der Bistümer Münster und Osnabrück in der Gestalt des Kurfürsten und Bischofs Clemens August von Wittelsbach.

Durch Einwirken des Hausherrn, des Abtes Adolph Hane, ist der Osttrakt kein reines Werk des großen Barockmeisters geworden. Der Hauptbau des Klosters mit seinen beiden Seitenflügeln öffnet sich nach Osten. Er ist wegen seiner Lage hinter einer hohen Futtermauer, die außerdem den Platz vor dem nördlichen Seitenflügel vom Klostergarten trennt, nur teilweise einzusehen.

Der zweigeschossige Bau erhebt sich auf hohem Sockelgeschoß. Seine Fassade ist kraftvoll ausgebildet mit Seitenrisaliten, über denen das Dach abgewalmt ist. Der nur leicht vorgewölbte Mittelrisalit wird durch ein Zwerchhaus im Dach mit der Darstellung der Mutter Gottes betont. Die Wände sind gleichmäßig durchgefenstert. Doppelt geführte Sandsteinlisenen zwischen den einzelnen Fenstern gliedern die Fläche. Stichbogenfenster mit Schlußstein zieren das untere Geschoß, hochrechteckige das obere. Portaleinfassungen sowie Eckverzahnungen am Kellergeschoß des nördlichen Flügels sind aus gelblichem Osningsandstein und beleben den verputzten Bau. Die Fassadengliederung beschränkt sich auf die nach Osten gerichtete Schauseite. Die schlicht gehaltenen Steinfassaden weisen keinerlei architektonische Besonderheiten auf. Erstaunlich bescheiden wirkt das Portal des nördlichen Seitenflügels. Über einer baldachinartigen Türbedachung ist das Wappen des Erbauers angebracht. Darüber steht in einer Nische St. Clemens, dem das Kloster geweiht ist, entsprechend erscheint am Südflügel Benno II.

Schloß und Kloster dienten nach der Säkularisation als Beamtenwohnung. Später waren hier das Amtsgericht und, bis 1932, die Verwaltung des Kreises Iburg untergebracht. Nach dem Zweiten Weltkrieg wurden die Gebäude des Schlosses von der Pädagogischen Hochschule, darauf vom Gymnasium (Nieders. Heimschule) und seit 1976 von der Polizeischule des Landes Niedersachsen in Anspruch genommen.

Die Hausherren der Burg und des späteren Schlosses

1067–1088 Benno II.
1088–1093 Marckward
1093–1101 Wido
1101–1109 Johann I.
1110–1118 Gottschalk Graf von Diepholz

1119–1137 Thiethard
1137–1141 Udo Graf von Steinfurt
1141–1173 Philippus I. Graf von Katzenellenbogen
1173–1190 Arnold Graf von Altena
1191–1216 Gerhard Graf von Oldenburg
1216–1224 Adolf Graf von Tecklenburg
1224–1226 Engelbert Graf von Isenburg
1226–1227 Otto I. Graf von Holte
1227–1239 Konrad I. Edelherr von Velber
1239–1250 nochmals Engelbert I. von Isenburg
1251–1258 Bruno Graf von Isenburg-Altena
1259–1264 Balduin von Rüssel
1265–1269 Widekind von Waldeck-Schwalenberg
1270–1297 Konrad II. Graf von Rietberg
1297–1308 Ludwig Graf von Ravensberg
1309–1320 Engelbert II. Edelherr von Weihe
1321–1348 Gottfried Graf von Arnsberg
1349–1366 Johann II. Hoet, Patrizier aus Lüneburg
1367–1375 Melchior Herzog von Braunschweig-Grubenhagen
1376–1402 Dietrich Ritter von Horne
1402–1410 Heinrich I. Herzog von Schleswig, Graf von Holstein-
         Schaumburg
1410–1424 Otto II. Graf von Hoya
1424–1437 Johann III. Graf von Diepholz
1437–1442 Erich I. Graf von Hoya
1442–1450 Heinrich II. Graf von Moers
1450–1454 Albert Graf von Hoya
1454–1455 Rudolf Graf von Diepholz
1455–1482 Konrad III. Graf von Diepholz
1482–1508 Konrad IV. Graf von Rietberg
1508–1532 Erich II. Herzog von Braunschweig-Grubenhagen
1532–1553 Franz Graf von Waldeck
1553–1574 Johannes Graf von Hoya zu Stolzenau
1574–1585 Heinrich III. Herzog von Sachsen-Lauenburg
1585–1585 Wilhelm I. von Schenking zu Bevern
1586–1591 Bernhard Graf von Waldeck
1591–1623 Philipp Sigismund Herzog von Braunschweig-Wolfenbüttel
1623–1625 Eitel Friedrich Kardinal von Hohenzollern
1625–1661 Franz Wilhelm Kardinal von Wartenberg
1661–1698 Ernst August I. von Hannover (als evangelischer Fürst von
         Osnabrück)

Bauten

zwischen 1068 und 1088   Unterbau eines Wohn- und Wehrturmes,
                            Gewölbeteile des NW-Flügels,
                            Bauteile der St.-Clemens-Kirche

nach 1349 bis 1520	St.-Clemens-Kirche als Hallenbau
zwischen 1482 und 1508	Bergfried in seiner heutigen Form
zwischen 1508 und 1572	Kanzlei an der Südseite
zwischen 1532 und 1553	Zwischenbau des Nordflügels (ehem. Pforthaus)
zwischen 1591 und 1623	Renaissanceanlage
1664	evangelische Schloßkirche
1753	nördlicher Flügel mit Abtswohnung
1755	südlicher Mönchflügel, Sakristei und Kapitelhaus

Holte Holte war neben Iburg die zweite Höhenburg im Osnabrücker Land. Ihre Spornlage auf dem Holter Berg erlaubte die leichte Kontrolle der Handelsstraße, die von Osnabrück über Melle nach Herford führte. Heute künden nur noch Reste der Ringmauern, des Wohngebäudes und des Bergfriedes sowie ein doppeltes Grabensystem an der gefährdeten West-, Süd- und Ostseite von dem einstigen Edelsitz.

Innerhalb des ersten Schutzgrabens umfaßte die Holter Burg etwa 5000 qm. Gewöhnlich nahmen Höhenburgen nur 1000 qm in Anspruch.

Der innere Graben ist außergewöhnlich tief in den Felsen eingehauen. Nach dem um 1230 geschriebenen Sachsenspiegel konnten nur mit Erlaubnis des Landesherrn tiefe Gräben angelegt werden. Ohne Genehmigung durfte lediglich so tief gegraben werden, daß ein Mann mit einem Spaten die Erde aufschütten konnte, ohne einen Absatz zu machen. Da der Sachsenspiegel die seit Jahrhunderten geltenden gewohnheitsrechtlichen Regeln des Landrechtes zusammenfaßte, ist anzunehmen, daß die vermutlich Anfang des 12. Jahrhunderts erbaute Burg Holte diese Rechte vom Herzog von Sachsen erhalten hat. Den höchsten Standort nahm der wohl zweigeschossige Wohnturm mit Kellerraum ein. Soweit erkennbar, neigt sein rechteckiger Grundriß zum Quadrat. Trennwände waren nicht vorhanden. Als Baustein ist der anstehende Muschelkalk verwandt worden. Seine Spaltbarkeit ließ eine bequeme Bearbeitung (jedoch nur in einer Richtung) zu. Obwohl der Bau nicht im eigentlichen Sinn gequadert ist, wirkt er wegen seiner abgeglichenen Schichten wie ein Quaderbau. Stellenweise, vor allem im Bodenbereich, sind im Mauerverband Sandsteinquader eingepaßt.

Im 11. und 12. Jahrhundert besaßen die Burgen des Hochadels steinerne Wohngebäude, die aber verhältnismäßig klein waren. Der Holter Bau erinnert an die Steinwerke, wie sie für das Osnabrücker Land charakteristisch sind.

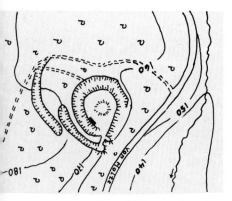

Burg Holte mit doppeltem Grabensystem.

Inmitten der Kernburg erhob sich der Bergfried. Im Gegensatz zu den Türmen der benachbarten Höhenburgen Tecklenburg und Ravensberg, die auf der Angriffsseite zum leichteren Abprallen der feindlichen Geschosse schiffbugartig gestaltet sind, ist der Holter Turm rund. Mit einem Durchmesser von fast zehn Metern gehörte er zu den mächtigeren. Eigentümlich ist bei seinen noch vorhandenen Grundmauern der ährenförmige Mauerverband, das OPUS SPICATUM (lat. spica = Ähre). Die Steine sind hochkantig schräg gestellt. Um den Seitenschub zu vermeiden, sind sie schichtweise nach rechts bzw. nach links geneigt. Dieses Verfahren wird bei Steinen angewendet, die sich zur waagerechten Vermauerung nicht eignen. Da der Muschelkalk zu den Steinen gehört, die zur Herstellung durchlaufender Lagerfugen geeignet sind, bestand an sich keine Veranlassung, von dem üblichen Mauerverband abzugehen. Der Bergfried galt als Zeichen ritterlicher Macht und Unabhängigkeit, er war Ausdruck der Repräsentation und wurde daher besonders sorgfältig gestaltet. In diesem Zusammenhang dürfte auch das OPUS SPICATUM gesehen werden.

Holte. Innerer Wall mit Resten der Ringmauer und tief in den Untergrund eingehauenen Schutzgraben. Reste des Wohnturmes auf dem höchsten Platz der Anlage.

Gewöhnlich stehen Bergfried und Burgtor in einem bestimmten Abhängigkeitsverhältnis zueinander. Da in Holte nicht mit letzter Sicherheit die Lage des Tores festzustellen ist, könnte nur aus der Nähe des Turmes zum östlichen Grabensystem gefolgert werden, daß sich in diesem Bereich das Burgtor befunden hat.

Als Sitz eines Edelherrn mochte der Holter Platz den territorialen Bestrebungen des Osnabrücker Bischofs gefährlich werden. Es mußte daher sein Bestreben sein, den möglichen Konkurrenten auszuschalten. In einem Krieg gegen die Herren von Holte ist die Burg angeblich 1144, wahrscheinlich später, um 1200 nach vermutlich jahrelanger Belagerung von den vereinten Kräften des Osnabrücker Bischofs und des Grafen von Ravensberg erobert und zerstört worden.

Die Burgbesitzer zogen auf den zugehörigen Wirtschaftshof, den Meyerhof zu Holte, der schon vor Erbauung der Burg als Wohnsitz gedient hatte. Reste einer rundlichen Hofanlage aus dem späten 9. oder 10. Jahrhundert weisen auf einen Rundwall aus einer Zeit hin, als der Edelherr noch zusammen mit seinem Gesinde lebte und mit ihm Landwirtschaft betrieb.

Ende des 15. Jahrhunderts gelangte der Holter Besitz an die Familie von Leden, die Eigentümer der neuen Burg Holte, der Ledenburg.

Besitzer
1134 Wichbold de Holte

Bauten
Anfang 12. Jahrh.
Bergfried, Palas

Holte. Mauerverband des Wohngebäudes aus Muschelkalk mit einzelnen Sandsteinquadern vermengt.

19

Quakenbrück

Anfang des 13. Jahrhunderts, vermutlich um 1235, wurde im äußersten Norden des Bistums Osnabrück auf einer natürlichen Erhebung zwischen zwei Hasearmen, etwa im Bereich der heutigen Burgstraße von Quakenbrück, vor dem Friedhof der Marienkirche eine Landesburg angelegt. Diese bestand aus einem Fachwerkbau, der vor 1400 aus einem Steinwerk mit umgebendem Spitzgraben ersetzt wurde. Der Wehrbau wurde um 1500 abgebrochen.

Die Feste sollte den Übergang der alten Handels- und Heerstraße über die Hase gegen die Ansprüche des Grafen von Tecklenburg, der im späteren Amt Cloppenburg einen Schwerpunkt seiner Macht besaß, und gegen Forderungen des Ravensberger Grafen schützen. Nach dem Vertrag von 1236, der die Macht Tecklenburgs im Norden beschränkte – der Tecklenburger Graf versprach, zwischen der Wira (Wrau?) und Osnabrück sowie zwischen Wulften (Wulvena) und Osnabrück keine Burg wieder zu errichten –, hatte die Landesburg ihre Aufgaben schon erfüllt. Nach 1400 wurde sie vermutlich bedeutungslos. Zu ihr gehörten jedoch dem Quakenbrücker Verbundbrief von 1422 zufolge noch 38 Burgmannen, die sich als Rechtsgenossenschaft verstanden und dem Bischof keine reine Freude bereiteten. Wenn der Landesherr erklärte, daß ihm an 200 Artländer Bauern mehr gelegen sei als an seiner Dienstmannschaft, ist zu erkennen, wie selbständig diese im Osnabrücker Nordland handelten.

Die Burg Quakenbrück existiert auch in Resten nicht mehr. Von den Burgmannshöfen sind drei aus dem 17. und 18. Jahrhundert bis auf unsere Zeit gekommen.

Grönenberg

Die Landesburg Grönenberg entstand um 1250, um Ausdehnungsbestrebungen der Grafen von Ravensberg und der Edlen von Lippe zu begegnen. Die zweite Hälfte des 13. Jahrhunderts ist erfüllt von heftigen Fehden mit den Ravensbergern. In der Ravensberger und in der Lipper Fehde (1274–77 bzw. 1300–1305) hatte die Burg sich mehrfach zu bewähren. Aus der Zahl von 23 Burgmännern, die sich 1350 zu dem Grönenberger Burgmannsbund zusammenschlossen, darf gefolgert werden, daß die Landesburg zu der Zeit noch von erheblicher Bedeutung gewesen ist. Die Burg spielte in der Folgezeit keine Rolle mehr, da territoriale Streitigkeiten ausblieben.

Die kleine Feste wurde auf dem Gelände des bischöflichen Vilikationshofes in der Niederung des Elsetales westlich Melle errichtet, und zwar auf einem knapp fünf Meter hohen Hügel, dessen Durchmesser weniger als 40 Meter betrug. Die geringe Grundfläche war nur für den Bau eines Wehr- und Wohnturmes und kleiner Nebengebäude geeignet.

Die Burganlagen legte man bis auf den Turm 1574 nieder. 1771 verschwand auch dieser, nachdem er noch als Amtsgefängnis gedient hatte.

Grönenberg. Rekonstruktionsversuch. 1 Senfwall, 2 Mühlenbach, 3 Else, 4 1801 zum größten Teil noch vorhandene Wallanlagen, 5 Torhaus.

Im 14. Jahrhundert entstanden Burgen in umstrittenen Grenzräumen, und zwar im Nordwesten des Hochstiftes die Segelfort bei Fürstenau, im Nordosten Wittlage und Hunteburg sowie im Norden Vörden. Es war eine Zeit wilder Fehden, in der weder Gut noch Leben der Anwohner geschont wurden.

Der Tecklenburger Graf versuchte, in seinem Gerichtsbezirk Schwagstorf auch die Landeshoheit zu gewinnen. Das bedeutete höchste Gefahr für das Osnabrücker Nordland, wo der Bischof Herr vieler Höfe war. Er benutzte daher eine günstige Gelegenheit, um an dem von Ankum nach Rheine führenden Weg etwa 6 Kilometer westlich der heutigen Burg Fürstenau eine Feste anzulegen, die sogenannte Segelfort. Nach der unglücklichen Schlacht auf dem Halerfeld gegen Tecklenburg mußte diese 1309 abgerissen werden. Aus den Burgresten ist noch zu erkennen, daß die Anlage in einem Quadrat von 32 Meter Seitenlänge geschaffen war und einen quadratischen Turm von 11 Meter Seitenlänge besaß.

Um seine Ansprüche auf die Landeshoheit zu bestärken und um Ausfälle gen Osten vornehmen zu können, erbaute der Tecklenburger Graf im Kirchspiel Freren sein »Haus zum Hange«. Als Antwort ließ der Osnabrücker Bischof die Bleyborg in der heutigen Gemeinde Settrup südwestlich von Fürstenau errichten. Schon nach kurzer Zeit kamen die Kontrahenten überein, sich zu vergleichen. Man einigte sich auf die Schleifung beider Burgen. In dem schiedsrichterlichen Bescheid von 1336 heißt es: »... sal men te Bleyborch breken und evenen und te woninghe tho theme Hange, so wat dar werachtig ist ... dat sin planken, berchvrete, hacelwere und te graven ...« sollen »gebrochen«, Haus, Mühle und Teich erhalten bleiben.

Zur Verteidigung gehörten Holzplanken, Turm, Buschwerk sowie Wassergraben. Es sind die wichtigsten Merkmale einer Wasserburg jener Zeit.

Wenige Jahre später, um 1344, legte der Osnabrücker Bischof Gottfried von Arnsberg wieder eine Landesburg an, die heutige Burg Fürstenau. Sie wurde auf mehrere Meter hoch aufgeschüttetem Erdreich errichtet und von einem Wassergraben umgeben, der später im Zuge der Burgerweiterung eingeebnet wurde. Ausgrabungen aus jüngster Zeit brachten hier über 200 Münzen, die bis ins 14. Jahrhundert zurückreichen, zutage. Die Anlage bestand aus der Hauptburg, der Vorburg und der Bürgersiedlung. Diese wurde planmäßig geschaffen mit einer von der Feste nach Osten verlaufenden Mittelachse. In dem etwa um 1402 angefertigten Stadtsiegel von Fürstenau wird die Burg als Turm mit hohem Haus gezeigt. Der aus Sandsteinquadern errichtete Turm ist ungegliedert. Die Mauern im Erdgeschoß haben einen Durchmesser von 2,50 Metern. Nach Lage, Bauweise und Größenverhältnissen gehört das Werk in die erste Bauperiode der Burg.

Für wie wichtig der Bischof den Platz hielt, wird aus der Bestimmung deutlich, daß dieser niemals veräußert oder verpfändet werden sollte.

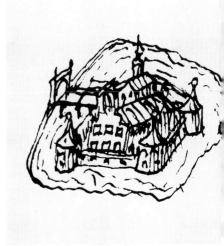

Fürstenau. Ansicht der Burg Fürstenau 1680.

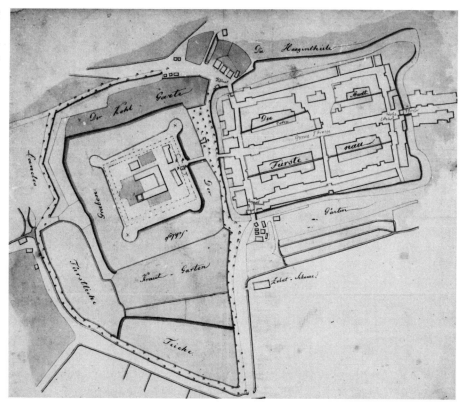

Die Burg erhielt Anfang des 15. Jahrhunderts zwei Bergfriede und Pfahl-
werk, außerdem wurde der Wigbold Fürstenau mit einem Hagen einbezogen.

Ein wenig ritterlicher Vorgang, der sich während der Hoyaer Fehde – es
war in der Nacht zum 28. Juni 1441 – bei der Erstürmung von Fürstenau
durch die Osnabrücker abspielte, mag an dieser Stelle erwähnt werden.
Graf Johann von Hoya, der Bruder des Osnabrücker Bischofs Erich I.,
der sich wegen seiner räuberischen Überfälle die Feindschaft der Stadt
Osnabrück zugezogen hatte, befand sich derzeit zusammen mit den
Herzögen Wilhelm und Friedrich von Braunschweig im Ort Fürstenau
und konnte sich nicht mehr rechtzeitig in die Burg zurückziehen. Er ver-
kroch sich in den Schornstein (Kamin) des pfarrherrlichen Backhauses.
Man entdeckte ihn, nahm den Edelmann gefangen und sperrte ihn für
sechs Jahre im Bucksturm zu Osnabrück ein.

Vor der Mitte des 16. Jahrhunderts wurde die Feste auf quadratischem
Grundriß als geschlossene Renaissanceburg mit Wall und Graben zur
Hauptfestung des Fürstbistums ausgebaut. Vermutlich ist der Hauptturm in dieser Zeit verstärkt und im oberen Teil durch Einbau eines Zie-
gelgewölbes geschützt worden. Reste eines Kamins von 1574 in seinem
Innern weisen darauf hin, daß das Bauwerk auch zu Wohnzwecken
genutzt worden ist.

Der Wert der Festung ist daran zu erkennen, daß 1556 eine ständige
Besatzung von über 40 Mann, darunter 12 Landsknechte, 2 Büchsenma-

cher und 4 Wallknechte, anwesend waren. In keiner anderen Landesburg befand sich eine stärkere Mannschaft.

Nach dem Plan der 1628 vor Osnabrück angelegten Petersburg wurden wenig später 4 Bastionen mit einem nach außen abfallenden Glacis und einer vorgelagerten Sternschanze im Westen geschaffen. Sternschanze und Südwestbastion waren miteinander durch einen zum Teil noch erhaltenen unterirdischen Gang verbunden. Die nordöstliche und die südwestliche Bastion bargen in mehrstöckigen Kammern »2 große Feuerkugeln zu je 300 Pfund, 4 20pfündige Feuerkugeln, 5 achtpfündige Kugeln ... 360 zwölfpfündige Kugeln ... 36 000 Musketen und anderes Munitionsmaterial«. Der notwendige Proviant, zu dem auch 400 Speckseiten gehörten, mußte ebenfalls dort gelagert werden.

Welche Bedeutung Fürstenau, der einzigen in katholischer Hand befindlichen Burg, in den letzten Jahren des 30jährigen Krieges zugemessen wurde, beweist, daß zeitweise sämtliche Einkünfte des Landes aus den Ämtern Iburg, Grönenberg, Wittlage und Hunteburg nach Festung und Stadt Fürstenau gelangten. 1635 befanden sich dort an Offizieren, Gemeinen, Reitern und Knechten 614 Mann. Nachdem zwei Jahre später Landgraf Wilhelm von Hessen 10 Tage lang vergeblich mit 40 »feurigen Granaten« die Stadt beschossen hatte, schrieb der Osnabrücker Bischof und Landesherr: »Es gereicht uns Euer bei solcher Belagerung erzeigter Eifer und Fleiß zu danknehmigem gnädigen Gefallen, welches wir auch gegen Euch und unsere arme Bürgerschaft hinwieder in Gnaden erkennen wollen.«

Nach dem 30jährigen Krieg verlor die Burg an Bedeutung und verfiel langsam.

Der Besucher betritt heute die Burganlage über eine Steinbrücke, die von zwei Säulen mit Rokoko-Ornamenten flankiert wird, und gelangt zwischen zwei Fachwerkbauten, ehemaligen Wirtschaftsgebäuden, hindurch zum Ostflügel der eigentlichen Burg. Sie zeigt eine Durchfahrt mit bossiertem Renaissanceportal und Giebelverdachung. Wappen und Inschrift über dem Torbogen machen auf Bischof Heinrich III. Herzog von Sachsen aufmerksam, der die vor seiner Zeit begonnenen Bauarbeiten zu Ende führte.

Durch ein Tonnengewölbe führt der Gang zu einem fast quadratischen Innenhof. Der 1976 wieder ergänzte zweigeschossige West- und Nordflügel werden seither von der Stadtverwaltung genutzt. Im Südflügel wurde schon 1817 anstelle des Rittersaales, der Burgkapelle und des früheren Marstalles die katholische Pfarrkirche (St. Catharina) eingebaut. Die Burg wird noch immer beherrscht von dem mächtigen einstigen Bergfried. Seit dem 18. Jahrhundert schmückt ihn eine kuppelförmige Bedachung mit geschlossener Laterne.

D(OMINUS) A(LTISSIMUS) HINRICUS D(EI) G(RATIA) POST(ULATUS) ARCHI(PISCOPUS) BRE(MENSIS) OSN(ABRUGENSIS) ET // PAD(ERBORNENSIS) ECCL(ESIARUM) ADMIN(ISTRATOR) SAX(ONIAE) AN(GRIAE) W(ESTPHALIAE) DUX UT DI // OECESI GRATUM POSTERISQ(UE) IMITAND(UM) SE // PREBEREAT AEDES HAS PERFICIUN(DAS) CURAVIT
Der höchst erhabene Herr Heinrich von Gottes Gnaden postulierter Erzbischof von Bremen, Administrator der Kirchen von Osnabrück und Paderborn, Herzog von Sachsen, Engern und Westfalen ließ diese Gebäude vollenden, um sich der Diözese dankbar zu erweisen und den Nachfolgern zur Nachahmung

Fürstenau. Gesamtansicht der Feste.

Wittlage. Siebengeschossiger Burgturm mit 3,50 Meter mächtigen Mauern im Erdgeschoß. Ursprünglich hoch gelegener Eingang, den die Burginsassen von außen erreichten. Das „haymlich gemach", der Aborterker des Wittlager Burgturmes, auf Konsolen über den Graben ragend. Gewöhnlich gehörten mehrere Abtritterker zu einer Burg.

Etwa gleichzeitig mit der Burg an der Segelfort entstand um 1310 die bischöfliche Stiftsburg Wittlage. Die Feste sicherte das Land nicht nur nach Osten ab, wo die Ravensbergische Burg Limberg auf der Höhe des Wiehengebirges eine Bedrohung darstellte, sie hatte gleichzeitig als Basis für Ausdehnungsbestrebungen Osnabrücks über die Kirchspiele Lintorf und Barkhausen zu dienen. Diese gelangten bezeichnenderweise erst nach Erbauung der Burg Wittlage an das Hochstift Osnabrück. Die Bischöfe von Minden durften laut Vertrag von 1296 mit dem Edelherrn von Diepholz zwölf Jahre lang keine Burg näher dem Stemberg bauen als Reineberg. Der Osnabrücker Bischof nutzte diese Lage durch seinen Burgbau aus.

Die ursprünglich wohl nur durch Plankenzaun und Graben geschützte allein aus dem Bergfried bestehende Burg wurde im 14. Jahrhundert mit Mauern umgeben und vergrößert. Im 15. Jahrhundert entstanden Herrenhaus und die Außenburg mit zwei Bastionen.

Die Burg Wittlage hatte nach 1500 keine größeren Aufgaben mehr, wie schon die allmähliche Auflösung der Burgmannschaft deutlich macht. Sie wurde während des 30jährigen Krieges wiederholt besetzt und schwer mitgenommen. Nach der Räumung durch die Schweden 1650 diente die Stiftsburg als Verwaltungssitz des Amtsvogtes.

Die innere Burg, wie sie sich heute den Augen des Betrachters zeigt, bildet ein Rechteck (40 × 58 m), das von einer trockenen Graft umzogen wird. Diese mußte früher, wie der Wassergraben, der die gesamte Anlage einst schützte, von der nahen Hunte gespeist werden. In der nordöstlichen Ecke der Hauptburg erhebt sich immer noch der respektheischende 32 m hohe siebengeschossige Burgturm, der mittelalterliche Bergfried. Er ist quadratisch angelegt und hat eine Seitenlänge von 10 Metern. Die Stärke der Mauern beträgt im Erdgeschoß 3,50 m, sie verjüngen sich nach oben. Keller-, Erd- und erstes Geschoß sind durch Tonnengewölbe gesichert. Das erste und zweite Stockwerk waren ursprünglich nur über eine Leiter zugänglich. Ein Kamin im obersten Stock und ein Aborterker weisen darauf hin, daß der Turm auch Wohnzwecken gedient hat. Er kann als Vorstufe eines Wohnturmes angesehen werden. An den Turm lehnt sich nach Süden ein zweistöckiges Wohngebäude an. Seine östliche Wand ist auf der Burgmauer errichtet.

Süd- und Nordseite der Anlage werden von einer Mauer begrenzt. Die Westseite nimmt heute das ehemalige unter Bischof Ernst August II. erbaute Amtshaus ein, ein schlichter zweistöckiger Bau mit Mansardendach. Seine noch aus früherer Zeit stammenden 1,50 m mächtigen Kellerwände sind mit Schießscharten versehen.

Die Außenburg war durch einen Wall, der heute noch in Resten vorhanden ist, gesichert.

Die 1324 unter Bischof Gottfried erbaute Hunteburg hatte die Aufgabe, das Grenzgebiet des Hochstiftes gegen die Grafen von Diepholz zu sichern und außerdem die hier die Hunte überquerende Straße von Osnabrück nach Bremen gegebenenfalls zu sperren. Von hier aus ging die Hunteschiffahrt nach Friesland und Bremen. Bis Hunteburg kam auf dem Wasserweg Lüneburger Salz. Ausdehnungsbestrebungen der Diepholzer Grafen konnten für das Hochstift gefährlich werden, wie der Burgenbau in Lembruch deutlich machte. Die Burg Lembruch entstand vermutlich 1275 als Gegengewicht zur Feste »Stür(emb)erg« im Süden des heutigen Lemförde, dem gemeinsamen Besitz der Bischöfe von Osnabrück und Minden. 1358 wurde die Hunteburg, die vermutlich einen isoliert stehenden Bergfried besaß, durch Palisaden verstärkt. Die Stiftsrechnung über die Kosten für Zimmerleute, Planken, Nägel, Eisengeräte und dergleichen liegt noch heute vor: 21 Mark, 8 Schilling und 2 Pfennige. Das war sechsmal soviel, wie der Jahreslohn für den städtischen Diener an der Landwehr betrug. 1458 machte die Unsicherheit des Landes wieder eine Instandsetzung der Anlage erforderlich. Die geringe Zahl von 10 Burgmannen im Jahre 1374, die allerdings zur Gestellung von je vier Gewappneten verpflichtet waren, weist aus, daß die Bedeutung dieser Landesfeste nicht überschätzt werden darf. In den nächsten Jahrhunderten spielte die Burg keine Rolle mehr. 1535 wird sie durch Bischof Franz I. dem Drosten Heinrich Vink verpfändet.

Der Landtag von 1618 beschloß, sie ganz niederzureißen. Von der Hunteburg hat kein Gebäude die Zeiten überstanden. 1725 wurde unter Benutzung älterer Fundamente das Amtshaus gebaut. Westlich davon entdeckte man die Grundmauern des quadratisch angelegten Bergfriedes mit einer Seitenlänge von 4,20 Meter. Die letzten Mauerreste der Burg wurden in den 80er Jahren des vorigen Jahrhunderts beseitigt und die Graften eingeebnet.

Hunteburg. Abbildung aus einer Wegekarte von 1616.

Als Stützpunkt der eigenen Herrschaft gegen Ausdehnungsbestrebungen des Bischofs von Münster und zur Sicherung der von Bischof Benno II. angelegten Straße von Bramsche nach Damme wurde an ihrem Übergang durch die sumpfige Aue nordwestlich des Wittefeldes um 1365 Vörden als jüngste Stiftsburg errichtet. In späteren Fehden geriet die Feste bis 1376 in den Besitz der Grafen von Tecklenburg, 1396 verzichtete der Bischof von Münster auf Ansprüche an das »slote to Vorden«. Ursprünglich genügten zur Befestigung Plankenzaun und Wassergraben. Im 15. Jahrhundert wurde Vörden weiter ausgebaut. Zur Besatzung gehörten nur wenige Burgmänner. Seit der Mitte des 15. Jahrhunderts traten an ihre Stelle geworbene Knechte. Zur 19 Personen starken Besatzung werden im Jahre 1449 ein Schreiber, der Vogt, der Schulte im Kuhhaus, die Meiersche (Köchin), ein Schließer, eine Kleinmagd im Kuhhaus, ein Koch, Zapfer, Küchenjunge, Kuhhirt, Jäger und außerdem acht Personen, die nicht näher bezeichnet werden, gezählt.

*Vörden. Ein vom bischöf-
lichen Baumeister Johann
Krafft 1661 angefertigter
Lageplan zeigt Haupt- und
Vorburg Vörden sowie den
durch Wall und Graben
gesicherten und mit der Burg
verbundenen Flecken.*

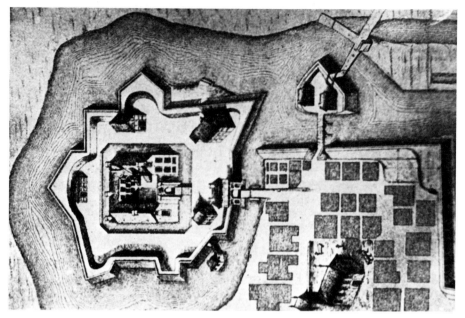

Vörden fiel 1633 nach Eroberung des Hochstiftes Osnabrück an die
Schweden. Graf Gustav Gustavson, natürlicher Sohn von König Gustav
Adolf, wurde das Fürstentum Osnabrück übertragen. Als er im Jahre
1643 seine Residenz von Osnabrück, das wegen der beginnenden Frie-
densverhandlungen für neutral erklärt wurde, nach Vörden verlegte,
baute man die Burg standesgemäß aus. »Das Amtht Hauß Vörden hatte
er (Gustav Gustavson) dermaßen magnifice und prächtig aufgebaut, daß
ein König da logieren möchte.«

Der Lageplan von 1661 zeigt Hauptburg, Vorburg und Wigbold ähnlich
dem Aufbau der Landesburg Fürstenau. Die Hauptburg ist als massiver
dreigeschossiger Dreiflügelbau zu sehen, der durch abschließende
Mauer mit Vorhaus zu einer rechteckigen geschlossenen Anlage gestaltet wird. Die 1645 mit Bastionen ausgestattete Vorburg, wie die Hauptburg ganz von Wassergräben umgeben, nimmt die Wirtschaftsgebäude
auf. Als zweite Vorburg könnte der mit Wall und Graben geschützte Ort
bezeichnet werden.

Wir dürfen annehmen, daß in Vörden von Anfang an ein Ringwall- und
Ringgrabensystem bestanden hat, wie wir es von älteren Wasserburgen
(Lonne u. a.) kennen. Heute sind nur noch kümmerliche Reste der Burg
vorhanden. Der Hauptflügel wurde im 18. Jahrhundert durch einen
Neubau, das Amtshaus, ersetzt. Anstelle des nördlichen Schloßflügels
entstand die heutige katholische Kirche. Die Wälle sind verschwunden,
von den Graften ist noch ein Teil als »Burggraben« erhalten.

Der Osnabrücker Bischof hatte schon in sehr früher Zeit erheblichen **Reckenberg** Grundbesitz im entlegenen Wiedenbrücker Land. Häufige räuberische Überfälle, die die Grafen von Tecklenburg von ihrer Burg Rheda aus unternahmen, machte daher den Bau einer Stiftsburg notwendig. Diese wurde um 1246 auf einer Insel der Ems südöstlich der Stadt Wiedenbrück erbaut. 13 Burgmannen hatten den Waffendienst zu übernehmen. Die erbitterten Kämpfe, die im Laufe der Jahrhunderte um die Stadt Wiedenbrück erfolgten, haben sich im Ausbau der Landesfeste nicht niedergeschlagen. Die häufige Verpfändung der Burg mag eher als Beweis angesehen werden, daß sie keine entscheidende Bedeutung für das Hochstift gehabt hat. Im übrigen waren die Verpfändungen Zeichen für die ständigen Vermögensschwierigkeiten des Bischofs. Nach dem Reliefbild seiner Silbermedaille, die Fürstbischof Franz Wilhelm von Wartenberg (1625–1661) zur Erinnerung an die Neubefestigung von Wiedenbrück prägen ließ, lag die Burg auf einer rechteckigen mauerbewehrten Insel und besaß vier vorspringende Schanzen. Hauptbau und drei niedrige Flügelbauten umgaben den Burghof. 1661 hatte der Bischof noch einen hohen Turm mit 12 Fuß mächtigen Mauern zur Unterbringung von Gefangenen erbauen lassen. Dieser wurde 1779 wieder abgebrochen.

An Stelle der Burg entstand ein einfaches Amtshaus. Bischof Ernst August II. (1716–1728) ließ es abreißen und dafür einen zweistöckigen Bau im verkleinerten Maßstab des Osnabrücker Schlosses errichten.

Das neue Amtsgebäude blieb bis zur Säkularisation Sitz des Reckenberger Drosten. 1815 wurde das Amt Reckenberg gemäß den Bestimmungen des Wiener Kongresses mit Preußen vereinigt.

Wie der Osnabrücker Bischof sein Land durch Burgen absicherte, so **Landegge** schützte auch der Bischof von Münster sein Territorium durch Errichten von Verteidigungsanlagen, vor allem in einem Raum, wo eigene Interessen mit denen der Grafen von Tecklenburg und Ravensberg (sowie des Klosters Corvey) zusammenstießen.

Nachdem die Gräfin von Ravensberg im Jahre 1252 ihren Besitz im Nordland für 40 000 Mark Silber an den Bischof von Münster verkauft hatte, begann dieser, der mit dem Erwerb der Güter die Grundlage des späteren Niederstifts Münster schuf, sich hier militärisch abzusichern. Im alten bischöflichen Gebiet, in den neugewonnenen Territorien sowie in dem nach der Tecklenburger Fehde 1400 hinzugebrachten Amt Cloppenburg, die zusammen bis 1803 das Niederstift Münster bildeten, wurden Landegge, Fresenburg, Papenburg, Vechta, Nienhaus, Herzford, Paulsburg, Cloppenburg und schließlich Bevergern wichtige Stützpunkte. Der Bischof erbaute 1178 eine Burg etwa fünf Kilometer nördlich von Haren, wo die Tecklenburger eine Feste besaßen.

Landegge. 1686 wurde neben dem später niedergelegten Wohnturm der Burg auf einer Wurt die Kapelle neu errichtet.

Der Platz links der Ems war strategisch gut gewählt, da hier die Heerstraße zwischen Emsniederung und Bourtanger Moor stark eingeengt wurde. Hier konnten sowohl die Nord-Süd-Verbindung als auch der schmale Paß zwischen dem nördlichen und südlichen Bourtanger Moor leicht unter Kontrolle gebracht und ohne Schwierigkeiten auch Weg- und Schiffahrtszoll erhoben werden.

Die Burg, an deren Bau das Kloster Corvey beteiligt war und daher den vierten Teil besaß und den dritten Teil bewachen lassen sollte, bestand im 13. Jahrhundert im wesentlichen aus einem Findlingsturm von 8 Meter Durchmesser mit außen angebrachtem Wehrgang. Am Turm war eine Kapelle angebaut.

Breite Wassergräben umgaben die kleine Feste. In der Folgezeit wurde diese weiter ausgebaut, sie verlor jedoch schon im 14. Jahrhundert an Bedeutung. Bis 1374 diente sie als Sitz des Drosten, danach zog dieser in die neu erbaute landesherrliche Paulsburg in Meppen um. Die Burg Landegge diente im 16. Jahrhundert noch als Leibzucht.

Von der Feste blieb bis nach 1800 der mächtige Turm erhalten. Dann wurde auf dringende Vorstellungen der Gemeinde Haren, die Steine zur Pflasterung einer Landstraße benötigte, der Turm abgebrochen und seine Steine zum Straßenbau verwendet. Die Gemeinde schien den historischen Wert der Restburg nicht gewürdigt zu haben, wenn sie an die zuständige arenbergische Regierung schrieb, »es steht zu Landegge ein alter stumpfer Turm, der zu nichts tauglich und nur zum Schaden der zu Landegge Wohnenden ist, indem sich auf demselben zur Sommerzeit allerhand für die Gärten und Feldfrüchte schädliche Vögel aufhalten und nisten«. Nur die auf einer Wurt neben dem Wohnturm errichtete Kapelle (1686 neu errichtet) hat die Jahrhunderte überdauert.

Totenschilde früherer Herren (von Schade, von Münster u. a.) des Adelssitzes Landegge schmücken heute das kleine Gotteshaus. Die aus Fachwerk erbaute Kapelle ist 1960 vollständig restauriert worden. Bei dieser Gelegenheit wurde eine Gruft aufgedeckt, in der sich noch vier Särge ehemaliger Besitzer von Gut Landegge befanden.

Fresenburg Die Anfang des 12. Jahrhunderts wahrscheinlich von den Grafen von Calvelage-Ravensberg erbaute Fresenburg – ihr Name deutet auf das benachbarte Friesland hin – war zusammen mit Haselünne der wichtigste Stützpunkt der Ravensberger im Emsland. Hier wurde der Flußzoll erhoben. Die Feste kam 1252 in den Besitz des Bischofs von Münster. Die Lage in einem Emsbogen zwei Kilometer nordwestlich Lathen war für die Überwachungsaufgaben besonders günstig. Die Burg diente auch zur Sicherung des Warenverkehrs. Osnabrücker Kaufleuten, die zu den friesischen Märkten zogen, wurde häufig freies Geleit gewährt.

*Fresenburg. An die Fresen-
burg erinnern heute nur noch
eingeebnete Graften. Die nach
1422 abgebrochene Burg-
kapelle wurde im Dorf Fresenburg wieder errichtet und
1824 zu einer achteckigen
Kapelle umgebaut.*

Die Fundamente der Burg bestanden aus Findlingen und Raseneisen-
steinbrocken, darauf war ein Fachwerkbau gesetzt. Zwei 5–7 Meter
breite Burggräben umzogen die Feste. Später ist ähnlich wie auf dem
Landegger Burggelände ein festes Steinhaus errichtet worden.

Die Fresenburg verlor nach Erbauung von Nienhaus (1340) und der
Paulsburg (1374) an Aufgaben. Schon 1422 wird die Burg als längst zerstört – JAMDUDUM DESOLATUM – genannt.

Nur an dem Verlauf der eingeebneten Graften ist ihre Lage heute noch
schwach zu erkennen. Die Burgkapelle, die einst innerhalb der Wassergräben lag, wurde nach 1422 abgebrochen und im Dorf Fresenburg wiederaufgebaut. Nach dem im Jahre 1824 erfolgten Umbau zeigt sie sich
als achteckige Kapelle. Ihr zur Seite steht ein schmaler hölzerner Glok-
kenturm.

Vechta Um 1150 errichteten die Grafen von Calvelage im Grenzbereich von Lerigau und Dersigau, an der schmalsten Stelle der sumpfigen Niederung des Vechtaer Moorbaches zwischen Galgenberg, dem Ausläufer der Dammer Berge, im Süden und der Geestplatte im Norden, eine Herrschaftsburg. Diese sollte die Straße von Bremen–Wildeshausen nach Osnabrück–Münster sichern und gleichzeitig als Zollstätte dienen. Schon im 12. Jahrhundert erhielten die Grafen, die zu den bedeutendsten weltlichen Herren zwischen Weser und Ems gehörten, Zoll und Münze vom Reich zu Lehen. Eine Burgmannschaft von 17 Rittern hatte 1231 die Hoheitsaufgaben zu übernehmen.

Mit der Verlegung ihres Wohnsitzes von Calvelage nach Vechta nannten die Grafen sich auch nach ihrer neuen Residenz. Meist jedoch wurde die Ravensburg zur Bezeichung des Rittergeschlechts in Anspruch genommen.

1252 kamen Burg und Siedlung im Zusammenhang mit dem Verkauf der übrigen ravensbergischen Besitzungen im Nordland an den münsterschen Bischof. Durch die Verluste von Delmenhorst und Wildeshausen, die sich Münster in der Folgezeit angegliedert hatte, fühlte sich der Graf von Oldenburg bedroht und in alten Rechten geschmälert. Er fiel daher 1538 mit seinen Landsknechten in das Niederstift Münster ein. Nach viertägiger Belagerung wurden Burg und Stadt Vechta eingenommen. Die Stadt ging trotz Zahlung hoher Kontributionen in Flammen auf. Der Chronist und Zeitgenosse Klinghamer berichtet: »... und war ein unvermeindlich groß Gut in der kleinen Stadt von Gold und Silber, Schnittwerk, baaren Gelde, köstlichen und herrlichen Kleidern und anderem Zierrath, dieweilen ein groß prangent und prächtig Volk, so zierlich gehalten, darin gewest ...« 90 v. H. aller Bewohner verloren ihr gesamtes Hab und Gut.

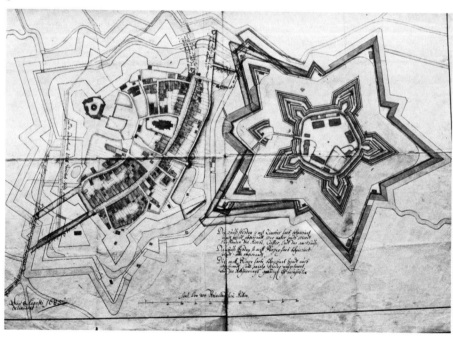

Vechta. Der Plan von 1685 zeigt die Burg Vechta in typischer Zweiinsellage, die Stadt und die Zitadelle mit fünf Bastionen.

Die Pläne für die Neubefestigung von »slot« und »stedchen« sahen vor, daß an der Nord- und Südseite der Burg zwei Bollwerke (Zwinger) aus Stein eingebaut werden sollten.

In einer Niederschrift von 1547 heißt es, daß die Bollwerke aus den Steinen des Burgturmes, der niedergelegt werden soll, zu errichten seien. Der Bau einer Zitadelle mit 5 Bastionen, den Bischof Christoph Bernhard von Galen 1666–1676 in der Marsch westlich der Stadt vornahm, ließ die Burg unberücksichtigt. Die Stadt wurde ähnlich wie die Zitadelle befestigt und mit ihr zu einer »Irregularfestung« verbunden.

Der verheerende Brand, der den Ort am 8. August 1684 bis auf die Kirche und wenige Wohnhäuser einäscherte, machte vor der alten Feste halt. Ein Plan von 1685 zeigt diese in typischer Zweiinsellage: die ringförmig angelegte Hauptburg mit zwei in die Graft ragenden halbrunden Türmen, von denen aus die Mauerflanken unter Beschuß genommen werden konnten, und den mächtigen Bergfried inmitten der Burg. Amtshaus und Nebengebäude lehnen sich an die unmittelbar aus dem Wasser steigende Ringmauer an oder bilden mit ihrem Mauerwerk selbst den Abschluß der Feste.

Nach dem großen Brand wurden die städtischen Schanzen geschleift. Die nun außerhalb der Wälle liegende Burg brach man als mögliche Gefahrenquelle ab. Ein angreifender Feind hätte sich dort leicht postieren können. Zuletzt verschwand der »dicke Turm« (Bergfried). Er wurde 1689 mit 3000 Pfund Pulver gesprengt.

Die Zitadelle hat ihre Aufgabe während des Siebenjährigen Krieges nicht erfüllt. Sie wurde wenige Jahre später dem Erdboden gleichgemacht und die Steine auf Abbruch verkauft. Nur das »Kaponier« hält die Erinnerung an die Festungszeit wach.

Nienhaus

Bischof Gerhard von Münster erbaute im Jahre 1266 zur weiteren Sicherung der Nordgrenze die Fretheburg. Nach seinem Tode zerstörten die Aschendorfer, die die münstersche Herrschaft nicht anerkennen wollten, die Feste. Der Grenzraum blieb ein Unruheherd. Nach einem neuen Aufstand der Aschendorfer und Friesen im Jahre 1340, den Bischof Ludwig niederschlagen konnte, wurde die Ende des 14. Jahrhunderts als NOVUM CASTRUM (Neuhaus = Nienhaus) bezeichnete Burg wiederhergestellt. »Weswegen wurde Fürst Ludowicus II. bewogen, mit Hülff seiner und der benachbarten Herrn Völcker diese Aufrührer zu bekrigen; welcher dan selbige in 5 verschiedenen Schlagtungen dergestalt geschlagen und geschwächet, daß er 12 ihrer Raubnester, welche sie zur Vestung gemachet, bis auf den Grund geschleiffet. Nach geendigten Krieg erbaute und befestigte der Fürst das Schloß Neuhaus, diese unruhigen Menschen zu beschwichtigen, damit kein inhimischer Krig an diesen Ort Lands wider entstehen möchte.« Im Jahre 1449, während der Soester Fehde, nahmen die Aschendorfer die Burg ein, 1538 verwüsteten sie die Grafen von Oldenburg. 1635 war die Feste wieder so stark, daß die

Nienhaus. Das im klassizistischen Stil errichtete Amtshaus für das herzogliche Amt Aschendorf auf dem Gelände der niedergelegten Burg Nienhaus.

Schweden sich hier des Kaiserlichen Generals von Luttmersum erwehren konnten. Im weiteren Verlauf des 30jährigen Krieges wurde die Burg gänzlich zerstört. 1695 schenkte Bischof Ferdinand von Münster die Ruine dem Franziskanerkloster in Aschendorf, damit die Mönche die Steine zum Aufbau ihres Klosters (1679 gegründet) verwenden konnten. 1832 errichtete der Herzog von Arenberg auf dem ehemaligen Burghof von Nienhaus ein repräsentatives Amtshaus im klassizistischen Stil für das neu geschaffene herzogliche Amt Aschendorf.

Nach vollständiger Renovierung dient das Gebäude heute privaten Zwecken. Dem inneren Umbau fielen 1979 drei Arrestzellen zum Opfer. Nur die Fenstergitter und eine Zellentür mit Klappvorrichtung erinnern an die Zeit, als die Übeltäter im Amtshaus ihrer Aburteilung entgegensahen.

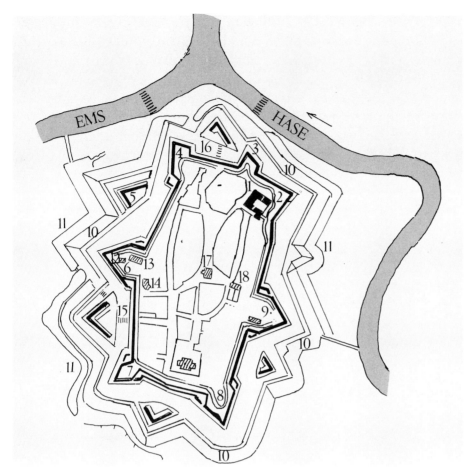

Paulsburg

Zur Sicherung des alten Emsübergangs und zum Schutz des Brückenortes erbaute Bischof Florentinus von Münster in der Nordostecke der
Umwallung der Stadt Meppen *1374* eine Landesburg. Die annähernd
quadratische Anlage (Seitenlänge 27–30 m) war von einer Mauer mit
Türmen an den Ecken und von einer 6–8 m breiten Graft umgeben.
Die Gebäude bestanden aus Ziegelwerk, die Grundmauern aus Findlingen. In der kleinen Feste war Platz für die Räume des Landesherrn und
seiner Gäste sowie für eine bescheidene Wohnung des Drosten. Dazu
kamen Stallungen und ein kleines Kornhaus und schließlich Unter-
künfte für die Bediensteten der Burg, den »portener, sluter, wechter,
voetknechte unde de meygerschen (Wirtschafterin)«.
Die Burg wurde wiederholt wohnlicher gestaltet, um den Bedürfnissen
des Bischofs besser zu entsprechen. Fürstliche Besuche waren nicht selten. Es liegen vor allem aus dem 16. Jahrhundert Rechnungen vor, aus
denen zu ersehen ist, welchen gesegneten Appetit Fürst und Gefolge be-

saßen. Da der Bischof fast jährlich mit großer Begeisterung zur Jagd in den Hümmling zog, diente die Burg in Meppen auf der Durchreise als Quartier. Nachdem der hohe Herr, Bischof Johannes Wilhelm, Herzog von Jülich und Berg vom 7. bis 21. März 1583 mit Gefolge und 72 Pferden, davon allein 22 für seinen persönlichen Bedarf, die Burg besucht hatte, waren nach Auskunft der Renteirechnung an Lebensmitteln und Futter verbraucht worden: »17 Malter 10 Scheffel Roggen, 4 Malter 9 Scheffel Weißweizen, 21 Malter an Malz verbrannter Gerste, 66 Malter 1½ Scheffel Hafer verfüttert, 7 Scheffel Erbsen, 5 Malter Hopfen, 7½ Faß Butter, außerdem für den Tisch des Fürsten 1 Tonne Butter, »so seer hübsch roedt›, 48 grobe Canterde (kantiges Brot), 13 Stück Käse, 11 Tonnen ‚gebrannte Häringe‘, 3 Stroe (Geflecht) Bückinge, 2 Fäßchen Aale, 1 Tonne gesalzenen Salm aus Bremen und 1 Faß Seespeck ebendaher, 30 frische Schollen und 1 Korb Schollen, 6 Tonnen Rotscheer (Stockfisch), einen Korb Bulck (Kabeljau), einen Korb Schellfisch, einen Korb Butt, 1 Tonne Leng (eine Art Schellfisch), 4 Tonnen Lessen, 4 Fäßchen Priggen (Neunaugen), 7 Stiege Bremer ‚Äbken‘, 4 Körbe Spierling (karpfenähnlicher Seefisch), ein großer lebendiger Stör, 2 Tonnen Muscheln, 2 Körbe mit frischen Feigen und 1 Tonne mit Feigen, 1 Fäßchen lange Rosinen, 1 Tonne Zwiebeln, 119½ Pfund Ungel (Talg), 1 Fäßchen Seife«; außerdem 4 Oxhoft französischen Weißwein aus Emden und 6 Tonnen Haselünner Bier, das für diese Tage besonders gebraut war.

Nachdem Meppen als Festung während des niederländisch-spanischen Krieges von Wichtigkeit erschien, wurde auch die Paulsburg verstärkt und die Brustwehr auf dem Wall um die Burg erneuert. Doch Meppen fiel durch Überrumpelung in die Hände der Holländer. Diese zogen erst nach Erlegung von 30 000 Talern ab. In der Folgezeit wurden die Befestigungswerke, von denen »einige Rundels umbgefallen«, erneuert und 1594 »die olden Geschütz, so im Radthauße ganz verdestruiert gelegen, nies wiederumb beladen, dieselbe auf Räder mit nien Assen auff den Wall gantz ferdig gestellt und mit Spansgrün und Leinolie angesmeert«. Während des 30jährigen Krieges nahm Graf Mansfeld Meppen ohne Schwertstreich ein. Nach seinem Abzug wurden die alten Befestigungswerke der Stadt wiederum erneuert und weiter ausgebaut. Die Paulsburg selbst verfiel. Schließlich ließ Fürstbischof Clemens August die Burg abbrechen und an ihrer Stelle 1751 ein Zeughaus für die Festung erbauen.

Im Siebenjährigen Krieg genügten die Festungswerke nicht mehr den Anforderungen. Von den Franzosen unter Prinz Condé wurde 1761 der westliche Stadtteil ohne nennenswerte Gegenwehr in Brand geschossen. Die leichte Eroberung bewirkte, daß ein Jahr später der Befehl zur Schleifung der Befestigungsanlagen erfolgte. Torhäuser und Pulvertürme verkaufte man auf Abbruch.

Tecklenburg. Das durch Flankentürme gesicherte Torhaus von 1657 mit großem Wappenfries (Anhalt, Pfalz-Bayern, Brandenburg, Bentheim, Nassau, Neuenahr und Hessen), Wappenzeichen der Grafen von Tecklenburg und Figur der Minerva (römische Göttin der Künste und Fertigkeiten).

Tecklenburg   Schon Anfang des 12. Jahrhunderts besaßen die Grafen von Tecklenburg Hoheitsrechte, die nach Süden fast bis an die Tore Münsters und im Norden über Lingen bis weit in das Emsland hinein reichten. Sie hatten die Vogtei über die Bistümer Münster (bis 1173) und Osnabrück (seit 1175). Hümmling und Saterland mit Cloppenburg wurden Tecklenburger Besitz. Im Osten reichte das Tecklenburger Territorium bis ans Ravensbergische. Mit Beginn des 13. Jahrhunderts war die größte Ausdehnung erreicht. Der allmähliche Niedergang der Grafschaft begann nach der Ermordung des Kölner Erzbischofs Engelbert 1225 durch den Grafen von Isenberg (Isenburg), der auf der Tecklenburg Zuflucht gefunden hatte. Zehn Jahre wurde um die Grafschaft gekämpft und Tecklenburg schließlich erobert. Nach Friedensschluß 1236 ging die Vogtei über Stadt und Bistum Osnabrück verloren. Für kurze Zeit (1282–1291) geriet die Burg sogar in osnabrückische Pfandschaft.

Durch Heirat gelangte die Grafschaft 1263 an das Haus Bentheim und 1328 durch Erbgang an die Grafen aus dem Hause Schwerin, Nachkommen des 1166 von Heinrich dem Löwen in der Grafschaft Schwerin eingesetzten braunschweigischen Edelherrn Gunzelin von Hagen. Unter ihrer Herrschaft gab es eine Fülle von Fehden und harten Auseinandersetzungen mit dem eigenen Adel.

1335 wurde das Gogericht im Hümmling erworben und dreißig Jahre später die Herrschaft Rheda unrechtmäßig ererbt. Der Machtzuwachs konnte sich in der Folgezeit nicht mehr auswirken. Fehden mit den Bischöfen von Osnabrück und Münster sowie mit weltlichen Territorialherren führten zu Landverlusten. Nach erbitterten Kriegen gegen den Landfriedensbund, der Fürsten und Städte gegen Tecklenburg vereinte, gingen der Grafschaft unter dem »Raubritter« Nikolaus II. in einem im Jahre 1400 diktierten Frieden außer dem Amt Bevergern über die Hälfte seiner alten weit verstreut liegenden Besitzungen im Norden (Amt und Burg Cloppenburg, Burg und Stadt Friesoythe sowie die Schnappenburg und Rechte in mehreren Kirchspielen) für immer verloren.

Der Eigenbesitz blieb auf Tecklenburg, Lingen und Rheda beschränkt.

Tecklenburg.
Abbildung aus einer Wege-
karte von 1616
(Kopie aus dem Jahre 1709).

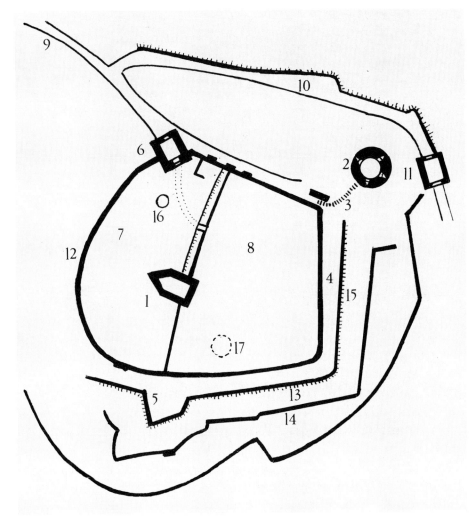

Durch Erbteilung 1493 wurde das Land in die Grafschaft um Tecklenburg und die Herrschaft Rheda bzw. die Grafschaft Lingen (Niedergrafschaft) mit den Kirchspielen Ibbenbüren, Brochterbeck, Mettingen
und Recke als sogenannte Obergrafschaft Lingen gegliedert. Nach dem
Untergang des Schmalkaldischen Bundes, dem sich Tecklenburg ange-
schlossen hatte, kam es 1548 zur Beschränkung auf die Restgrafschaft in
Tecklenburg und Rheda. Lingen mit der Obergrafschaft ging verloren.
Nach langem Erbstreit wurde 1698 die Grafschaft Tecklenburg den Grafen von Solms zugesprochen. Diese traten gegen eine Entschädigung
von 250 000 Talern die Restgrafschaft 1707 und 1729 an den König von
Preußen ab.
Das Entstehungsjahr der Tecklenburg ist unbekannt. Wahrscheinlich
gab es hier schon in sächsischer Zeit eine Fliehburg mit Stein- und
Erdwällen, die später vermutlich von den Grafen von Zutphen als Her-
rensitz ausgebaut wurde. Nach deren Aussterben kam die Feste an das
Grafengeschlecht, das sich nach ihr benannte.
Die Burg liegt strategisch günstig auf beherrschender Höhe an einem

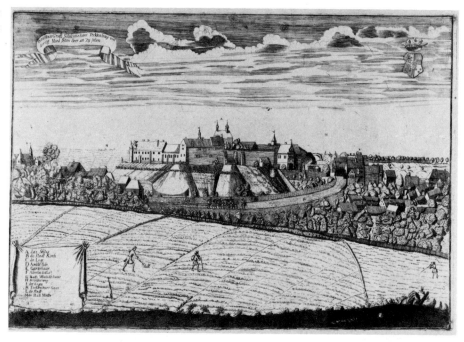

Weg, den um 1240 Albert, Abt von Stade, Rompilgern empfiehlt. Diese Straße ist offenbar auch für den Fernhandel der frühen Hanse von Bedeutung gewesen, wie sich aus dem Smolensker Vertrag von 1229 ergibt. Im Osnabrücker Urkundenbuch wird die Feste erstmalig 1150 als Tekeneburg erwähnt. Als Dynastenburg errichtet, war sie von Anfang an weitläufig angelegt. Ein festungsartiger Ausbau erfolgte vom 16. bis 17. Jahrhundert. Unter Graf Konrad I., dem »tollen Cord«, der 1527 in der Grafschaft die Reformation einführte, wurde die Tecklenburg mit wenigstens 15 Kanonen bestückt. Ein schweres Geschütz trug die bezeichnende Inschrift »Die Kautze heiß ich, Mönch und Pfaffen hasse ich, Conradt Grave, deß bin ich. Laßt Euch nicht verdrießen. Ich will Euch Thüren und Mauren umbschießen.«

1672 schreibt der Chronist G. A. Rump: »Es ist diß ansehnliche Castehl so fast in die Runde auff die Spitze des Berges gebawet/mit starcken Waellen/trockenen Graben/Rundelen und hohen Mauren/so sonderlich mit den Hakenthurn vor wenig Jahren sehr verbessert worden/... In dem mittelsten Wall ist zu sehen der große alte fünfkantige Thurn/so am fordersten Theil einem Schiff nicht unähnlich siehet/und vorzeiten über alle maßen hoch gewesen; weil er aber vor 400 Jahren ungefehr mit dem herrlichen Schloß durch eine gewaltige Fewersbrunst großen Schaden erlitten und sehr mürbe worden/hat man ihn/damit er nicht durch die grausamen Windstürme auff die andern Gebäwe gar möchte darnieder geworffen werden/zum drittenmahl abnehmen müssen. Ist sonsten ein gar altes/rares und ungwöhnliches Gebäw/so in gantz Teutschland/ Italien und Franckreich nur zwo seines gleichen haben sol/und daher nicht unbillig den Nahmen des alten Thurns überkommen hat; dessen oberster Theil heutiges Tages den ordentlichen Hochgräffl(ichen) Musicis und dem Uhrwerk zum Gebrauch; der mittelste zur Verwahrung Kraut und Lohts/der unterste Theil aber den großen Verbrechern und Übelthätern zur Gefängnis verordnet worden.«

Hundert Jahre später (1788) heißt es in der Beschreibung der Grafschaft Tecklenburg von A. K. Holsche: »Das ehemalige Schloß liegt auf dem Gipfel des Berges über der Stadt, jetzt aber in Ruinen, es stehet weiter nichts mehr davon als das sogenannte Kornhaus und die Kanzley, das rechte Schloß ist schon vor einigen dreyßig Jahren völlig niedergerissen, weil die Unterhaltung zu kostbar war … In der Mitte des Schloßplatzes stehet ein alter eingestürzter in Form eines Schiffes erbauter Thurm, der Schiffsthurm genannt, welcher das Gepräge des Alterthums hat, und wahrscheinlich die erste Anlage des Kastells gewesen …«

Neben dem einfachen runden, quadratischen oder rechteckigen Turm als Bergfried erscheint aus fortifikatorischen Gründen besonders in West- und Südwestdeutschland nicht selten der fünfeckige Turm. Die Tecklenburger Grundrißfigur bildet ein Viereck, dem ein Dreieck vorgelegt ist, so daß ein schiffsförmiges Bauwerk entstand. Sein scharfer Bug ist natürlich der Feindseite zugewendet.

In diesem Zusammenhang sei auf die runden Bergfriede der Ravensburg und Sparrenburg hingewiesen, die auf der Angriffsseite zugespitzt sind. Im Durchschnitt hatte ein Bergfried eine Höhe von etwa 27 Metern und einen Durchmesser von 9,5 Metern. Der Tecklenburger Turm, dessen unterer Teil noch erhalten ist, hat eine »Schiffslänge« von rund 17 Metern und eine »Schiffsbreite« von 13 Metern. Seine Mauerstärke beträgt über 2 Meter. Aus der Beschreibung von Holsche kann gefolgert werden, daß der Turm, der ursprünglich Kern der Feste war, als Bergfried und Palas gedient hat.

Der Plan, das Tecklenburger Schloß nach dem Anschluß an Preußen zu einer Festung auszubauen, wurde nicht verwirklicht. Nach der Zahlung der ersten Reparaturkosten für die Instandsetzung des Schlosses, das zuerst als Kaserne dienen sollte, unterblieb der weitere Ausbau. Nach dem Verfall der Anlagen wurden die Reste bis 1800 abgebrochen.

Das durch Flankentürme gesicherte Torhaus mit großem Wappenfries (Anhalt, Pfalz-Bayern, Brandenburg, Bentheim, Nassau, Neuenahr und Hessen, darüber das Wappenzeichen der Grafen von Tecklenburg) und Figur der Minerva aus dem Jahre 1657 blieb erhalten. Ebenso Reste der Umfassungsmauern und Fundamente des fünfeckigen Hauptturmes. Ein Wall, durch den ein breiter gewölbter Durchgang führt, trennt die einstige Vorburg von der Hauptburg. 1884 errichtete man im Bereich der früheren Hauptburg einen Aussichtsturm.

Das Burginnere wurde in den 20er Jahren dieses Jahrhunderts zu einer Freilichtbühne umgebaut. 1944 kam es zufällig beim Ausbau eines Luftschutzbunkers im nordöstlichen Burgbereich zur Entdeckung eines mit Erdreich überschütteten mächtigen Batterieturmes mit Kuppelraum und Geschützständen aus dem Jahre 1577.

Konrad I. (1501–1557) führte mit energischen Schritten in der Grafschaft Tecklenburg die Reformation ein. Mit seinem Beitritt zum Schmalkaldischen Bund hoffte er vergeblich, die 1400 an Münster und Osnabrück gefallenen Gebiete zurückzugewinnen. Tecklenburg war das erste westfälische Territorium, in dem die Reformation eingeführt wurde.

Besitzer

1124–1263	Grafen von Tecklenburg (Linie der Egbertiner)
1263–1328	Grafen von Tecklenburg (Linie Tecklenburg-Bentheim)
1328–1557	Grafen von Tecklenburg (Linie Tecklenburg-Schwerin)
1557–1707	Grafen von Tecklenburg (Linie Tecklenburg-Bentheim-Steinfurt-Rheda)
1707–1945	König von Preußen, seit 1919 Land Preußen
1945–heute	Land Nordrhein-Westfalen

Lingen Die tecklenburgische Landesburg Lingen entstand im 13. Jahrhundert zum Schutz des Brückenortes und zur Beherrschung des wichtigen Emsüberganges vor dem Südausgang des Bourtanger Moores. Erst in Leer, 80 Kilometer weiter nördlich, war der nächste Übergang nach Holland möglich.

Lingen hat in den folgenden Jahrhunderten wie kein anderer Teil des Emslandes seinen Herrn gewechselt. 1493 ging aus einer Erbteilung im Hause Tecklenburg die selbständige Grafschaft Lingen hervor. 1551 verlor Graf Konrad I. insbesondere wegen seiner Teilnahme am Schmalkaldischen Bund sein Land an Kaiser Karl V. Dieser übertrug die Grafschaft vier Jahre später Philipp II. von Spanien, der sie wiederum 1578 dem Prinzen von Oranien gab. Von 1578 bis 1672 war Lingen abwechselnd in oranischem und spanischem Besitz. Nach einer kurzen münsterschen Periode gelangte der Ort wieder in oranisch-holländische Hände. 1702 machte Preußen Erbansprüche geltend und übernahm die Grafschaft. Der Wiener Kongreß schlug das Gebiet zu Hannover.

Lingen wurde im 15. und 16. Jahrhundert unter Einbeziehung der gesamten Stadt zu einer starken Festung ausgebaut, dabei kam es zum Abbruch der alten tecklenburgischen Feste. 1597 war die Stadt mit doppelten Gräben und Wällen geschützt sowie mit vier Bollwerken und drei Ravelinen (Vorschanzen). Prinz Moritz von Oranien-Nassau gelang es trotzdem, die von Spaniern besetzte Stadt nach kurzer Belagerung einzunehmen.

1605 eroberte der spanische Söldnerführer Ambrosio Marchese de Spinola Lingen mit 5000 (?) Kavalleristen, 900 Infanteristen und Geschützen, nachdem er ebenfalls die Festung nur wenige Tage umschlossen hatte. 1632 bestimmte der spanische Statthalter in Brüssel die Neutralisierung der Stadt. Das Kriegsmaterial wurde auf über 300 Wagen zur Petersburg nach Osnabrück gebracht und die Festung in Lingen geschleift.

Lingen. Während des niederländischen Freiheitskampfes wurde Lingen mehrmals belagert. Die Abbildung zeigt die Festung im Jahre 1605 kurz vor Einnahme durch den spanischen Feldherrn Spinola.

Bevergern entstand vor 1366 vermutlich als Landesburg der Tecklenburger Grafen gegen Münster. Die Wasserburg, die einst zu den bedeutendsten des Landes gehörte, ist heute restlos vom Erdboden verschwunden. Bis ins 17. Jahrhundert war sie Schauplatz vieler Kämpfe. Während der Fehde der Bischöfe von Münster und Osnabrück gegen den Grafen von Tecklenburg im Jahre 1400 eroberte der münstersche Bischof Otto von Hoya die Feste und erzwang ihre Abtretung. Unter ihm, der hier häufig residierte, wurde Bevergern zu einer kastellartigen Anlage ausgebaut. Ein Gemälde des Malers Tom Rink aus Münster in der Kirche zu Bevergern aus der Zeit des frühen 17. Jahrhunderts – die Auferweckung des Lazarus darstellend – gibt im Hintergrund die Burg als Kastell wieder mit hohen Ringmauern, drei runden Flankierungstürmen an den Ecken und einem Bergfried. Den von Strebepfeilern an der Außenwand verstärkten Palas schmücken Volutengiebel und ein Zwerchhaus. Wahrscheinlich bestand die Feste ursprünglich nur aus einem wehrhaften Turm. Ihr Ausbau erfolgte im 16. und vor allem im 17. Jahrhundert. Die Anlage des 17. Jahrhunderts hatte die Ausmaße von 200 × 150 Fuß und besaß ein Mauerwerk, dessen Mächtigkeit zwischen 18 und 22 Fuß

Bevergern

Die münstersche Landesburg Bevergern, in der sich während des Dreißigjährigen Krieges die Niederländer festgesetzt und deren Räumung nach Kriegsende hinausgezögert hatten, wurde 1652 von einem Kommando des Bischofs von Münster unter Führung des Drosten von Twickel durch List eingenommen (zeitgenössisches Ölbild im Schloß Stovern).

Bevergern. Im Hintergrund eines von Tom Rink Anfang des 17. Jahrhunderts geschaffenen Gemäldes in der Bevergerner Kirche ist die Feste zu sehen.

betrug. Vier Ecktürme und der sie weit überragende sogenannte »große Thurm« hoben den Festungscharakter hervor.

Ansprüche der Oranier, die auf ihrem tecklenburgischen Erbe beruhten, wurden zwar durch Abfindung befriedigt, doch ließ Bischof Ferdinand II. die Burg 1680 aus Furcht, daß »die Hollender dermahlen eine praetension (Anspruch) daran machen« könnten, niederlegen. 1820 waren noch so viel Mauerreste erhalten, daß König Friedrich Wilhelm III. von Preußen in einer Kabinettsorder des gleichen Jahres verfügte, daß die Burgruine auf Kosten der Gemeinde fortlaufend unterhalten werden sollte. Heute erinnert allein der »Merschgraben« an die einst stolze Anlage.

Ravensberg Die Grafen von Ravensberg befestigten ihre Herrschaft durch den Bau von vier Landesburgen: Ravensberg, Limberg, Sparrenburg und Vlotho. Nur die ersten beiden Festen konnten wegen ihrer Lage nahe der Grenze dem Hochstift Osnabrück gefährlich werden.

Ravensberg ist als Fürstenburg wahrscheinlich um 1100 auf einem Sporn der nach Westen vorspringenden südlichen Kette des Teutoburger Waldes errichtet worden. Sie beherrscht den Paß von Borgholzhausen.

Das Gelände fällt unmittelbar hinter den Burgmauern nach drei Seiten steil ab. Vermutlich erfolgte der Bau unter Benutzung einer vorhandenen Wallanlage.

Als Gründer der Burg wird der Edelherr Hermann II. (1085–1115) von Calvelage-Ravensberg angesehen. Im Laufe der Zeit erhielten die Burgherren die Freigerichte in Borgholzhausen und Halle, wurden Schutzherren über das Stift Herford und das Nonnenkloster Schildesche. Außerdem bekamen sie das Münzrecht (1224), das Markt- und Zollrecht.

Nach dem Aussterben der männlichen Linie des Grafengeschlechts traten 1346 die Grafen von Jülich und Berg die Herrschaft an, ihnen folgten 1511 die Herzöge von Jülich-Cleve-Mark, und schließlich erbte 1609 der Kurfürst von Brandenburg die Grafschaft. Im Vertrag zu Xanten 1614 wurde Ravensberg endgültig den Hohenzollern zugesprochen.

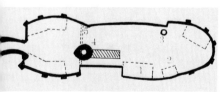

Lageplan der Burg Ravensberg. 1 Palas (Teile der Außenmauer erhalten), 2 Kapelle (Außenmauer erhalten), 3 Brunnen, 4 Bergfried, 5 Quermauer, die die Feste in Vor- und Hauptburg teilte (Ansätze am Bergfried erkennbar).

Die Burg schützten Wall, Graben und Ringmauern. Von der ursprünglichen wuchtigen Burganlage ist nur noch ein romanischer Turm, Teile der
gequaderten Außenwand einer Kapelle, Reste der sorgfältig behandel-
ten Außenmauer und des Zwingers sowie der 98 Meter tiefe Brunnen
erhalten. Die Sage berichtet von zwei gefangenen Rittern, die den Brunnen gruben, um dadurch ihre Freiheit zu erkaufen. Als sie nach zehnjäh-
riger Arbeit das Werk vollbracht hatten und ans Tageslicht gebracht wurden, fielen sie sich vor Freude in die Arme und sanken dann tot zu
Boden.

Vor dem Burgtor befand sich ein gekrümmter 20 Meter langer Zwinger,
durch den der Zugang zur Burg erfolgte; er ist in seinem unteren Teil
noch vorhanden. Die Schutzmaßnahme verhinderte den direkten Beschuß der Vorburg.

Der nicht ganz kreisförmige und nach der am meisten gefährdeten
Westseite schiffbugartig zulaufende mächtige Bergfried besitzt in seinem unteren Teil eine Mauerstärke von 4,50 Meter. Der Turm der Sparrenburg (Bielefeld) zeigt den gleichen Aufbau. Durch diese Turmform
sollten Wurfgeschosse abgelenkt bzw. die Wucht des Aufpralls vermin-
dert werden.

Die westliche Vorburg mit Stallungen und Wirtschaftsgebäuden war
durch eine Zwischenmauer und Bergfried von der östlichen Hauptburg
getrennt. Hier standen Palas und Kapelle.

Aus der Zahl von 36 Personen, die 1496 auf der Burg »in des Herzogs
Kost« gehalten wurden, kann die damalige Bedeutung der Feste erkannt
werden. Bei Ausbruch des 30jährigen Krieges lagen 50 Mann Besatzung
auf der Burg, die sich beim Einmarsch der Holländer kampflos ergaben.

In der Folgezeit wechselte der Besitz zwischen Spaniern, Kaiserlichen und Holländern. 1629 gab es auf der Burg eine Besatzung von 120 aus Brandenburgern und Holländern bestehenden Soldaten. 1673 übernahmen bischöflich-münstersche Truppen die Feste.

1695 war die Burg so baufällig geworden, daß der Drost Heinrich von Ledebur den Kurfürsten bat, auf seinem Gut Mühlenburg wohnen zu dürfen. Die Burg diente noch bis zur Verlegung des Amtes im Jahre 1732 als Sitz des Amtmannes. Ein Jahr später wurden die Anlagen abgebrochen und das Steinmaterial anderweitig verwandt. Nach der Mitte des vorigen Jahrhunderts errichtete man neben dem Turm ein Forsthaus und eine Gaststätte.

Besitzer

11. Jahrh.–1346	Edelherren von Calvelage-Ravensberg
1346–1511	Grafen von Jülich und Berg
1511–1609	Herzöge von Jülich-Cleve und Mark
1609–1919	Kurfürsten von Brandenburg, seit 1701 Könige in bzw. von Preußen
1919–1945	Land Preußen
1945–heute	Land Nordrhein-Westfalen

Bauten

12. bzw. 13. Jahrh.	Bergfried

Limberg Auf einem steilen Kamm des Wiehengebirges südwestlich von Preußisch-Oldendorf künden heute Reste eines Mauerwerkes und ein mächtiger Turmstumpf von der ehemaligen Landesburg.

Vermutlich war diese ursprünglich eine nach Osten vorgeschobene Feste des Bistums Osnabrück. Bezeichnenderweise gehörte Limberg zum Gogericht Angelbeke in Osterkappeln. Ende des 13. Jahrhunderts gelangt Limberg in den Besitz der Ravensberger Grafen. In der Folgezeit ist sie häufiges Pfandobjekt gewesen und in der Hand von Dienstmännern und nur noch dem Namen nach Besitz der Ravensberger.

Als Ursprung der Feste ist der zum großen Teil noch erhaltene quadratische Turm zu sehen. Seine Seitenlänge von 12 Metern, sein nutzbarer Innenraum von 36 qm sowie Spuren eines Kamins weisen ihn als Wohnturm aus. In einer Beschreibung aus dem Jahre 1876 heißt es: »Der Turm ist von unten nicht zugänglich, in einer Höhe von 20 Fuß (nicht ganz 7 m) ist in der südlichen Seite ein Loch durchgebrochen, durch welches man mittels einer Leiter in den Turm gelangen kann. Man kommt in einen von den Turmwänden umschlossenen Raum, in welchem sich

ein enges Kämmerlein und eine Art Backofen befindet . . .« Der Turm gehört seiner Anlage nach in das 12. bzw. 13. Jahrhundert.

Der Eingang zu einem Bergfried lag in der Regel 3–8 Meter über dem Erdboden. Meist gab es außen ein hölzernes Türhaus, das über Kragsteinen errichtet wurde. Der Bergfried war stets mehrstöckig. Die Geschoßdecken gewöhnlich aus Holz. Der Limberger Bergfried zeigt heute an drei Seiten in etwa 5 Meter Höhe Mauerdurchbrüche. Die Hauptburg war im unregelmäßigen Viereck angelegt, von 100×60 bzw. 45 Meter Umfang, und durch eine Mauer von der tiefer gelegenen Vorburg getrennt. Durch ein mit zwei Türmen geschütztes Burgtor gelangte man in die Vorburg. Ein weiteres Tor vermittelte den Zugang zur eigentlichen Burg.

Schwache Reste des Palas sind in den Grundmauern zu erkennen. Die Burg muß im hohen Mittelalter mehrere Gebäude besessen haben, da eine Urkunde von 1330 ausdrücklich von »EDIFICIA SUA CONSTRUCTA« (ihre errichteten Gebäude) spricht.

Ein breiter und tiefer Burggraben umgibt noch jetzt die gesamte Feste. Anfang des 30jährigen Krieges wurde sie von 100 pfalzneuburgischen Soldaten besetzt. Die geringe Besatzung von einem brandenburgischen Kommando von 20 Mann im Jahre 1647 und schließlich deren Abzug 1662 zeigt, daß der Burg keine militärische Bedeutung mehr zugemessen wurde. 1695 erteilte Kurfürst Friedrich III. den Befehl, die Feste zu schleifen, »das dem publiko und dem Lande nicht von geringstem Nutzen, weil solches an keinem Passe gelegen . . .«.

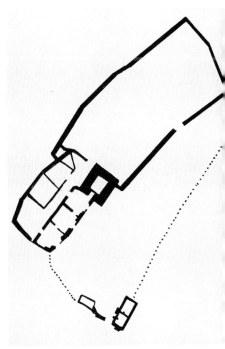

Burg Limberg nach einem Grundriß aus dem Jahre 1556.

47

Bentheim

Auf einer steil nach Norden abfallenden Sandsteinrippe (112 m) des westlichen Ausläufers des Teutoburger Waldes erhebt sich die Burg Bentheim. Sie gehört zu den eindrucksvollsten Burgen Niedersachsens. Anstelle einer germanischen Fluchtburg (Volksburg) wurde sie wahrscheinlich im 10. Jahrhundert erbaut. Von dieser strategisch günstig gelegenen Bastion aus konnte jahrhundertelang der Verkehr von Münster nach Zwolle und von Osnabrück nach Deventer kontrolliert werden. Die Burg wird erstmalig urkundlich 1116 erwähnt, als sie von Herzog Lothar von Sachsen, dem späteren deutschen Kaiser, belagert und eingeäschert wurde. Auch nach der Zerstörung muß sie noch eine Respekt fordernde Anlage gewesen sein, sonst hätte der Herzog sie nicht weiterhin »vorzüglich und fest« nennen können. Seit dem 12. Jahrhundert ist die mehrfach ausgebaute Burg im Besitz der Grafen von Bentheim und deren Dynastensitz.

Um die Mitte des 12. Jahrhunderts kam Graf Otto von Salm-Rheineck in den Besitz der Burg, die dem Bischof von Utrecht als Lehen aufgetragen werden mußte. Die Feste gelangte nach dem Aussterben des Geschlechtes durch Vererbung an die Grafen von Holland, die die Lehnsverbindung lösen konnten. Damit begann die Entwicklung Bentheims zu einem unabhängigen Territorium.

Zur Bentheimer Feste gehörten 1346/64 22 Burgmannen, die nach dem Grafen die begütertsten Grundherren der Grafschaft waren. Die Zahl der Burgmannen schmolz im 16. Jahrhundert bis auf »unser Leven getruwen vier Borchmannen«. Söldner übernahmen die Schutzaufgaben.

Die gesamte etwa 280×80 m umfassende Verteidigungsanlage birgt die höher gelegene Hauptburg und die tiefer liegende Vorburg, die durch einen tiefen Graben voneinander getrennt waren. Aus der Vorburg entstand der heutige Garten.

Schon im 13. Jahrhundert umgab den Burgbereich ein mächtiges Mauerwerk. In der Nordmauer finden sich Bossenquader aus jener Zeit. Das Baumaterial kam aus den nahe gelegenen Sandsteinbrüchen. Über Jahrhunderte wurde der grau-gelbe Bentheimer Sandstein vor allem nach dem steinarmen Holland geliefert, wo er als begehrter Bau- und Werk-

Das vollständige Wappen des Hauses Bentheim und Steinfurt. Die ererbten Helme tragen typisch deutsche Helmzierden, wie den Pfauenstoß. Jeder Helm repräsentiert ein Recht, das auch im Schild vertreten ist. Das Wappen enthält im Schild elf Felder, in denen die Wappen erscheinen, die durch Heirat oder Erbgang dem Geschlecht zugefallen sind. Die Grafschaft dehnte sich im Nordwesten bis an den Herrschaftsbereich des Bischofs von Utrecht aus. 1312 kam es zur Erwerbung der Niedergrafschaft mit den niederländischen Kirchspielen Ootmarsum und Tubbergen, die jedoch wieder verloren gingen.

Schloß Bentheim. Bild des holländischen Malers Nicolaas Berchem (1620–1683). Die auf einem Sandsteinrücken erbaute Feste ist dem Zeitgeschmack entsprechend von dem Künstler überhöht dargestellt worden.
Das »gräffliche Hofflager« wurde häufiger – vor allem während der Regierungszeit des Grafen Arnold (1551–1606) – von Bentheim nach Tecklenburg oder zu den Burgen in Schüttorf und Neuenhaus verlegt.

Schema zum Wappen des Hauses Bentheim und Steinfurt
1 Grafschaft Bentheim (17 ganze und zwei halbe Bentheimer Schildnägel), 2 Grafschaft Tecklenburg (3 Herzen, auch als Seeblätter bezeichnet), 3 Grafschaft Lingen (Anker), 4 Grafschaft Steinfurt (Schwan), 5 Grafschaft Limburg (Löwe), 6 Herrschaft Wevelinghofen (2 Balken), 7 Herrschaft Rheda (Löwe), 8 Grafschaft Hoya (2 Bärenpfoten), 9 Herrschaft Alpen (Löwe), 10 Herrschaft Helffenstein (Löwe), 11 Erbvogtei Cöln (5 Balken).

stoff zum Kirchen- und Schloßbau, zur Fundamentierung von Schleusen u. a. diente. Zu Luthers Zeit brachte der Steinhandel dem Grafen jährlich 10 000 Reichstaler Zoll ein.

Der Besucher gelangt durch das untere Tor mit Tonnengewölbe aus dem 12. Jahrhundert in den Schloßgarten. Der Weg führt in einem Bogen weiter zum Haupttor. Sein unteres Steinwerk stammt noch aus der späten Romanik. Das Innere des Torhauses ist im 17. Jahrhundert umgestaltet worden. Die vorgesetzte Rustikaarchitektur mit doppelten Pilasterstellungen aus dem 17. Jahrhundert beleben den Eingang an der West- und Ostseite. Ionische Pilaster mit reich geschmückten Wappen kennzeichnen den westlichen Eingang, stärker ausgebildete Pilaster und ein großes

Schloß Bentheim. Die neugotische »Kronenburg«, in ihrem ältesten Teil noch aus romanischer Zeit stammend, erhielt ihren Namen nach den aus Sandstein gehauenen Grafenkronen, die als Schornsteinaufsätze dienten.

Monogramm aus den Buchstaben C und E (C = COMES = Graf; E = Ernst Wilhelm von Bentheim [1643–1693]) den östlichen Eingang. Zu beiden Seiten des Tores standen im Burghof Wachgebäude, von denen das nördliche noch erhalten ist.

Zu den ältesten Bauteilen des Schlosses gehört die einschiffige Katharinenkirche, ursprünglich eine spätromanische Anlage, in der jetzigen Form aus dem 15. Jahrhundert. Das Kircheninnere erhellen drei spätromanische Fenster im quadratischen Chor und zwei flachgedrückte frühgotische Fenster an der Südseite des Langhauses. Die Westwand der Kirche bildet die Burgmauer. Der Turm (1443–1500 datiert) hat die Gestalt eines schlanken oben abgeschnittenen Kegels. Sein Helmansatz ist mit

Grundriß von Schloß Bentheim. Gezeichnet um 1736 von J. C. Schlaun. A altes Torhaus, im 16. und 17. Jahrhundert erweitert, C inneres Torhaus, H Kanzleigebäude (1795 bei der Belagerung durch die Franzosen in Brand geschossen), K Katharinenkirche, ursprünglich romanische Anlage, jetzige Form aus dem 15. Jahrhundert, M quadratischer Bergfried aus der Frühzeit der Burganlage, Anfang des 15. Jahrhunderts nach Verfall neu errichtet, O Wohn- und Stallgebäude (Ende des 18. Jahrhunderts zu einem reinen Wohngebäude umgestaltet), P der »Runde Turm« mit flacher Innenseite aus dem Anfang des 15. Jahrhunderts, T vorgelagerter Flügel mit Rittersaal und Frauengemächern (1795 in Brand geschossen und später abgerissen), X Kronenburg.

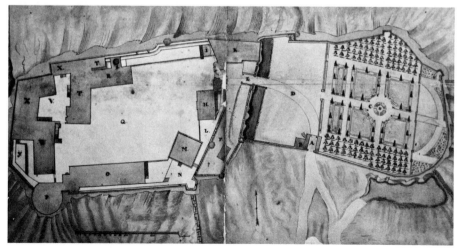

vier Ecktürmen geziert und macht ihn dadurch unverkennbar. Der oberste Teil mit Zwiebelhaube und Laterne mußte wegen Baufälligkeit 1778 abgetragen werden.

Die Kirche wurde nach der Reformation als Lagerschuppen gebraucht. Seit ihrer Renovierung 1962 dient sie als Museum. Eine geschnitzte gotische Doppelmadonna aus dem Kloster Frenswegen, sakrales Gut, steinerne Wappen und Totenschilde machen sie sehenswert.

Die Burgmauer mit breitem Wehrgang bildet die Verbindung zum westlichen Schloßgebäude. Während des Siebenjährigen Krieges beschädigte eine Sprengung Wohnbauten sowie Back- und Brauhaus derart, daß sie abgerissen werden mußten. An Küche und Speisesaal grenzender südlicher Flügel, der als Archiv diente, wurde bei einer Belagerung durch Franzosen 1795 in Brand geschossen und später niedergelegt. An seiner Stelle entstand 1880 ein als Viertelkreis angelegter zweistöckiger Verbindungstrakt zum sogenannten neuen Wohnhaus. Dieses mehrstöckige herrschaftliche Haus, das fast die ganze Südseite der Burg einnimmt, entstand Ende des 18. Jahrhunderts anstelle eines Wohn- und Stallgebäudes. Durch einen Zwischenbau ist es mit dem nach außen vortretenden runden Festungsturm verbunden. Dieser, auf gewachsenem Fels ruhend, hat seine jetzige wuchtige Form im 15. Jahrhundert erhalten. Unterhalb des kegelförmigen Daches schmücken ihn zwei gotische Bogenfriese. Drei Konsolen in Form eines halben Achtecks trugen in halber Turmhöhe je einen von einer steinernen Renaissancebrüstung geschützten Balkon (früher Erker). Zwei Schießscharten im Untergeschoß für schwere Geschütze und Schießscharten im Mittelgeschoß weisen auf seine Aufgabe hin. Das Feuer aus feindlichen Geschützen konnte bei einer Reichweite von 200 bis 400 Metern und der mangelnden Brisanz der Geschosse dem 4,90 Meter mächtigen Mauerwerk des Turms nicht viel anhaben.

Im Südosten wird der Schloßplatz von dem 30 Meter über den Hof ragenden quadratischen sogenannten Pulverturm abgeschlossen, der die Ostseite der Burg zu schützen hatte. Das mächtige Bauwerk stammt aus der Frühzeit der Burganlage. Es gehörte ursprünglich zur ehemaligen Vorburg und überwachte die Straße. Nach fortschreitendem Verfall wurde der Turm Anfang des 16. Jahrhunderts wieder errichtet. Die Inschrift an der Westseite des Gebäudes lautet: INT · JARR · VNES · HRN · M · CCCCC · VII · WORT · DESSE · TON · REFORMERET · NV · GEBOUWET · DOR · DE · EDLE · VN · WALBURG · N · MARIE · EVERWI · GRAFF · TO · BEN (Im Jahr unseres Herrn 1507 wurde dieser Turm reformiert neu gebaut durch die Edlen von Walburg und Marie Everwi[n] Graf zu Bentheim). Der 14,30 Meter breite Turm weist in seinem unteren Teil 5,09 Meter starke Wände auf, die Wände des 2. Stockes haben noch einen Durchmesser von 4,67 Meter. Das fast 12,5 Meter tiefe Kellergeschoß, das nur durch eine Öffnung im Fußboden des unteren Geschosses zugänglich war, diente zur Versorgung. Schießscharten im 2.

Bentheim. Inneres Torhaus mit Erdgeschoß aus spätromanischer Zeit. Unter Graf Ernst Wilhelm (1643–1693) neu gestaltet. Vorgesetzte Rustikaarchitektur mit doppelter Pilasterstellung und einem großen Monogramm des Bauherrn schmücken die Ostseite des Torbaus.

Bentheim. Der »Herrgott von Bentheim«, ein vor dem Bergfried aufgestelltes Steinkreuz aus romanischer Zeit, gilt als Symbol des Bentheimer Landes.

und 3. Stock machen die eigentliche Aufgabe des Turmes sichtbar. Auf halbrunden Bögen ruhende zinnengekrönte Brüstungsmauern und an den vier Ecken vorkragende Quadertürmchen mit kuppelförmiger Bedachung aus dem 18. Jahrhundert geben dem Turm sein martialisches Gesicht.

Die am steilen Westhang liegende Gebäudegruppe der neugotischen »Kronenburg«, die ihren Namen nach den aus Sandstein gehauenen Grafenkronen erhielt, die als Schornsteinaufsätze dienen, stammt in ihrem ältesten Teil noch aus romanischer Zeit. Ob die Kronenburg mit dem »Heidentempel« ein früherer Wohnturm war, lassen wir dahingestellt. Der rechteckige Grundriß, ein ursprünglich vorhandener Kamin und zwei Nischen in der Westwand könnten darauf hinweisen. Bis 1868 war hier eine Kapelle eingerichtet. Die doppelte Nutzung als Wohn- und Kultraum war in den Burgen des Mittelalters nicht ausgeschlossen (siehe S. 58).

Die gotischen und Renaissanceformen der Kronenburg sind nach dem Ausbau in den 80er Jahren des vorigen Jahrhunderts verschwunden bzw. verbaut. Das ursprüngliche Bild wurde durch den neugotischen Ausbau derart verändert, daß der mittelalterliche Kern nicht mehr zu erkennen ist.

Es ist erstaunlich, daß außer dem Burggarten in Bentheim schon 1710–13 unterhalb des Schlosses ein rechteckiges Gartenparterre mit nach Norden in den Bentheimer Wald übergehendem Park nach französischem Vorbild geschaffen wurde.

Als die große Zeit der barocken königlichen Gärten in Frankreich gilt die 2. Hälfte des 17. Jahrhunderts. Danach beginnt erst in Deutschland die eigentliche Entwicklung der Gartenbaukunst.

Der Bentheimer Barockgarten zeigt die konsequente Verwendung der Achsenstruktur. Die Nord-Süd orientierte Achse des Gartens nimmt Bezug auf die Katharinenkirche als die optische Mitte der Burg. Ein sechsstrahliger Wegestern (Jagdstern), ein rundes Bassin in der Kreuzung der Achsen, zwei Pyramiden, von denen die westliche noch erhalten ist, gaben Zeugnis von der Entfaltung eines großen klassischen Gartens.

Die Schönheit und beherrschende Lage der Burg hat den bedeutenden holländischen Maler Ruisdael (1629–1682) nicht weniger als siebzehnmal angeregt, sie zu malen. Nicolaas Berchem wurde zum gleichen Tun inspiriert.

Das stark verwitterte romanische Steinkreuz mit steifem Corpus, der »Herrgott von Bentheim«, in der Nähe des Pulverturmes, der Anfang des 19. Jahrhunderts südlich des Schloßberges gefunden wurde, gilt als das bekannteste Symbol des Bentheimer Raumes. Die angewinkelten Arme sind Zeichen sächsischen Kultureinflusses und weisen damit auf seine frühe Entstehung hin. Nach einer Sage erinnert das Kreuz an den Märtyrertod des fränkischen Missionars Alberich, der nach 700 von heidnischen Sachsen auf dem Kreuzkamp bei Bentheim gekreuzigt worden sein soll.

Das Kreuz ist vermutlich das Werk eines Bentheimer Bildhauers, der um 1200 den auf einer Platte stehenden, bekleideten syrischen Christus dargestellt hat.

Besitzer

vor 1134	Graf Otto von Salm-Rheineck
1148–1182	Grafen von Holland (Erbgang)
1182–1421	Grafen von Bentheim (Erbgang)
1421–1609	Eberwyn von Götterswick und Nachfolger (Erbgang)
1609–1817	Grafen zu Bentheim und Steinfurt (Erbteilungen, Erbvereinigungen, Besitztausch etc.)
1817–heute	Fürsten zu Bentheim und Steinfurt (Erbgang)

Bauten

10. Jahrh.	frühester Burgbau
13. Jahrh.	Teile der Schloßkapelle
1443–1500	quadratischer Turm
15. Jahrh.	runder Turm
15. Jahrh.	Umbau der Schloßkirche
18. Jahrh.	neues Wohnhaus
1880	Verbindungstrakt
1880–1890	Kronenburg (Umbau über Kern des 12./13. Jahrhunderts)

Scheinkamin im neugotisch gestalteten oberen Saal der Kronenburg.

Rittersitze der gotischen Zeit

Im Hochstift Osnabrück war im hohen Mittelalter von 171 Adelsgeschlechtern ein Drittel im Besitz eines Herrenhofes als Lehns- oder Allodialgut. Der Besitz eines Gutes war im 13. Jahrhundert noch keineswegs mit dem Besitz einer Burg gleichzusetzen.

Seit dem 11. Jahrhundert bildeten die Ministerialen (Dienstmannen) mehr und mehr eine unentbehrliche Stütze des Landesherrn bei der Verwaltung der weitgestreuten Höfe und Güter. Der Dienstadel wurde daher in kurzer Zeit selbstherrlich und erhob bald entschieden Ansprüche auf Mitbestimmung bei der Vergabe von Lehen. Tecklenburger Ministeriale erteilten schon 1182 bei der Übertragung von Dienstmannsgut durch den Grafen an das Kloster Oesede ihre Zustimmung. Die Grenze zwischen Ministerialen und freien Rittern beginnt bereits im 12. Jahrhundert zu schwinden. Der Prozeß der Standesumbildung wurde auch durch den biologischen Rückgang der Edelherrngeschlechter gefördert. Wachsender politischer Einfluß führte schließlich zur Gleichberechtigung und zum Aufgehen des Dienstmannen in den niederen Adel. So ist es erklärlich, daß der Großteil der kleineren festen Häuser im Zuge der neuen Standesordnung entstanden ist.

Die Rittersitze lagen weit über das Land verstreut, außerhalb der dörflichen Siedlungen, mit Schwerpunkten im Süden, vor allem um Osnabrück, und im Norden. Eine Konzentration von Burgmannshöfen, auf denen nur Ritterbürtige saßen, erfolgte im Bereich der älteren Landesburgen des Hochstiftes. Die Burgmänner waren verpflichtet, sich einmal im Jahr für eine bestimmte Zeit in der Burg aufzuhalten, bei Gefahr in die Feste »einzurücken« und diese zu verteidigen. Ähnlich waren die Verhältnisse in den benachbarten Grafschaften Ravensberg und Tecklenburg. Der Aufbau einer Ministerialität vollzog sich hier ebenfalls parallel zum Ausbau der Landesherrschaft. Die meisten Dienst- und Burgmannen des Ravensberger Grafen konzentrierten sich mit ihrem Besitz um die Ravensburg und in den Grenzbezirken zwischen dem Hochstift Osnabrück und der Grafschaft. Tecklenburger Ministeriale werden 1150 zum erstenmal urkundlich erwähnt. Zu der 1355 genannten Landständeschaft des Tecklenburger Grafen, zu der sich die Dienstmannschaft im Laufe der Zeit entwickelt hatte, gehörten die landtagsfähigen Häuser Marck, Hülshoff, Langenbrück, Kappeln, Mesenburg, Kronenburg, Vortlage, Velpe, Schollbruch und Kirchstapel. Die beiden letztgenannten gingen im 17. Jahrhundert in gräflichen Besitz über. Bei den Wohnplätzen der Dienst- und Burgmannen ist ebenfalls eine Zusammendrängung um die Landesburg festzustellen.

Die Rittersitze in der Grafschaft Bentheim gruppierten sich um die Landesburgen Schüttdorf und Bentheim.

Im Laufe des mittelalterlichen Rodungswerkes wurden bei der Errichtung von Herrenhöfen, hauptsächlich aus Sicherheitsgründen, meist Niederungen im Bruchland aufgesucht. Arenshorst, Hünnefeld, Gesmold, Bruche und Barenaue mögen hier stellvertretend genannt werden. Nicht selten kam es zu Fehlgründungen. Anlagen im sumpfigen, schwer zugänglichen Gelände wurden verlassen oder einem Eigenbehörigen übergeben und erhielten den Status eines Bauernerbes wie Kemnade in Hesepe/Bramsche, Burgstätte zu Eickern/Bramsche u. a.

Da es wohlhabende und arme Ministeriale gab, bestand lediglich ein Teil der neuen Wohnstätten aus festen Häusern oder burgähnlichen Befestigungen. Im Lehnbuch des Bischofs Johann Hoet (1349–1366) werden nur wenige Ministerialensitze als castrum (Burg) oder munico (Befestigung) bezeichnet. Die meisten Herrensitze bestanden aus einem größeren Bauernhof, der von einer Graft und einem Palisadenzaun geschützt wurde, wie etwa um die Mitte des 11. Jahrhunderts der Sitz des Freien Werinbrecht zu Rüsfort. In einer Urkunde von 1189 wird von einer Burg in Ibbenbüren gesprochen, die von einem wassergefüllten Graben umgeben sei, der alles sichere (CASTRUM IN YBBENBUREN CUM FOSSATA ET STAGNIS QUE IPSUM CINGUNT ET MUNIUNT OMNEQUE). Viele Adelssitze schützten sich mit zwei oder drei konzentrisch angeordneten Graften. Lonne war ursprünglich von drei breiten Wassergräben und dazwischen liegenden Dämmen umgürtet. Ähnlich entwickelten sich die Schutzanlagen des Adels in anderen Bereichen Nordwestdeutschlands. Im Bistum Hildesheim breitete sich seit Mitte des 13. Jahrhunderts der Typ der Wasserburg mit zwei breiten Graften mit dazwischen aufgeschütteten Wällen aus. Die einzelnen von Wassergräben umschlossenen Bereiche konnten im Kriegsfalle als Zwinger in Anspruch genommen und von der Funktion her in Friedenszeiten als Wirtschaftshof genutzt werden. Schelenburg, Sögeln und Huntemühlen besaßen besonders kunstvolle Graben- und damit Befestigungssysteme.

Fast immer gehörten zur Regulierung des Wasserstandes in den Gräben Stauanlagen in Verbindung mit Mühlen. Sie waren dort, wo nicht genügend fließendes Wasser zur Verfügung stand, überhaupt die Voraussetzung für das Funktionieren der Sicherungsanlagen. Die Notwendigkeit, die Graften stets wassergefüllt zu halten, zwang zur Ableitung von nahen Flüssen oder Bächen.

Oft kam zur weiteren Sicherung ein Steinwerk (Bergfried) hinzu, das in Zeiten der Gefahr aufgesucht, sonst als Speicher benutzt wurde. Die 1413 erwähnte »Niedere Burg« Barenaue, die heutige sogenannte Bibliothek mit alter Gerichtslinde, besteht aus einem Steinwerk mit einem Tonnengewölbe im Kellergeschoß.

Nach Möglichkeit versuchte jeder Ritter, seinen Stammsitz zu befestigen. Er maßte sich daher nicht selten das Recht auf Burgenbau einfach an. Daß der Osnabrücker Bischof als Landesherr dies nicht gern zuließ, ist verständlich.

Als 1280 Everhard von Varendorf trotz Verbot die Burg Sutthausen errichtete, verlangte die Stadt Osnabrück vom Bischof Einspruch gegen den Bau. Der Bischof sagte Hilfe zu. Doch die Gründung der Feste konnte nicht verhindert werden.

Im Jahre 1333 schloß der Tecklenburger Graf Nikolaus mit dem Bischof von Münster, dem Grafen Adolf von der Mark, Bernhard von Ravensberg, Simon und Otto von der Lippe ein Bündnis, um das neuerbaute Haus Harkotten zu zerstören und um zu verhindern, daß im Bereich des Gogerichtes Warendorf neue Burgen geschaffen wurden.

Es kam oft zu Widerständen gegen den Landesherrn. Zahllose Fehdezüge Ende des 13. Jahrhunderts und vor allem in der ersten Hälfte des 14. Jahrhunderts waren die Folge. Burgen wurden zerstört, manche nach kurzer Zeit wiederaufgebaut, andere verfielen. Stets ist der Landesherr darauf bedacht, die Sitze der Ritterschaft so schwach wie möglich zu halten. Für das Haus Winkelmühlen wurde 1360 keine stärkere Befestigung zugelassen, als die zur Zeit bestehende. Die neue Ippenburg durfte wegen der Freundschaft des Bauherrn mit der Ravensberger Ritterschaft 1390 nicht aus Stein erbaut werden »außer dem Keller, dem Fundament bis zu 12 Fuß über der Erde und dem Schornstein«.

Trotz des Widerstandes der Landesherrn schreitet der Burgenbau voran. Bis Ende des 14. Jahrhunderts ist im Bereich des Hochstiftes Osnabrück bei den Wasserburgen der Lehmfachwerkbau mit Palisadenwand bestimmend. Das 1552 teilweise im Fachwerk errichtete Herrenhaus der

Schloß Bentheim erhebt sich auf einem Sandsteinrücken des westlichen Ausläufers des Teutoburger Waldes.

wahrscheinlich vor der Mitte des 13. Jahrhunderts angelegten Burg Scheventorf ist einer der wenigen Fachwerkbauten, die auf unsere Zeit gekommen sind.

Eine Vorstellung, wie ein von Wassergräben gesicherter Herrensitz des späten Mittelalters ausgesehen haben mag, vermittelt das alte Herrenhaus in Langelage.

Selten gab es zwei oder mehr Herrenhäuser auf einem Platz. Hier sei an Hünnefeld und Arenshorst gedacht. Es waren sogenannte Ganerbenburgen, die zeitweise mehreren Erben zusammen gehörten. Im Steinwerk, einem Wohnbau der Burg Barenaue, wurden sogar einzelne Räume unter die Söhne des verstorbenen Besitzers aufgeteilt (1413).

Der Rittersitz war gewöhnlich nur von einer Familie und ihrem Gesinde bewohnt, so daß für die Verteidigung etwa 10 wehrfähige Männer zur Verfügung standen.

Der Großteil der Ritter lebte im übrigen wie der bäuerliche Nachbar. In einer Urkunde aus dem Jahre 1147 heißt es: *... ministeriales ... in mansionibus agriculturam exercentur* (... die Dienstmänner auf Höfen wohnen und Ackerbau treiben). Noch 1486 gibt der Burgmann Bernhard von Voß an, daß er das Haus und Erbe, die Mundelenburg, jetzt selbst »tele und baue«.

Dort, wo der Gräftehof von Anfang an als Burg in Erscheinung trat, lagen Wohn- und Wirtschaftsgebäude auf zwei voneinander getrennten Inseln, nur durch eine Zugbrücke miteinander verbunden. Die Zweiinselform kann als die verbreitetste Art einer Wasserburg im Hochstift Osnabrück angesehen werden.

Die Insel der Hauptburg, dem ursprünglich festen Haus, war meist von geringem Umfang. Gewöhnlich stand das Herrenhaus ohne Landstreifen frei im Wasser. Auf der größeren Insel des Wirtschaftshofes befanden sich Stallungen, Scheunen, Vorratshaus, Brauhaus, Wagenschuppen und dergleichen.

Unterschiedlich war der Standort der Kapelle. Wenn diese eine besondere Stellung unter den Baukörpern einer Burg einnahm, war das nicht gleichbedeutend mit der Zuweisung eines bestimmten Platzes. Es gab, falls ein Steinwerk vorhanden war, Kapellen in Gestalt einer einfachen Altarnische (Burgmannshof in Haselünne, Ritterstraße 7). In jüngerer Zeit finden wir sie häufig als selbständigen Bau innerhalb (Sondermühlen) oder außerhalb der Hauptburg (Sutthausen). Nicht selten gibt es sie als Sakralraum in Torhäusern (Kappeln). In der Kapelle erfüllte der Burggeistliche seine kirchlichen Pflichten. Im übrigen diente er als Vermittler zwischen Adel und Welt der christlichen Bildung.

Im Gegensatz zu den Wasserburgen, die mit ihren Graften und Wällen oft große Flächen einnehmen, war die Höhenburg gewöhnlich von geringerem Umfang.

Während die Höhenburg, wesentlich als Folge der Reliefverhältnisse, die unterschiedlichsten Formen herausbildete, wie Ring- und Randhausburgen mit einem oder mehreren Türmen, rechteckige und regelmäßige oder unregelmäßige Mehreckanlagen, Schild- und Mantelmauerburgen, keilförmige und Abschnittsburgen u. a., waren die Wasserburgen, bedingt durch die Lage in der feuchten und wasserreichen Niederung, relativ einförmig. Doch auch von diesen läßt sich sagen, daß letztlich keine Burg der anderen glich. Ende des 14. Jahrhunderts kam es zu einer größeren Vereinheitlichung im Burgenbau. Man begann, rechteckige Anlagen zu errichten. Die Entwicklung der Feuerwaffen machte eine verstärkte Befestigung notwendig. Die Wohn- und Wirtschaftsräume selbst wurden differenzierter. Ein stärkeres Gefühl für ordnende Gestaltung, für Rhythmus und Symmetrie kam auf.

Die vor 1400 im geschlossenen Rechteck angelegte Ybbenburg (Ippenburg) ist dafür ein Beispiel. Anstelle des Plankenzaunes traten hier dickwandige Außenmauern, die mit Schießscharten versehen wurden. Zwei Wassergräben, die auch die Vorburg umschlossen, und ein dazwischen liegender Wall sicherten das Ganze. Ein Turm wurde nicht mehr errichtet. Die Wehrtürme verloren mit der neuen Kriegstechnik ihre Bedeutung. Bei Umbauten der Burgen wurden die alten Wohntürme in die neue Anlage miteingebaut (Schelenburg, Gesmold) oder abgerissen (Scheventorf, Barenaue).

Ein Großteil der Burgen und festen Häuser hat in veränderter Form die Zeiten überstanden. Um 1600 gab es im Hochstift Osnabrück einschließlich noch vorhandener Burgmannshöfe 79 landtagsfähige Güter mit festen Häusern bzw. Wasserburgen, um 1800 war es etwa die gleiche Zahl und vor dem Zweiten Weltkrieg noch 32.

Manche Adelssitze verfielen und sind nicht wieder neu aufgebaut worden. Wir nennen nur das schon 1096 erwähnte feste Haus Wallenbrück (zwischen Melle und Spenge) und die turmbewehrte, im 18. Jahrhundert abgetragene Viereckanlage von Laer (südlich Melle).

Das Bedürfnis nach bequemem Wohnen, der Wunsch nach einem ansprechenden äußeren und inneren Erscheinungsbild des Bauwerkes, der Wille zur stärkeren Repräsentation und die weiter entwickelte Kriegstechnik, die eigene Festungswerke erforderlich machte, führten dazu, daß die Bauten auf den Adelssitzen den neuen Erfordernissen entsprechend gestaltet wurden. Fragen des Grundrisses, der Raumaufteilung und des Aufrisses suchten nach einer befriedigenden Antwort. Erst um die Mitte des 16. Jahrhunderts vermitteln theoretische Schriften aus Italien in deutscher Sprache oder Italienreisen deutscher Baumeister Vorstellungen über Renaissance-Architektur. Die Ästhetik der Renaissance konnte sich daher nur allmählich entwickeln. Die mittelalterliche Gestaltung des eigentlichen Baukörpers wurde noch lange Zeit beibehalten, ebenso der Treppenturm mit oft spätgotischer Ausschmückung. Der neue Stil zeigt sich zuerst in der Dekoration, etwa an Portalen mit

Rittersitze der Renaissance

bossierten Säulen und Pilastern, an Türen und Fenstern sowie an Wappensteinen. Im ganzen wird jedoch recht sparsam damit umgegangen. Später wurden Schaugiebel, Fassaden und Prunkerker Schmuckstücke der Schloßanlage. Phantasiereiche Schmuckelemente der frühen Renaissance, wie Löwenmasken, Löwenmenschen, Grotesken und verschnörkeltes Bandwerk, begegnen uns vereinzelt. Neu entstehen Ecktürme, die zur architektonischen Gliederung des Baus erheblich beitragen.

Das Ideal wurde die geschlossene Vierflügelanlage nach dem Vorbild römischer Kastelle mit symmetrischen, horizontal gegliederten Fassaden und vier Ecktürmen. Der quadratische Schloßtyp gelangte von Frankreich über den Rhein nach Deutschland.

Zahlreiche neue Schloßbauten entstanden Ende des 16. und Anfang des 17. Jahrhunderts, in denen die ästhetische Verfeinerung adeligen Lebensgefühls zum Ausdruck kam. Während im westfälischen Raum viel experimentiert wird und nicht selten üppige Bauwerke entstehen, sind diese im Osnabrücker Land weniger anspruchsvoll. Es war eine Zeit wirtschaftlichen Wohlstandes für den Adel, als die Getreidepreise fast um das Doppelte stiegen, während die Löhne sich kaum änderten. Hinzu kam der Verdienst als Söldnerführer. Eine günstige Zeit, den Besitz zu mehren.

Etwa 40 v. H. der Rittersitze des Hochstiftes Osnabrück sind nach 1450 fast ausschließlich auf Kosten des Bauernlandes oder der Gemeinen Mark entstanden. Erst 1587 bzw. 1602 wurde in Westfalen und im Hochstift Osnabrück weiteres Bauernlegen dadurch verhindert, daß man die Steuerfreiheit des Adels auf die bis zu diesem Zeitpunkt von ihm selbst bewirtschafteten Güter beschränkte.

Sondermühlen Wahrscheinlich hat Ebbeke von Vincke, in dessen Besitz sich 1479 Sondermühlen (= Mühle aus dem ausgesonderten Markenteil) befand, das Gut durch Zusammenlegen von ererbtem Grundbesitz geschaffen. Nach mehrfachem Besitzwechsel kam das Anwesen 1796 durch Kauf an das Osnabrücker Domkapital. Nach der Säkularisation fiel es an Hannover. Von 1816 bis 1819 war das Herrenhaus an Friedrich Leopold Graf zu Stolberg verpachtet. Während dieser Zeit schrieb der Dichter, der wie sein Bruder Christian zum Göttinger Dichterkreis gehörte, hier seine »Geschichte der Religion Jesu Christi«. 1819 starb Stolberg auf Sondermühlen.

Die alte Wasserburg liegt etwa 5 Kilometer südlich Melle weit ab von den Straßen des Durchgangsverkehrs zwischen Wiesen und Kornfeldern im Tal des Violenbaches.

Die rechteckige Anlage ist von einer breiten, nach Osten teichartig erweiterten Graft umgeben. Diese und festes Mauerwerk mit Schießscharten bezeugen noch den alten Wehrcharakter.

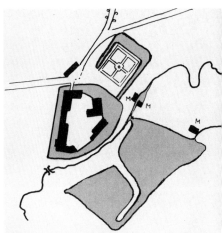

Lageplan von Sondermühlen vor 1841. M Mühle (Korn- u. Ölmühle).

Sondermühlen. Wohngebäude mit Torhaus.

1678 erstand südöstlich des Torhauses ein neues Wohngebäude. 1712 wurde im rechten Winkel dazu ein zweiter Trakt geschaffen. Vor 1841 fertigte E. A. Müller, späterer Begleiter Schliemanns, des Entdeckers von Troja, eine Zeichnung an, die das zweiflügelige Haus als einen massiven zweistöckigen, von Gesimsen gegliederten Bau mit Steilgiebel erkennen läßt. Er mußte später wegen Baufälligkeit niedergelegt werden.

Die im Westen gelegene 1972 zu einem Saal erweiterte frühere Schloß-kapelle St. Nikolaus von 1587 und das anschließende Torhaus mit Back- und Braugebäude haben die Jahrhunderte überstanden.

Einige farbige Fensterscheiben erinnern noch an die ursprüngliche Aufgabe des Kapellenraumes, in dem der Hausgeistliche seinen Dienst versah.

Die zahlreichen Geschenke, die die Familie von Nehem der katholischen Matthäuskirche in Melle im 17. Jahrhundert übereignete, mögen Ausdruck der tiefen Frömmigkeit gewesen sein, die die Herren von Sondermühlen beseelte. Es darf hier die Stiftung des großen Altarbildes genannt werden, das Martyrium des hl. Matthäus darstellend, sowie die Monstranz mit dem Wappen des Spenders, die Ampel für das ewige Licht und nicht zuletzt sechs ziselierte Silberleuchter, die heute zum kostbaren historischen Gut der Kirche gehören.

Das Herrenhaus des 16. Jahrhunderts, ein Vierständerbau im Stil des niederdeutschen Hallenhauses, ist als Försterwohnung und Wirtschaftsgebäude bis auf unsere Zeit gekommen. Veränderungen sind im 19. Jahrhundert vorwiegend im Deelenteil vorgenommen worden. Nur die der Graft zugewandte Seite und das sogenannte Kammerfach sind aus Bruchstein gebaut und die Fenster mit Sandstein verblendet, außerdem weist die zum Wassergraben gerichtete Längsseite einen kleinen Erker auf.

Lageplan von Sondermühlen heute. M Mühle.

Sondermühlen. Herrenhaus
des 16. Jahrhunderts. Ein
Vierständerbau im Stil des
niederdeutschen Hallenhauses
mit in die Graft ragendem
Erker.

Der hintere Baukörper mit Kaminzug vom Keller aufwärts und kemenatenartigem Teil wird baugeschichtlich als »ein Nachfahr des Steinwerkes oder Kemenate« (Poppe) angesehen. Ein spätgotischer Sandsteinkamin mit feinem Profil, der früher die Dielenwand vor dem Kammerfach schmückte, ist vor wenigen Jahren in den neuen Saal versetzt worden. Der zweimal vorkragende Giebel auf der Hofseite schützt hier wie früher der Walm gegen die Unbilden der Witterung und erweitert gleichzeitig den Dachraum. Die Füllungen der Fache sind aus Ziegelwerk und ornamental behandelt. Das Querholz (Dachbalken) wird von gotischen gekehlten Knaggen getragen. Um einem Schmuckbedürfnis zu entsprechen, sind auf den Brüstungsplatten und den dazwischengesetzten Riegeln Halbrosetten geschnitzt. Nach außen werden diese von einem Zahnschnittmotiv abgegrenzt. Der Platz zwischen den Rosetten ist mit herzförmigen Blättern gefüllt. Diese Schmuckformen gelangten aus dem Bereich der Oberweser, deren Ackerbürgerstädte stilbildend waren, nach Westen.

Die frühesten Formen der Halbrosetten stammen aus dem Harzvorland. Das Dreieck zwischen den Fußstreben erscheint dort in der Zeit des Überganges von der Gotik zur Renaissance (1525–1550) ganz mit Holz ausgefüllt und mit einer Halbrosette versehen. In der Renaissance (1550–1650) wird das Holzwerk, vor allem die Brüstungsbohlen, in Halb- oder Vollkreisen mit dem Sonnenrosen- oder Fächerrosettenornament, auch mit Sinnbildern verschiedener Art geschmückt. Das erste Vorkommen der Rosetten in Osnabrück wird auf 1586 datiert. Um so erstaunlicher, daß Sondermühlen schon vor 1550 diese Schmuckform kennt. Wie beliebt sie um die gleiche Zeit auch im Norden Deutschlands war, zeigt die Palmettenschnitzereien am Herrenhaus des adligen Gutes Brodau (Kspl. Grömitz) in Ostholstein, das um 1530 entstand. Geometrische Ornamente, Merkzeichen und Sinnbilder, wie sie als Schmuckmotiv auch Sondermühlen aufweist, sind an sich uralt und entspringen mythischen Vorstellungen, dem Zauberglauben oder sind Naturdarstellungen abstrakter Art.

Der Rittersitz kann wie das 1717 ebenfalls im Stil eines Hallenhauses errichtete ehemalige Herrenhaus der Steinburg (Hesepe/Bramsche) und das alte Haus Langelage, ein zweistöckiger, heute verputzter Fachwerkbau (siehe S. 184), als Beispiel für die Wohnverhältnisse des kleinen Landadels angesehen werden. Während Langelage jedoch ausschließlich der Familie vorbehalten blieb, hat in Sondermühlen und in der Steinburg der Standesherr, gleich dem niederdeutschen Bauern, mit Familie und Gesinde unter einem Dach gewohnt.

Auch die sprachliche Verbundenheit der Adelsfamilie mit der bäuerlichen Bevölkerung kommt zum Ausdruck, wenn am Kamin des Saales die plattdeutsche Inschrift, anstatt der sonst üblichen lateinischen zu lesen ist:

ALSO SPRECK DER HERE IM 5. BOCK MOSI AM 8. CAPITEL, WEN DU GETTEN HAST UND SADT WORDEN BIST SO SCHALTU DEN HEREN DINEN GODT UND HODEN (hüten) DI DAT DU DES HEREN DINES GOTTES NICHT VORGETTES.

Sondermühlen. Giebelseite (Hofseite) des ehemaligen Herrenhauses mit Füllungen aus Ziegelwerk und Halbrosetten auf den Brüstungsplatten und Riegeln.

Besitzer

vor	1479–1558	von Vincke
	1558–1778	von Nehem zu Werries (Heirat)
	1778–1796	von Merode (Erbschaft)
	1796–1802	Domkapitel zu Osnabrück (Kauf)
	1802–1809	Krone Hannover
	1809–1813	franz. Fremdherrschaft
	1813–1961	staatliche Domäne
	1961–1971	Schnatmeyer geb. Titgemeyer (Kauf)
	1971–1973	Reichsgraf von Platen Hallermund (Kauf)
	1973–heute	Freifrau von Richthofen geb. Gräfin von Platen Hallermund (Schenkung)

Gebäude

16. Jahrhundert	altes Herrenhaus
1581	Schloßkapelle
1678 und 1712	neues Herrenhaus (niedergelegt 1841/42)
1693	Umbau des Torhauses

Scheventorf

Scheventorf, drei Kilometer südlich Iburg, am Westufer des Glanebachs links der Straße nach Glandorf gelegen, wird im Lehnsregister des Klosters Iburg aus der zweiten Hälfte des 14. Jahrhunderts als habitatio (Wohnung) bezeichnet. Die Burg war der Stammsitz eines gleichnamigen Geschlechtes. Ein Ritter Wigger von Scevinctorpe wird schon im 13. Jahrhundert mehrfach als Zeuge in Osnabrücker Urkunden erwähnt.

Ein Plan von 1716 zeigt neben der kleinen Hauptburg, einer rechteckigen Anlage mit massivem Herrenhaus und Bergfried sowie Verbindungsbau, die Vorburg mit Wirtschaftsgebäude und einem Torhaus. Eine Graft umzog die Hauptburg, eine zweite, die nach Westen zu einem Teich erweitert war, schützte die gesamte Anlage. Als Besonderheit erscheint ein kleiner Garten auf einer Halbinsel im Mühlenteich. Der Teich wurde 1840 bis 1850 zugeschwemmt und das als Schuttplatz genutzte Gelände nach dem Zweiten Weltkrieg mit Erdreich überhöht. Pforthaus, Brauhaus und Pferdestall sind ebenfalls verschwunden, und anstelle der beiden letztgenannten Gebäude ist ein moderner Wirtschaftsbau gesetzt.

Das heute noch stehende Haupthaus wurde 1552 von Johann von Hake und seiner Ehefrau Sidonie von Dinklage unter Verwendung der Grundmauern eines alten gequaderten Wohnturmes errichtet. Die bescheiden ausgeführten Wappen der Erbauer und die Jahreszahl schmücken den Eingang.

Die westliche erhalten gebliebene Grundmauer des Wohnturmes quert den gesamten Kellerraum des Herrenhauses. Sie besitzt eine Seitenlänge von fast 11 Metern, die Mauerstärke ist unterschiedlich, sie beträgt stellenweise 4 Meter. Der Sage nach hatte einst der Burgherr in einem kleinen Gewölbe innerhab dieser Mauer seine Tochter lebendig einmauern lassen, weil sie sich mit einem Knecht eingelassen hatte.

Der Heimatschriftsteller Bernhard Köster machte sie zur Titelfigur seines historischen Romans. »Die schöne Anna von Hake auf Scheventorf«.

In der ehemaligen Küche im Kellergeschoß beeindrucken die große Herdstelle und der daneben eingebaute Backofen, der noch in den 20er Jahren benutzt wurde. Die mächtigen gotischen Tragsteine des Herdes und ein Juchtbalken von einem halben Meter Durchmesser über der Feuerstelle haben die Jahrhunderte rußgeschwärzt, aber unbeschädigt überstanden. Spätgotische Profile an den steinernen Gewänden zeigen, daß nicht nur reine Zweckmäßigkeit die Gestaltung des Küchenraumes bestimmten.

Ursprünglich trug ein Eichenpfosten den starken eichenen Unterzug. Wegen anhaltender Sackungen mußten im Laufe der Zeit drei weitere Eichenständer mit Hilfe sogenannter »Jesusnägel« zur Unterstützung eingebaut werden. 1978 wurde es schließlich notwendig, die Ständer durch Betonfundament zu sichern. Bei dieser Gelegenheit wurden Sandsteinplatten freigelegt, die den ursprünglichen Küchenfußboden bedeckten.

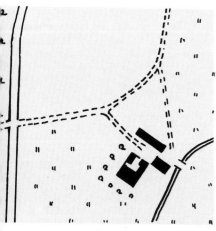

Scheventorf. Herrenhaus, Gefangenenturm (Bergfried) und Verbindungsbau bilden eine geschlossene rechteckige Anlage.

Das auf drei Säulen ruhende reizvolle mit Taustabknaggen und Halbrosetten geschmückte Taubenhaus in der Ecke am »Gefangenenturm« (Bergfried) und der Zwischenbau, beide aus Fachwerk, sind inschriftlich 1578 datiert. Hier dürften sich, wie in Sondermühlen, Beziehungen zum Oberwesergebiet und vielleicht auch zum Harzvorland ausgewirkt haben. Taustabknaggen waren nach der Mitte des 16. Jahrhunderts die beliebteste Knaggenform in Osnabrück. Es erscheint bemerkenswert, daß in Scheventorf wie in Sondermühlen so früh die Halbrosette als Schmuckform Verwendung fand.

Das eingemauerte Wappen des Bistums Osnabrück an der westlichen Giebelseite des Stalles, der unter Einbeziehung der Burgmauer errichtet wurde, und der steinerne Löwe auf der Hofmauer vor dem Burgeingang weisen auf die Zeit hin, als das 1664 vom Landesherrn erworbene Scheventorf bischöfliches Tafelgut war.

Heute ist Scheventorf in bäuerlichem Besitz (Landwirt Stöppelmann).

Besitzer

	1252	(?) – vor	1365	von Scevinctorpe
vor	1365	–	1365	von Budde (Kauf)
	1365	– um	1633	von Hake (Kauf)
um	1633	–	1662	von Henderson (Heirat)
	1662	–	1664	von Hammerstein (Kauf)
	1664	–	1802	Bischof von Osnabrück (Tausch)
	1802	–	1972	staatliche Domäne
	1972	–	heute	Landwirt Stöppelmann (Kauf)

Bauten
1552 Herrenhaus

Hollwinkel

Der Adelssitz liegt heute abseits der Durchgangsstraßen, südlich des Mittellandkanals zwischen Preußisch-Oldendorf und Espelkamp wie vergessen in der Landschaft.

Als stark ausgebaute Grenzburg gegen Osnabrück hatte Hollwinkel einst die Landesherrschaft des Stiftes Minden zu sichern.

Während der Fehde zwischen Osnabrück und Minden 1456–1460 wurde Hollwinkel von den Osnabrückern belagert. Vermutlich stammen die schweren Steinkugeln, die 1871 im alten Burggraben gefunden und heute in der Turm- und Südwand des Herrenhauses eingemauert sind, aus der Zeit der Belagerung. Es ist anzunehmen, daß die Osnabrücker nicht mehr die mittelalterlichen Hebelwurfmaschinen und Schleudern eingesetzt, sondern sie sogenannten Steinbüchsen verwendet haben, die im direkten Beschuß mit mehreren Zentnern Gewicht die Mauern treffen konnten.

Über drei Jahrhunderte waren die von Schloen gen. Gehle Herren auf Hollwinkel. Sie gehörten einem alten Edelgeschlecht an, das einst zum hohen Adel gezählt wurde, aber im 13. Jahrhundert in die Ministerialität herabgesunken war. Ein von Schloen wurde erstmalig 1439 belehnt mit dem »Hallewinkel« und dem Gervenshof vor dem Hallwinkel, »dem Hof tor Huffe mit dem Tegeden (Zehnten) belegen in dem Kaspel (Kirchspiel) to Alswede, den halben Tegeden to Getmunde belegen im Kaspel Oldendorpe«.

Seit 1776 ist die Familie von der Horst im Besitz von Hollwinkel. Ursprünglich besaßen die Herren auf Hollwinkel wahrscheinlich nur

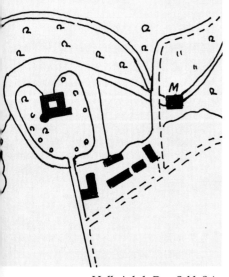

Hollwinkel. Das Schloß ist als rechteckige Anlage gestaltet. Der Rundturm mit über zwei Meter mächtigem Mauerwerk aus dem 13. Jahrhundert bildet den südwestlichen Abschluß. M Mühle.

die Holzgrafschaft über das Dorf Hedem, später erhielten sie die obere Jurisdiktion und das peinliche Halsgericht in der Hedemer Mark. Um Auseinandersetzungen mit dem Haus Reineberg zu vermeiden, schloß Bischof Christian von Minden 1617 mit Plato von Schloen einen Vertrag, in dem dieser sich verpflichtete, nur die niedere Gerichtsbarkeit auszuüben.

An wenigen Burgen und Schlössern Nordwestdeutschlands ist die Baugeschichte so gut abzulesen wie an dieser ehemaligen Feste. Der heutige Vierflügelbau entstand auf spätmittelalterlicher Grundlage. Ein stattlicher Rundturm mit über zwei Meter mächtigem Mauerwerk aus dem 13. Jahrhundert, der ursprünglich wohl isoliert stehende Kern der Wasserburg, bildet jetzt den westlichen Abschluß des Südflügels. Ein Wappenstein von 1504 nennt Johannn von Schloen gen. Gehle als Besitzer von Hollwinkel. Die beigefügte Jahreszahl deutet auf bauliche Veränderungen hin.

Im Sinne des Historismus erhielt der bis 1870 mit einem Kegeldach geschützte Turm eine Zinnenbekrönung. Der dem Turm vorgebaute von vier Säulen getragene Balkon ist vermutlich um 1800 errichtet worden; er sollte dem Bauwerk einen klassischen Akzent verleihen. Der Südflügel wurde 1870 als Massivbau im gelblich-roten Sandstein geschaffen. Ihn kennzeichnen neugotische Stilformen. Den Neubau errichtete man anstelle eines ursprünglich zweistöckigen, später im Dachgeschoß ausgebauten Wohnhauses.

Ein Treppenturm neben der Kapelle, die den Südflügel im Osten abschließt, stammt, wie seine Fenstergewände ausweisen, noch aus gotischer Zeit. Ein Umbau des Turmes erfolgte 1735.

Eine Empfangshalle mit breitem Treppenaufgang nimmt die gesamte

Südflügel des Schlosses Hollwinkel mit Wehrturm aus dem 13. Jahrhundert.

Breite des Südflügels ein. An der Nordwand der Halle demonstrieren 32 gemalte Wappen die Ahnenprobe des Geschlechtes von der Horst. Bemerkenswert erscheint ein sorgfältig gearbeiteter spätgotischer, 1587 datierter Kamin im Herrenzimmer des ersten Stocks mit der Inschrift »BENEDICTO DOMINI DIVITES FACIT« (Durch den Segen des Herrn kommt der Reichtum). Ein neugotischer Aufsatz von 1872 mit zwei seitlich postierten Figuren trägt kaum zur Erhöhung seiner Wirkung bei. Es gibt keinen Raum, den nicht Ahnenbilder der Sippe von der Horst schmücken. Der Betrachter erlebt nicht nur die Familiengeschichte, er kann gleichzeitig die Entwicklung von Prunkrüstung und Uniform sowie den Wandel der Mode der letzten vierhundert Jahre verfolgen. Sechs im vorigen Jahrhundert an der Außenwand des Südflügels aufgestellte Epitaphien der Familie von Schloen zeigen in Lebensgröße Relieffiguren aus den Jahren 1581, 1588 und 1595. Das Grabmal des 1595 verstorbenen Ernst von Schloen stellt den Ritter noch in voller Prunkrüstung mit Schwert und Dolch dar, umkränzt von den Wappen seiner Ahnen. Er war ein Mann voll Vertrauen zum Allmächtigen, wie die Inschrift des Epitaphs besagt: Wen Gott will erneren, den kann weder Deubel noch Hell scheren.

Die westlichen, nördlichen und östlichen Burgflügel sind auf den Grundmauern der ersten Anlage in Fachwerkbauweise errichtet. Während die Außenwände wie die Dächer mit Schieferplatten bedeckt sind, stellen die Hoffronten unterschiedliches Fachwerk zur Schau. Halbrosetten und ornamentale Schnitzereien in Form von mehrfachen Reihungen auf Ständern des Westflügels weisen auf baugeschichtliche Zusammenhänge mit dem Oberwesergebiet hin (vgl. S. 62 und 65). Die Baujahre der einzelnen Trakte sind auf 1507, 1652, 1667, 1830 und 1870 festgelegt.

Unmittelbar östlich des Schlosses befand sich noch Ende des 19. Jahrhunderts eine Orangerie, deren Fenster dem Zeitgeschmack entsprechend in Eisenrahmen eingefaßt waren.

Während Schloß und Hausgarten eine breite Graft umzieht, wird die als Wirtschaftshof genutzte Vorburg nicht mehr von einem Wassergraben geschützt.

Schloß Hollwinkel dient heute zum Teil als Mietwohnung. In der Vorburg sind Reitställe untergebracht.

Besitzer

nach 1250–Ende 14. Jahrhundert	von Holle
1439–1758	von Schloen gen. Gehle (Hollwinkel und Hüffe waren Anfang des 15. Jahrhunderts in einer Hand)
1758–1776	von der Asseburg

	(Besitzübertragung nach Erlöschen der Familie durch den Lehnsherrn König Friedrich II.)
1776–heute	von der Horst (Kauf)

Bauten

13. Jahrhundert	Wehrturm
1504	Umbau des Wehrturmes
1652	östl. Fachwerkbau
1667	westlicher Fachwerkbau
1830	nördlicher Fachwerkbau
1835	Umbau des Treppenturmes
1870	massiver Südflügel

Schelenburg

Zu den eindrucksvollsten Bauten des Adels gehören der wehrhafte Wohnturm und der Renaissancebau der Schelenburg.

Der Turm wurde wahrscheinlich schon im 12. Jahrhundert als Mittelpunkt einer wohl kreisförmigen Burganlage, die durch vier konzentrisch angelegte Graften bereits stark abgesichert war, errichtet. Seine rechteckige Form und der obere Abschluß mit Wehrgang und Ecktürmchen weisen ihn in die Reihe der fränkisch-normannischen Wohntürme ein. Er steht mit seinem über 2,25 Meter mächtigen Mauerwerk auf Pfählen und besitzt kein Kellergeschoß. Der völlig schmucklose Turm in Bruchsteinmauerwerk mit sorgfältig behauenen Eckquadern ist viergeschossig. Die Fenster im ersten und zweiten Stock wurden im 16. Jahrhundert anstelle der Lichtschlitze eingebaut und im 19. Jahrhundert erweitert. Zum Erdgeschoß gab es ursprünglich von außen keinen Zugang. Dieser erfolgte durch ein Loch in der Decke. Im Erdgeschoßraum wurden Gefangene untergebracht. Das erste Stockwerk war ursprünglich nur durch eine einziehbare Leiter oder Holztreppe auf der südlichen Schmalseite in etwa vier Meter Höhe von außen zu erreichen. Der früher ungeteilte Raum des ersten Stocks diente von 1650 bis 1803 als evangelische Kirche. Im 18. Jahrhundert beseitigte man den Fußboden des zweiten Stockwerkes und baute dafür Emporen ein. Um den Raum im ersten Stock wieder bewohnbar zu machen, wurden im 19. Jahrhundert Zwischenwände eingezogen und vorher der Fußboden wieder eingefügt. Im zweiten Geschoß befindet sich seitdem die Bibliothek.

Erstes und zweites Stockwerk des Wohnturmes sind heute durch das Treppenhaus des Haupthauses betretbar. Der Eingang zum ersten Stock darf als der einst frei gelegene Zugang zum Turm angesehen werden. Das Dachgeschoß ist vom Boden des Anbaus zugänglich.

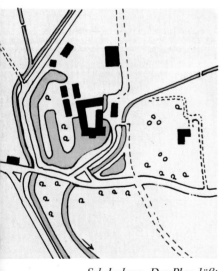

Schelenburg. Der Plan läßt noch heute erkennen, daß die Burg ursprünglich von vier konzentrisch angelegten Graften geschützt war.

In der Außenmauer des Dachgeschosses befindet sich der mit Schießscharten ausgestattete Wehrgang. Dieser konnte dadurch leicht geschaffen werden, daß man die Mauerstärke hier um etwa einen Meter verringerte. Ursprünglich wurde der Turm nur von der Plattform aus verteidigt.

Schießscharten gab es in der ersten Hälfte des 13. Jahrhunderts noch nicht in Deutschland. Die ersten Ansätze dazu sind im Rheinland (Kaiserswerth) um die Wende vom 12. zum 13. Jahrhundert zu finden. Die Schießscharte eignet sich besonders für die Verteidigung einer Burg mit wenigen Mannen.

Die nach außen verengten und nach innen erweiterten senkrechten Scharten weisen darauf hin, daß diese für den Armbrustschützen gedacht waren, der Platz für die horizontal gehaltene Waffe benötigte. In den Ecken erheben sich runde Türmchen, jeweils mit zwei Schießschlitzen versehen, die in halber Höhe rundlich ausgeweitet sind. Diese sogenannten Schlüsselscharten, die zur Erweiterung des Schußfeldes dienten, sind in einer Zeit geschaffen worden, als es schon Feuerwaffen gab. Innen vor der Scharte ist ein waagerecht liegendes Auflageholz angebracht. Da sich die Armbrust ihrer Form nach nicht dazu eignet, beim Schießen aufgelegt zu werden, wird das Holz zum Auflegen einer Hakenbüchse (älteste brauchbare Handfeuerwaffe) gedient haben, die wegen ihrer Schwere kein freihändiges Schießen erlaubte.

Unter der Wendeltreppe wurden 1904 einige tausend Armbrustpfeile gefunden. Sie sind, von einer Handvoll Schaustücke abgesehen, wieder eingemauert worden.

Zwei Schächte in den Turmmauern, die bis zum ersten Stock hinabreichen, dürften ursprünglich die Verbindung zu den einzelnen Geschossen hergestellt haben. Auf- und Abstieg mußte mit einer beweglichen Leiter oder mit Hilfe eines Seiles bewerkstelligt werden.

Ein dritter unter dem nordöstlichen Türmchen eingerichteter Schacht, das Verließ, reichte bis auf den Grund des Bauwerkes, ein sehr seltenes Beispiel einer derartigen Schachtanlage.

Nach einem Brand, der die Schelenburg bis auf den gotischen Wohnturm 1490 vernichtete, wurde 1528–32 zum Teil auf den Grundmauern des abgebrannten Wohnhauses ein Renaissancebau in Bruchstein mit Sandsteinverblendungen errichtet. Es darf angenommen werden, daß, ähnlich wie bei der Ippenburg, der Altbau aus Fachwerk bestanden hat. Jörg Unkair, der aus Tübingen stammende bedeutende Baumeister der Frühzeit der Weserrenaissance, schuf hier keine einheitliche Vierflügelanlage, sondern nur einen Flügel. Nach Schloß Neuhaus bei Paderborn war die Schelenburg sein zweites Werk.

Der Bau zeugt auch von der Aufgeschlossenheit des Schloßherrn für die neuen Renaissanceformen. In Osnabrück entstanden um die Mitte des 16. Jahrhunderts noch gotische Häuser.

Geschickt ist der Übergang vom mittelalterlichen Bauwerk zur neuen

Schelenburg. Spätgotische Schmuckformen zieren die Hofseite des Hauptgebäudes.

Schelenburg. Der Südflügel ist ein Werk der frühen Renaissance.

71

Schelenburg. Im Vordergrund der Wohnturm aus dem 12. Jahrhundert, nach Osten anschließend der Renaissancebau.

Anlage dadurch gelöst, daß der Baumeister an der Berührungsstelle einen Gebäudeteil in ganzer Höhe vorspringen läßt. Zwei mehrgeschossige Giebelhäuser vor dem querliegenden Dach erinnern an Giebel niederländischer Bürgerbauten. Halbrunde Abschlüsse, welsche Halbkreisgiebel, die von Venedig übernommenen Wahrzeichen der deutschen Frührenaissance, sind noch ohne Zierkugeln, wie sie im Weserraum üblich sind. Die einzelnen Stockwerke werden durch scharfkantige Gesimse voneinander getrennt. Der Stirnengiebel ist eine Verbindung von Dreiecks- und Staffelgiebel, die in der Spätgotik und in der nordischen Renaissance üblich waren.

Die Schmuckformen sind bescheiden und an untergeordneter Stelle angebracht, so die spätgotischen Stilelemente: das Stabwerk an den Portalen, das Stabgitterwerk an den meist gekuppelten Fenstern des Hauptgeschosses und des dritten Geschosses und der wappengeschmückte Gratbogen.

Über der Eingangstür im Hof sind die Namen der Bauherren »Sweder Schele, Anna van Welvede« eingemeißelt und ein bescheidener Wappenschild mit der Inschrift »de Schelen«. Die entsprechenden Wappen der Mutter des Erbauers, Gertrud von Knehem, und die Eltern seiner Ehefrau, Welvede und Ruthenberg, sind links vom Treppenhausfenster eingesetzt.

Schlüsselscharten und eine liegende sogenannte Maulscharte im Kellergeschoß des Vorbaus machen auf die feudalen Vorrechte aufmerksam. Die Maulscharte ermöglichte durch ihre Schräge, daß nach zwei weit auseinanderliegenden Richtungen geschossen werden konnte. Da das Schloß keine Wehrfunktion mehr besaß, war das Einrichten von Schießscharten überflüssig.

Vermutlich ragte der sechseckige Treppenturm im Schloßinnern ursprünglich, wie bei den Treppentürmen der Zeit üblich, zur Hälfte aus dem Bauwerk heraus und ist erst später durch das Vorziehen der Hausfront an der Nordseite in das Gebäude einbezogen worden. Die Form der Treppenfenster folgt der Steigung. Das ausgewogene Verhältnis von Treppenstufen und Treppenlauf, die sorgfältige Bearbeitung von Stufen und Wangen lassen erkennen, daß die Treppe als Statussymbol angesehen wurde.

Anfangs führte zum ersten Stock als einziger Zugang eine gerade Treppe, die auf einem Vorplatz endete; von ihm aus erfolgt auch der Zugang zum Turm. Vier kurze Stufen vermitteln hier den Zugang zur Spindeltreppe. Eine weitere Möglichkeit, um zum ersten Stockwerk zu gelangen, wurde im 18. Jahrhundert durch eine breite Treppe im Torhaus geschaffen.

Der Westflügel ist 1573 als Wirtschaftsbau unter Benutzung der alten Ringmauer gebildet worden.

Die Schelenburg ist ursprünglich Stammsitz des seit 1160 nachweisbaren Geschlechts von Sledesen gewesen, die die Burg vom Meierhof in

Schledehausen aus gründeten. Die Feste kam 1396 durch Heirat an Rabodo von Schele, der seinen Sitz auf Burg Rhaden im Fürstbistum Minden verloren hatte. Die von Scheles gehörten zu den bedeutenden Geschlechtern des Landes. Es sei hier an Jasper von Schele erinnert, der mit einem Empfehlungsschreiben des Osnabrücker Bischofs an Luther und Melanchthon versehen, Tischgenosse des Reformators in Wittenberg wurde und mit ihm später in Briefwechsel trat. Der von Melanchthon promovierte Schele wurde zum eifrigen Förderer des Protestantismus.

Dem Hause Hannover stellten die Scheles eine Reihe von hohen Offizieren. Es sei nur an den späteren Generalleutnant und Kommandanten von Osnabrück gedacht, der sich wiederholt im Siebenjährigen Krieg durch militärischen Scharfblick und Kaltblütigkeit ausgezeichnet hat. Georg Viktor von Schele, der noch in der feudalen ständischen Gedankenwelt des Ancien régime lebte und in der grundbesitzenden aristokratischen Führerschicht eine feste Stütze von Thron und Altar sah, hat als Staatsminister die hannoversche Verfassung von 1840 begründet.

Besitzer

vor	1160–1396	von Sledesen
	1396–1977	von Schele (Heirat)
	1977–heute	Kellermann
		(Heirat und Erbgang)

Bauten

12. Jahrhundert	Wohnturm
1528–1532	Renaissancebau
1573	westlicher Wirtschaftsflügel
1707	Umbau des Torhauses
18. Jahrhundert	Wirtschaftsgebäude der Nordseite

Gesmold Unter Einbeziehung des ursprünglich allein stehenden, von Graften umgebenen Wohnturmes – die Lage im Bruch des Elsetales spricht für eine Entstehung im Zuge des Landausbaues des 12. Jahrhunderts – entstand 1544 ein Renaissanceschloß.

Der viergeschossige quadratische Wohnturm mit einer Seitenlänge von fast 12 Metern und einem über 2,60 Meter mächtigen Mauerwerk im unteren Teil bildet den westlichen Schwerpunkt der Anlage. Fünf eingemauerte Steinkugeln mögen aus dem Jahre 1436 stammen, als der Osnabrücker Bischof mit den Grönenberger Burgmannen und anderen, mit Pulver und Büchsen versehen und vermutlich auch mit Steinkugeln, vor Gesmold zog. Die Burg sollte eingenommen und zerstört werden. Doch die Fehde endete mit dem ruhmlosen Abzug der Belagerer.

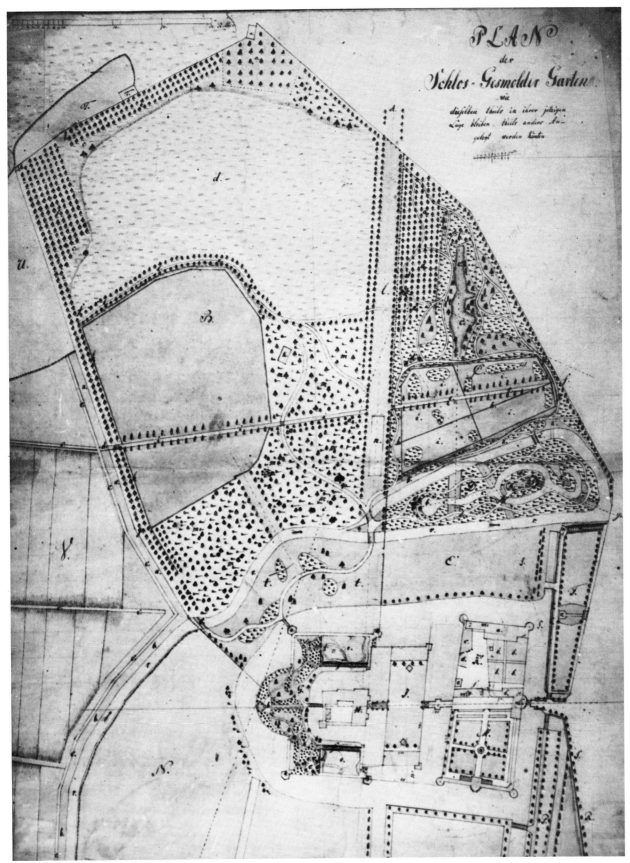

Gesmold. Plan von Schloß und Garten Gesmold aus der 2. Hälfte des 18. Jahrhunderts. Hauptburg und die durch Brücken mit ihr verbundenen beiden Vorburgen werden auf allen Seiten von Wassergräben gesichert. Ein großer Tiergarten breitet sich nördlich der Schloßanlage aus.

Schloß Gesmold. Blick von Südosten auf Schloß Gesmold. In der Vorburg links die ehemalige Orangerie, rechts der Ostflügel des Schlosses, das eigentliche Herrenhaus, im Hintergrund der Wohnturm.

*Schloß Gesmold. Der Schloß-
herr besaß Zollrecht (Stand-
geld) auf dem Gesmolder
Markt. Das früher dort an
Markttagen aufgestellte Zollbrett sowie eine weiße und
rote Fahne mit dem Gesmolder Wappen, die an der Kirchentür aufgehängt wurden,
schmücken heute die Wände
im Schloß.*

In einem schmalen Schacht der Turmmauer führt eine steinerne Treppe zu den einzelnen Stockwerken. Sie beginnt zwei Meter über dem heutigen Schloßhof. Eine einziehbare Leiter oder Holzstiege ermöglichte einst an der Ostseite den Zugang von außen. Die schmale Steintreppe, die jeweils nur von einer Person benutzt werden kann, geht in der östlichen Turmwand hoch, um dann an der Südostecke des Bauwerkes umzubiegen und in der Südwand bis zum ersten Geschoß hochzusteigen. Dort endet sie. Vom ersten bis zum zweiten Stockwerk geht die Treppe in der Südwand, vom zweiten bis zum dritten in der Ostwand hoch. Heute wird der Anschluß zu den Turmzimmern über ein eingebautes Treppenhaus des Verbindungsflügels erreicht.

Das Kellergeschoß ist durch ein flaches Kreuzgratgewölbe ausgezeichnet. Das erste Stockwerk, wie die übrigen einräumig, dient jetzt als Speisezimmer. Seinen besonderen Schmuck bildet ein 1559 datierter Renaissancekamin mit dem Wappen von Hermann Amelunxen/Aussel und Anna von dem Bussche/Gesmold. Der Raum des zweiten Stockwerks dient als Bibliothek. Hier beeindruckt ein reizvoller Fayenceofen aus dem 18. Jahrhundert. Im dritten Geschoß sind Reste eines Archivs untergebracht.

Der donjonartige Turm dürfte im hohen Mittelalter zu einer bedeutenden Burganlage gehört haben, wie aus einer Verpflichtung der Brüder Ludolf und Bernhard von Gesmele, der damaligen Burgherren, geschlossen werden kann. Diese mußten sich 1264 nach einer unglücklich verlaufenen Fehde gegen die Grafen Otto und Ludwig von Ravensberg verpflichten, den Siegern nach Bedarf dreimal mit je 50 Bewaffneten zwischen Maas und Elbe beizustehen.

Um den Dachrand des Turmes verläuft eine Dockengalerie, in deren Ecken Standbilder der vier Evangelisten auf den zeitweilig geistlichen Schloßherrn aufmerksam machen. Dieser Ausbau sowie die Einrichtung der großen Fenster in dem ursprünglich nur mit Lichtscharten versehenen Wehrturm dürften während der Zeit, als das Schloß Tafelgut des Osnabrücker Bischofs war, vorgenommen sein.

An den Turm schließt sich nach Osten ein Verbindungsbau an. Fenster mit Kreuzpfosten weisen auf die Entstehung im 16. Jahrhundert hin. Im rechten Winkel zum Verbindungsbau liegt das zweigeschossige eigentliche Herrenhaus. Seine Außenfront erscheint auf den ersten Blick symmetrisch. Die Fenster sind gradlinig geschlossen. Die Kreuzbogenfenster der beiden Erker geben wieder einen Hinweis auf die Entstehungszeit. Erd- und Obergeschoß werden durch ein umlaufendes schmales Gesims voneinander getrennt. Seitlich der Mittelachse öffnet sich die Durchfahrt mit dem 1688 in einer großzügigen Kartusche gefaßten Doppelwappen: Christoph Ludolf von Hammerstein und Sophie Schenk von Winterstädt. Reste kleinteiliger Knüppelgotik-Ornamente, wie sie auch die Schelenburg aufweist, sind an der Hofseite der Durchfahrt zu erkennen.

*Schloß Gesmold. Das jetzige
barocke Torhaus wurde
anstelle eines baufällig gewordenen errichtet.*

Nach Westen und Süden wird das Schloß durch eine breite begehbare Mauer mit ovalen Öffnungen, die zur Auflockerung dienen, abgeschlossen. In ihrem Schnittpunkt erhebt sich der Gefangenenturm, der jedoch nur die Höhe der beiden Mauern erreicht. Der gesamte Zwischenbau ist mit einem Geländer dekoriert, das aus den gleichen stark geschwellten Balustern gebildet wird wie die Balustrade des Wohnturmes.

Um den Wohnturm zogen sich ehemals drei ringförmige Graften und Wälle. Der Lageplan von 1725 läßt noch deutlich den alten Verlauf der Schutzanlagen erkennen. Erst mit dem Ausbau der Vorburg wurden die heutigen gradlinigen von der Else versorgten Wassergräben geschaffen. Der Ausbau der Renaissanceanlage erfolgte durch Hermann von Amelunxen. Die Jahreszahlen 1544 am äußeren Hofturm und 1559 am Kamin des unteren Turmzimmers weisen auf die Zeit des Umbaus hin. Der Abschluß des Baus erfolgte, als die Osnabrücker Bischöfe Besitzer des Schlosses waren (1608 bis 1664). Den großzügigen Ausbau der barocken Vorburg unternahm Christian Ludolf von Hammerstein. Er schuf das Bild von Gesmold, wie wir es heute vor uns haben.

Vor der Front des Herrenhauses, mit ihm durch eine Brücke verbunden, liegen zwei Vorburgen. Sie haben mit dem Schloß eine gemeinsame Achse. An der Nord- und Südseite der von Mauern und Graften umgebenen inneren Vorburg liegen Wohn- und Verwaltungsgebäude sowie eine große Orangerie und das ehemalige Brauhaus. Die Orangerie ist heute zweckentfremdet. Nur ein Ofen in Gestalt einer Säule mit dorischem Kapitel erinnert an die einstige Funktion.

Auch das Brauhaus ist anderen Aufgaben zugeführt. Die äußere Vorburg, ebenfalls von Mauern und Graften umschlossen, nimmt die Wirtschaftsgebäude und den Herrengarten auf. Sie wird an ihren vier Ecken von Türmchen gesichert. Vom barocken Torhaus führt der Weg mitten durch die beiden Vorburgen zum Schloß. Hier wird sichtbar, wie sehr das Herrenhaus als Wohnsitz einen möglichst repräsentativen Zugang verlangt. Die in Frankreich einsetzende Umwandlung der Vierflügelanlage zum dreiflügeligen Bau mit Ehrenhof hatte zur Folge, daß Bauwerk und Garten aufeinander orientiert werden mußten. In Gesmold mußte daher ein Kompromiß geschaffen werden. An der Achse, die Renaissanceschloß und barockgestaltete Vorburg miteinander verbindet, wurde ein kleiner Garten in französischer Manier als Parterre mit Springbrunnen angelegt. Ein Belvedere über abgrenzender südlicher Mauer mit doppelt geführter Treppe erscheint als Bezugspunkt. Sandsteinfiguren, schildhaltende Kriegerinnen aus dem späten 17. Jahrhundert, bilden ihren Schmuck.

Brücken-Leoparden und das Standbild eines Knaben zieren den weiteren Bereich der Vorburg.

Nördlich des Schlosses breitet sich ein umfangreicher Tiergarten aus. In der Zeit des Barocks gehörten Jagd und Garten zu den beliebtesten Zerstreuungen des Adels.

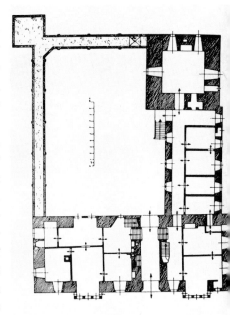

Grundriß von Schloß Gesmold. Das Schloß bildet eine rechteckige Anlage. Im Westen liegt der donjonartige Wohnturm, nach Osten schließt sich ein Verbindungsbau an. Im rechten Winkel dazu liegt das zweigeschossige eigentliche Herrenhaus. Eine breite begehbare Mauer bildet die Begrenzung nach Süden und Westen.

Belvedere über der begrenzenden Mauer des Französischen Gartens, geschmückt mit schildhaltenden Kriegerinnen aus dem späten 17. Jahrhundert.

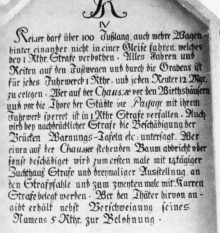

*Schloß Gesmold. Wie die
Verbotstafel zeigt, ging man
auch mit kleinen Übeltätern
streng ins Gericht.*

Im »Plan der Schloß-Gesmold Garten, wie dieselben theils in ihrer jetzigen Lage bleiben, theils anders Angelegt werden können« aus der 2. Hälfte des 18. Jahrhunderts schimmert die Grundauffassung des regelmäßigen Gartenstils des Barocks in der Linienführung von Alleen und Wegstrecken nur sehr schwach durch. Eine breite fast zwei Kilometer lange Allee führt, als Achse der Gesamtanlage gedacht, im weiten Abstand von der Nordseite des östlichen Schloßflügels beginnend durch den Garten. Im Bereich des Tiergartens liegt mitten in der Allee ein länglicher Karpfenteich, an dessen Nordseite zwei Steinfiguren, Meeresgötter darstellend, und ein wasserspeiender Löwe den Beschauer erfreuen. Etwa auf halber Wegstrecke und als Mittelpunkt eines Wegesternes kurz vor dem Ende der Allee spielt das Wasser zweier Fontänen. Als Belohnung erwartet den Spaziergänger schließlich ein Lustschloß. Das für Fontänen und Teich benötigte Wasser kam zuerst über einen kleinen steinernen Kanal und anschließend durch eine über drei Kilometer lange Holzrohrleitung vom Westerhauser Berg.

Der westliche Teil des Planes zeigt den Tiergarten in seiner ursprünglichen Gestalt. Der an das Schloß grenzende Bereich kann als Rasenteppich-Parterre angesprochen werden. Der nördlich anschließende dreigeteilte Bezirk entspricht wegen der scheinbaren Zufälligkeit der Anlage dem seit Anfang des 18. Jahrhunderts in England entwickelten unregelmäßigen Gartentyp, der die freie Natur nachbildet. Das südlichste Stück besteht aus Buschwerk, das anstelle einer abschließenden Hecke von einem breiten Graben umgeben wird, dessen Wasser nicht nur dem »plaisir«, sondern auch wirtschaftlichen Zwecken, nämlich als Wasserreservoir für die Mühle dient.

Eine Anzahl verschlungener Wege, die wie zufällig verlaufen, sind zum Lustwandeln bestimmt. Hier kommt der Zeitgeschmack besonders deutlich zum Ausdruck, über den sich Justus Möser in seinen Patriotischen Phantasien ein wenig lustig macht, wenn er schreibt: »Ihr ganzer Krautgarten ist in Hügel und Täler, wodurch sich unzählige krumme Wege schlängeln, verwandelt; die Hügelgen sind mit allen Sorten des schönsten wilden Gesträuches bedeckt... Ihr gutes Gärtgen, liebe Großmama, gleicht jetzt einer bezauberten Insel, worauf man alles findet, was man nicht darauf suchet, und von dem, was man darauf suchet, nicht findet...«

Nach dem Plan bildet den Kernraum der südlichen Partie ein längliches, gewundenes Wasserstück, in dessen Mitte eine kleine Insel auftaucht. Für das sonst übliche Heckenboskett aus Buchen oder Hainbuchen ist im zweiten Gartenstück eine große Rasenfläche angelegt worden, die von unterschiedlich großen Baumgruppen unterbrochen wird. Das dritte Stück bietet sich wie üblich als Waldquartier an: Laubwald gemischt mit Gruppen aus Nadelbäumen.

Der Garten kann in seiner Gesamtheit als Vermittler zur umgebenden Landschaft angesprochen werden.

Aus einem Gartenriß von 1793 ist zu erkennen, daß der beschriebene Plan in seinen Grundzügen verwirklicht worden ist. Heute künden nur noch Reste von einstiger Pracht. Die Fontänen sind verschwunden, die Gartenfiguren im Zweiten Weltkrieg zerstört worden. Anstelle des Lusthauses wurde um die Mitte des 19. Jahrhunderts ein Erbbegräbnis geschaffen.

Seit 1664 ist Schloß Gesmold im Besitz des Geschlechts von Hammerstein, das im gleichen Jahr seine Güter Scheventorf und Schleppenburg gegen das fürstbischöfliche Tafelgut eintauschen konnte. Die Geschichte der ursprünglich am Mittelrhein (Burg Hammerstein bei Andernach) beheimateten Familie ist mit der politischen Entwicklung des Hochstiftes Osnabrück und des Kurfürstentums Hannover eng verbunden. In dem Wappenspruch »SPECTEMUR AGENDO« (durch Handeln das Beste erwarten) mag ihre besondere Aktivität zum Ausdruck kommen. Wie in manchen Herrenhäusern jahrhundertealte, mit breiten eisernen Bändern überzogene Offizierskisten die militärische Vergangenheit der Ahnherren nicht in Vergessenheit geraten lassen, so erinnert auch in Schloß Gesmold die eiserne, bunt bemalte Offizierstruhe des Generals Alexander von Hammerstein, der unter Königin Christine von Schweden seine Lorbeeren erwarb, an die Zeit, als der niederdeutsche Adel auch unter fremden Fahnen kämpfte.

Eine stattliche Ahnengalerie vom 16. bis 20. Jahrhundert zeigt, welche Ämter und Ränge die Herren von Hammerstein innehatten, und wie vielfältig ihre Beziehungen vor allem zum westdeutschen Adel waren.

Das Gut Gesmold hatte mehr Gerechtigkeiten als die anderen Herrensitze des Hochstiftes Osnabrück. Schon unter den Herren von Gesmele – wahrscheinlich ursprüngliche Edelherren – sind Rechte bezeugt, die den Rahmen für die Entstehung und Herausbildung des »Freien Hagen« bildeten.

Nach dem Lagerbuch von 1591 besaß der Schloßherr in diesem Bereich, zu dem 80 Höfe gehörten, die Rechte in Freiheit vom Glockenschlag (Landfolge), Erhebung des Rauchhuhnes (Gogerichtsabgabe), Recht auf Schatzung und Dienste, von Gebot und Verbot, Verhaftung und Auslieferung von Verbrechern an die landsherrlichen Beamten an der Grenze, auf Brüchten und Blutronne, Schlägereien, Scheltworten und falschen Maßen (Scheffel-, Kannen- und Haspelwroge), auf Asylrecht außer bei Totschlag und Friedensbruch, auf Leichenbergung und Einkommen aus dem Markt zu Gesmold.

Mit welcher Selbstverständlichkeit der Wirkliche Reichshofrat und Kaiserliche Kammerherr, Erbherr zu Gesmold, Apelern, Dratum etc. Philipp Maximilian von Hammerstein (1697–1763) sein Recht betrachtete, mag das überlieferte Wort veranschaulichen: Ich möchte wohl einen seidenen Faden um meinen Besitz spannen und den sehen, der es wagt, ihn zu zerreißen.

Auf dem Kram- und Viehmarkt im Dorf Gesmold am Montag nach Kreuzerhebung besaß das Gut den Marktzoll. Eine weiße und eine rote Fahne mit dem Gesmolder Wappen wurden an der Kirchentür aufgehängt und zu Beginn des Marktes das Zollbrett mit dem Gesmolder Wappen auf dem Markt aufgestellt. Heute schmücken diese nur die Wände im Schloß.

In Form der Patrimonialgerichtsbarkeit hatte die Familie von Hammerstein ihre alten Rechte bis 1848 behalten.

Besitzer

vor	1215	–	um	1400	von Gesmele
um	1400	–		1540	von dem Bussche (Erbgang)
	1540	–		1608	von Amelunxen (Heirat)
	1608	–		1664	Bischof von Osnabrück (Kauf)
	1664	–		heute	von Hammerstein (Tausch)

Bauten

12. Jahrhundert	Wohnturm
1544–1559	Herrenhaus mit Querbau
bis 1665	Abschluß des Schloßbaus
1670	Torhaus
nach 1688	barocke Vorburg
1703	Mauern um den Tiergarten

Brandenburg Das adelig-freie Gut Brandenburg entstand aus einem Mühlenerbe (domus Wesceli) am Ausgang des Zittertales in Uphausen. Es gelangte 1350 an den Osnabrücker Bürger von Melle. Im Jahre 1455 wurde zwischen dem hus und dem Erbe Molnering unterschieden. 1523 erklärte Bischof Erich II. von Grubenhagen, daß der »Clawese (Klaus) den Harden to behoif und wegen der eddelen und Walgebornen Emergart, dochter tom Rethberge und gravinnen (Gräfin) to Teckneborch, unser besonderen Leven modder, in dst. belenet hebben und belenen myt dem Mollenerve tom Uphuse, myt der wonninge (Wohnung), dike und Loe (Waldstück) boven dem Kronkampe und garden boven den dyke«. Das Anliegen blieb in gräflich-tecklenburgischem Besitz bis zum Jahre 1566, als Hauptmann Sylvester von Brandenburg, ein Kampfgefährte des Obristen von Holle (vgl. S. 90), mit seinem in dänischen Kriegsdiensten erhaltenen Sold das Gut erwarb. Nunmehr erhielt das Herrenhaus den Namen Brandenburg. Es gelangte 1765 im Erbgang an Krüger, wurde 1885 an Meyer zu Lecker verkauft und parzelliert. Das Herrenhaus erwarb von Ledebur. 1963 gelangte es in den Besitz von E. A. Titgemeyer.

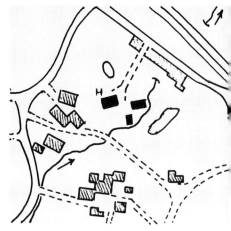

Lageplan von Haus Brandenburg. H Herrenhaus.

Das zweistöckige Herrenhaus erhebt sich über hohem Kellergeschoß als ursprüngliches Werk der Renaissance. Umbauten, die das Innere des Hauses veränderten, erfolgten 1698–1700, in den 20er Jahren unseres Jahrhunderts und nach 1963. Der Zugang erfolgt über eine seitlich angebrachte ausladende Freitreppe. Die Frontseite des Hauses ist gleichmäßig durchgefenstert, Fenster- und Türgewände sind mit Sandstein eingefaßt. Im übrigen fehlt jeglicher Schmuck. Die Proportionen des Hauses sind ausgewogen. Der Bau erinnert mit seinem hohen Walmdach an das Osnabrücker Rathaus. Es ist nicht ausgeschlossen, daß der Bürgermeister Ertwin Ertmann (1430–1505) nach dem Vorbild des von ihm erbauten Osnabrücker Rathauses auch den Wohnsitz in Uphausen umgestaltet hat. Ertmann war durch Heirat in den Besitz des Gutes gekommen. Im Dachstuhl des Herrenhauses weist die freistehende »Sul-Reihe« (Eichenständerfolge mit Kopfbändern in Längs- und Querrichtung), die um 1500 errichtet wurde und vermutlich aus dem älteren Saal stammt, auf die Bauentwicklung hin. Schon die große Menge schweren Eichenholzes, die im Dachstuhl verbaut worden ist, gibt Zeugnis von dem hohen Alter des Hauses. Bemerkenswert erscheint die gotische Schablonenmalerei auf den Kopfbändern.

Der nordöstliche Teil des Hauses steht auf den 1,50 bzw. 1 m mächtigen Grundmauern eines Steinwerkes, dessen zwei nebeneinander liegende Tonnengewölbe erhalten geblieben sind. Gewölbe und Art der Steinsetzung sprechen für eine Fertigung im hohen Mittelalter. Da das Haus 1350 im Besitz des Osnabrücker Bürgermeisters von Melle war, ist anzunehmen, daß dieser hier ein wehrhaftes Steinwerk errichtet hat. Noch in den 70er Jahren des vorigen Jahrhunderts grenzte an diesen Bau ein niederdeutsches Hallenhaus, das als Wirtschaftsgebäude benutzt wurde.

Fast abenteuerlich muten die unterirdischen Gänge des Hauses an. Vom besteigbaren alten Kamin führte einst ein Gang zur Westwand des Hauses und von dort weiter als ausgemauerter Kriechgang zum Burgbrunnen. Von dort ging ein Fluchtgang wahrscheinlich zu einem außerhalb des Burggeländes liegenden Kotten. Ein weiterer Kriechgang zog sich, unter der heutigen Freitreppe beginnend, fast gradlinig in Richtung Sandforter Berg. Beim Bau der Autobahn, die wenige hundert Meter am Herrenhaus vorbeiführt, sind Reste eines gemauerten Kriechganges entdeckt worden, die in Verbindung mit Mühle und Rittersitz gebracht werden müssen.

Vom Zitterbach gespeiste Teiche, die Herrenhaus und Wirtschaftshof umgaben und damit die Aufgaben von Graften erfüllten, sind bis auf

Haus Brandenburg. Das zweistöckige Herrenhaus, ursprünglich ein Werk der Renaissance, erinnert mit seinen wohl ausgewogenen Formen und seinem hohen Walmdach an das Osnabrücker Rathaus.

einen im Laufe der Zeit zugeschüttet worden, ebenso verschwand nach 1936 der Rest der hohen Mauer, die den Gutshof umgab.

Ein Inventarverzeichnis aus dem Jahre 1614 gibt eine Vorstellung von den Lebensverhältnissen der Zeit. Der Schmuck der Hausdame und die zum Tisch des Gutsherrn gehörenden Gebrauchsgegenstände mögen hier genannt werden. » ... an Goldt und Silberen geschmeide, in ein sunderbaren laden abfunden einen Golden Portogallöser (Gnadentaler) mit weinigh roten Korallen und Perlen in schnüren hängendt, ein rosenobell (Goldmünze) der eltigsen in samt vier ungarischen Dukaten seligen Jürgen Brandenburgs Goldt Pitschaft einen Dankringk, und zwe andere Guldene ringklin mit drin Smaragden und glasstein gefaßet ... ein klein silbern Panzer Gürtell welchen Gerhard Meyern, der seligen Frau verehret .. ein Wulst mit Perlen rosen besetzt ... ein Dosin silberner Schnürhaken ... 13 gez. kl. Anrichtbecken, 14 Zinnern essel Teller ... 6 schlichte Zinnen teller alles gezeichnet, 13 große und 7 kl. Schüsseln, 7 Messing Leuchter klein und groß, 3 Zinnern becher, 2 Wein Kannen, 3 Messing alte Tafelgrenze, 3 kleine zinnerne Kannen, 12 kleine zinnerne brichen, 1 Zinnern handtfass und 1 Messing becken, noch 1 groß Messinges becken ...«

Haus Brandenburg birgt heute Kostbarkeiten besonderer Art. Drei eiserne mit dem Osnabrücker Rad gekennzeichnete Kanonen und zwei bronzene Viertelschlangen mit dem Wappen des Domdechanten von Spiegel aus den Jahren 1678 und 1700 erscheinen hier als Symbol einstiger Verteidigungsbereitschaft des Standesherrn.

Zum historisch wertvollsten Gut mögen zwei eichene Stollentruhen mit gotischen Eisenbeschlägen aus Badbergen und Hustede/Buer aus der Zeit um 1500 gehören. Zwei Eichentruhen mit Kufen, deren Schauseite mit Wellenstäben und Arkadenbögen geschmückt sind, machen die Entwicklung deutlich, die sich von der eisenbeschlagenen Stollentruhe, der ältesten Möbelform des westfälischen Raumes, die in der Bauernkunst der Münsterländer noch bis um 1700 nachlebt, bis zu den Renaissancetruhen mit Rahmenwerk vollzogen hat. Die kastenförmige Truhe war das Hauptstück der Hauseinrichtung im Mittelalter. Im gesamten niederdeutschen Raum wurde sie, wie sämtliches übrige Mobiliar, fast ausschließlich aus Eichenholz hergestellt, während in Süddeutschland das weiche Holz der Nadelbäume verwendet wurde.

Reizvoll erscheint eine handgedruckte in grau-braunen Tönen gehaltene Bildtapete als Teil einer Panoramatapete aus der Zeit um 1827 von de Gué aus der noch heute bestehenden Werkstatt des Jean Zuber aus Rixheim (Elsaß), die die Ballade der Jungfrau vom See von Walter Scott als geschlossene Handlung vor dem wildzerklüfteten schottischen Bergland und seinen unergründlichen Seen verherrlicht. Die Tapete befand sich ursprünglich im Hause Rabingen, einem Grönenberger Burgmannshof bei Melle. Wie schon die antike Wandmalerei, so beansprucht auch die Bildtapete die gesamte Wandfläche eines Raumes. Seit Ende des 17. Jahrhunderts kamen papierne Wandbekleidungen in Mode. Eine besondere Tapetengattung war die Bildtapete, die ihren Höhepunkt zur Zeit des Klassizismus hatte und in vielen Herrenhäusern und Schlössern Nordwestdeutschlands Eingang gefunden hat. Sie kam zwischen 1780 und 1860 fast ausschließlich aus Frankreich. Die Bild- und Landschaftstapete sollte ein »hochwertiges Augenpläsier«, ein »poetischer Genuß« und ein »befreiendes Erlebnis im eigenen Haus« sein.

Besitzer

1350–1442	von Melle
1442	Meiering
1455	Borchard de Sleter
1485–1523	Ertmann
1523–1566	Gräfin bzw. Graf von Tecklenburg (Kauf)
1566–1765	von Brandenburg (Kauf)
1765–1885	Krüger (Erbgang)
1885–1936	von Ledebur (Kauf)
1936–1963	Kiffmeyer (Kauf)
1963–heute	Titgemeyer, E. A. (Kauf)

Bauten

1350	Steinwerk
nach 1500	Renaissancebau
1698–1700	Umbau des Herrenhauses
1963–1966	Restaurierung des Herrenhauses

Königsbrück

Königsbrück. Bossiertes Portal der Hausdurchfahrt mit Kerbschnittmustern.

Schloß Königsbrück.

Zu den wenigen Adelssitzen, die ihren Ursprung aus altem Reichsbesitz ableiten können, gehört Königsbrück südwestlich von Neuenkirchen in der Niederung der Warmenau, unmittelbar an der westfälischen Grenze liegend.

Der Magdeburger Dompropst Friedrich von Meißen, Freund und Kanzler des noch sehr jungen Königs Heinrich IV., der sich vergeblich um den 1063 vakant gewordenen Erzbischofsitz in Magdeburg beworben hatte, wurde mit dem Bistum Münster entschädigt und aus Reichsbesitz mit den Haupthöfen Königsbrück und Lenzinghausen sowie den zugehörigen Villikationshöfen beschenkt. Beide Höfe wurden bis etwa 1450 als Einheit verwaltet und galten noch als »in ditione Ravensbergensi« (in der Herrschaft Ravensberg) gelegen.

Da schon im Jahre 1290 der Ministeriale von Nagel als Villicus von Lenzinghausen erscheint, darf er auch als Verwalter von Königsbrück angesehen werden. Königsbrück wird 1488 als Rittergut des von Nagel bezeugt.

Der Ausbau der mittelalterlichen Burg zu einem repräsentativen Schloßbau der Renaissance erfolgte vermutlich Anfang des 16. Jahrhunderts. Das dreigeschossige Schloß wurde als ein Vierflügelbau angelegt. Ein Ausbau erfolgte 1627, als der Torbogen des Herrenhauses und das heutige Treppenhaus entstanden. Weitere bauliche Veränderungen brachte das 18. Jahrhundert. In 35 Räumen und Sälen konnte reiches Mobiliar seine Bewunderung finden.

Eine doppelte Graft, die innere teilweise ausgemauert, führte um die gesamte Anlage. Der östliche Bautrakt grenzte unmittelbar an den Wassergraben. Es mußte für die Erhaltung von Schloß, fünf Nebengebäuden, zwei Mühlen und Unterkünften der Tagelöhner gesorgt werden. Da 136 Bauernhöfe ihre Abgaben an Haus Königsbrück lieferten – zahlreiche Erben und Kotten in den Bauerschaften beiderseits der Warmenau wurden im 16. und 17. Jahrhundert angekauft –, bestanden keine finanziellen Schwierigkeiten, um auch aufwendige Anlagen herstellen zu können. Der Schloßherr konnte sich sogar den Bau einer Wasserleitung erlauben. Das Wasser wurde ähnlich wie in Barenaue (vgl. S. 135) in einer Rohrleitung aus ausgehöhlten Baumstämmen über eine Entfernung von 1,5 Kilometer als Quellwasser aus dem Raum Neuenkirchen herangeführt.

Anfang des vorigen Jahrhunderts setzte der Verfall von Königsbrück ein, doch bestand der gesamte Gebäudekomplex aus Schloß mit Rentei, Dienstwohnungen, Vieh- und sogenanntem Ackerhaus noch bis 1841. In der Folgezeit wurde der Westflügel des Herrenhauses niedergelegt. Der Nordturm mußte in der Zeit zwischen den beiden Weltkriegen wegen Einsturzgefahr von Mindener Pionieren gesprengt werden. Reste eines rechteckigen Turmes sind auf der Hofseite des erhalten gebliebenen Herrenhausflügels im ursprünglichen Winkel der beiden Bautrakte und an der nördlichen zur Graft gewandten Seite (Ecke) des Gebäudes zu sehen.

Auch heute noch vermittelt der vorhandene Teil des Herrenhauses eine Vorstellung von der einstigen großzügigen Baugestaltung. Das bossierte Portal der Hausdurchfahrt mit Kerbschnittmustern und Beschlagwerkformen und ein kleines bossiertes mit ionischem Kapitell sowie der östliche Dreiecksgiebel, den wieder kleine auf Konsolen stehende Pyramiden schmücken, weisen auf den Stil der späten Weserrenaissance hin. Der unterschiedliche Ansatz der Fenster macht sichtbar, daß das Herrenhaus nicht in einer Bauperiode entstanden ist. Der Niveauausgleich muß durch eine Treppe erreicht werden. Das Hauptstockwerk des westlichen Baukörpers liegt über hohem Kellergeschoß, der Zugang erfolgt von außen über eine Treppe. Die übrigen Geschosse werden, wie in der Schelenburg, über einen Treppenturm betreten. Die überdimensionalen Fenster deuten auf den Rittersaal und die Saalkammer hin, die früher durch zwei Stockwerke reichten.

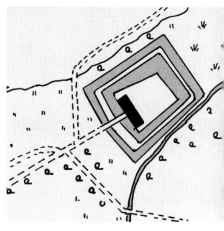

Lageplan von Haus Königsbrück.

An der zur Graft gewandten Seite zeigen kleine Fensteröffnungen, daß sich dahinter eine »Heimlichkeit« verbirgt. Auf die üblichen kleinen Erker, die auf Abortanlagen hinweisen könnten, hatte man beim Bau des Hauses noch nicht verzichtet. Abortschächte wurden nachträglich in das Mauerwerk eingestemmt.

Das Herrenhaus enthält als ältesten Kern ein rechteckiges (12 × 10 Meter) Steinwerk. Gewölbte Keller (Tonnengewölbe mit Segmentkappen), mächtiger Mittelpfeiler, kräftige durch drei Stockwerke reichende Mauerzüge und Sehschlitze, die als Schießscharten benutzt werden konnten, weisen dieses Bauwerk als Wehrturm des Mittelalters aus. Wenn dieser Bau auch ohne Kamin war, erlaubten seine Ausmaße, ihn in Zeiten der Gefahr Wohnzwecken nutzbar zu machen. Hier ist eine ähnliche Entwicklung zu verfolgen wie bei der Schelenburg (vgl. S. 70) und im Schloß Gesmold (vgl. S. 78).

Das Schloß ist bedauerlicherweise in der Notzeit nach dem Zweiten Weltkrieg, um Unterkunft für Vertriebene zu schaffen, durch Einrichtung von Wohnungen verbaut und dadurch in der baulichen Substanz stark beeinträchtigt worden. Die Einbauten von 1948 sind wieder beseitigt und Südgiebel, Sandsteingewände der Fenster sowie die Portale restauriert.

Besitzer

1488–1589	von Nagel
1589–1750	von Ledebur (Erbgang)
1750–1828	von dem Bussche-Hünnefeld (Heirat)
1828–1840	von der Groeben (Kauf)
1840–1862	Matzilger (Kauf)
1862–1972	Reichsgrafen von Platen Hallermund (Kauf)
1973–heute	Freifrau von Richthofen geb. Gräfin von Platen Hallermund (Schenkung)

Bauten

1627	Ausbau des Schlosses

Haus Marck. Haus Marck wurde bis 1565 »en quarré« gebaut. Der Mittelflügel war zweigeschossig, außerdem stand hier ein Turm. Das obere Stockwerk und noch stehende Türme mußten wegen unsicherer Fundamentierung und auf Grund von Witterungseinflüssen Mitte des 18. Jahrhunderts abgetragen werden.

88

Haus Königsbrück. Ein Aquarell aus dem frühen 19. Jahrhundert zeigt Königsbrück mit einem rechteckigen Turm auf der Hofseite. Er stand einst im Winkel zweier Bautrakte.

Haus Marck Geschützt von einer breiten Graft, liegt am Fuße des Teutoburger Waldes unterhalb von Tecklenburg, umgeben von einer Lindenallee im Norden und einem Laubwald im Süden, das beschauliche Haus Marck. Die erste Wasserburg wurde um 1400 von den Herren von Horne, die ursprünglich als »nobiles« und seit Ende des 12. Jahrhunderts als Lehnsmänner des Osnabrücker Bischofs und des Grafen von Tecklenburg bekannt sind, angelegt. Sie machten sich als Mitstifter der Kommende Lage und des Klosters Gravenhorst einen Namen. 1537 ehelichte Gertrud von Horne, die letzte ihres Geschlechts, den Kaiserlichen Obristen Jürgen von Holle (1514–1576), der Haus Marck als Heiratsgut bekam. Dieser war einer der bedeutendsten niederdeutschen Söldnerführer des 16. Jahrhunderts. Er hat mit seinen Truppen nicht nur die deutsche, sondern auch die westeuropäische und die dänisch-schwedische Geschichte von 1540 bis 1565 mitgestaltet. Bei Gravelingen führte er das gesamte deutsche Fußvolk Philipps II., wiederholt beschaffte er dem Prinzen von Oranien Truppen und militärische Ausrüstung. Er ließ in Frankfurt und Philippeville Festungsarbeiten ausführen und beriet auch die Stadt Osnabrück bei ihren fortifikatorischen Arbeiten.

Haus Marck hat in der Folgezeit mehrmals durch Heirat den Besitzer gewechselt. 1576 wurde von Diepenbroick, 1804 von Diepenbroick-Grüter, Herr des Gutes, dessen Nachkommen noch heute die Besitzer sind. Als ältester Teil des heutigen Herrenhauses ist der Trakt im Südosten der Anlage anzusehen. Hier weist ein gewölbter Keller mit Scharten zum Teich auf ein ursprüngliches Verteidigungswerk hin. Auch nach innen, zum Küchenflügel gewandt, sitzen in einer über einen Meter mächtigen

Mauer in späterer Zeit zugemauerte Fenster. Mit Sicherheit befand sich hier einst ein Steinwerk (Wohnturm). Ein kleiner unterkellerter quadratischer Raum nördlich des Torweges weist auf den Unterbau eines früher hier stehenden Turmes hin.

Zum ältesten Teil von Haus Marck gehörte auch das 1899 abgebrochene langgestreckte »Bauhaus« am Ostufer des Hausteiches. Es besaß in der Südecke zwei unterkellerte Wohnräume. Sehr kleine und hochsitzende Fenster ließen nur wenig Licht in das Haus. Türgewände mit gotischen Stableistenverzierungen und »Gardinen-Ecken« im erhaltenen Mauerwerk, das sich vom Tor am nordöstlichen Zugang nach Süden zieht, deuten auf einen spätmittelalterlichen Bau hin. Um den gesamten Komplex führte ein Wasser- bzw. Trockengraben.

Oberst Holle, ein von Haus aus vermögender Mann, der auch »einen guten Krieg gehabt«, d. h. als Söldnerführer einige hunderttausend Gulden verdienen konnte – ein Oberst erhielt gewöhnlich das Hundertfache und mehr von dem, was dem Gemeinen zustand – hat Haus Marck bis 1565 »en quarré gebauet und mit einem Turm von drey Stockwerken versehen«. Der aus Bruchstein errichtete Bau besaß mit Voluten geschmückte Renaissancegiebel, Doppel- und dreiteilige Fenster und war mit einem Erker geschmückt. Ein großer Turm stand über kräftigem Mauerwerk im Mittelflügel. Die Außenwand des Hauses springt noch heute an dieser Stelle um 1,75 Meter in die Graft vor. Während der Mittelflügel zweigeschossig errichtet wurde, blieb der Nordostflügel (Wirtschaftsbau) einstöckig, wie die sehr hochsitzenden einheitlich gekoppelten Außenfenster beweisen. Dort standen die »reisigen Pferde«. Auch die große »Volksküche« für das Gesinde und die zu Hand- und Spanndiensten verpflichteten Eigenbehörigen befand sich in diesem Trakt. Eine Inschrift in einer Kartusche im Torweg – offenbar der Unterteil eines ehemaligen Erkers – nennt die Namen der Erbauer: Georg von Holle und Gertrud von Horne und weist darauf hin, daß »Dit Gebuve is Anfangen 1562«.

Der Chronist berichtet, daß 1745 »ein großer Turm, in dem sich vier Schneider bei der Arbeit befanden, aber gerade zum Essen hinausgegangen waren, mit Donnergepolter« eingestürzt sei. Witterungseinflüsse und unsicheres Fundament gefährdeten im Laufe der Zeit den Bau derart, daß schließlich das gesamte obere Stockwerk und noch stehende Türme Mitte des 18. Jahrhunderts abgetragen werden mußten. Allein für den notwendigen Umbau benötigte man 50 Eichen. Der Rittersaal, der bisher längs der südlichen Wasserfront lag, wurde jetzt quer durch das Haus gelegt. Die alten breiten gekuppelten Fenster wurden durch hohe und schmale ersetzt, Fenster und Türen sowie die Tordurchfahrt mit Sandstein verblendet.

Die gesamte Anlage umgab eine Graft, die im Südwesten zu einem Teich erweitert war. Durch diesen führte parallel zum Haus ein Damm, der die Aufgabe hatte, das Wasser für die »Platzmühle« zu stauen, ohne die Was-

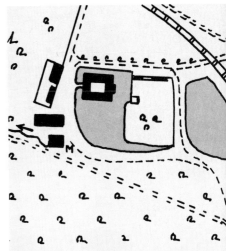

Lageplan von Haus Marck.
M ehemalige Mühle.

*Haus Marck.
Der kaiserliche Obrist und
Söldnerführer Jürgen von
Holle (1514–1576) ehelichte
1537 Gertrud von Horne, die
letzte ihres Geschlechts und
Erbin von Haus Marck.*

sertiefe der Graft zu mindern. Im 19. Jahrhundert wurde der Damm abgetragen und anstelle der Schwippbrücke, die zum Damm führte, ein Balkon angebaut.

Statt der früheren Zugbrücke verbindet heute eine feste Holzbrücke Haus Marck mit dem Wirtschaftshof.

Das Innere des Herrenhauses gleicht einem historischen Kabinett. Über 300 Pergamenturkunden seit 1320, darunter Tecklenburger und Osnabrücker Lehnsbriefe, sind nicht nur für den Historiker von unschätzbarem Wert. Eine große Zahl von Ahnenbildern beleben die Wände des Rittersaales. Hier sind das zwei Meter hohe Bildnis des Obristen Jürgen von Holle in schwarz schimmernder Rüstung zu bestaunen sowie 42 Porträts der Fürsten von Schwarzburg und der Offiziere ihres Regimentes Diepenbroick, das 1732 bis 1756 dem Kaiser diente. Gemälde der Preußenkönige Friedrich I. und Friedrich Wilhelm I., dieser von Pesne gemalt, und Kupferstiche vorwiegend des 17. Jahrhunderts sprechen von der Tradition des Hauses, ebenso Hellebarden und Landsknechtsschwerter, Offiziersdegen und Steinschloßgewehre, Helme des Pappenheimer Regimentes aus dem 30jährigen Krieg und der langen Kerls des Soldatenkönigs und nicht zuletzt preußischer Regimenter der Kaiserzeit. Zum Gut gehörten noch Ende des 18. Jahrhunderts sieben Mühlen (2 Malmühlen, 1 Ölmühle, 1 Schnupftabaksmühle, 2 Bockmühlen und 1 Papiermühle), die sämtlich vom Wasser eines einzigen kleinen Baches getrieben wurden. Dieser speiste auch den Wassergraben um die Burg und die später angelegten Fischteiche.

Seit der Mitte des 17. Jahrhunderts hat sich der Adel Westfalens immer stärker an der Anlage von Papiermühlen beteiligt. Der Herr von Haus Marck besaß wirtschaftlichen Sinn, wenn er 1662 eine Papiermühle gründete, die »dem gemeinen Besten dienen« sollte, wie es in der Baukonzession des Landesherrn hieß. Jährlich mußten sechs Ries Papier an die gräfliche Rentei als recognition abgeliefert werden, die jedoch später erlassen wurden. Wegen des weichen und trüben Wassers ist im 18. Jahrhundert »das mehrste Papier Tobakpapier«, weniger Schreibpapier. Anfang des 19. Jahrhunderts wurden jährlich 800 Ries Schreib-, Pack-, Druck- und Löschpapier erzeugt. Am Wasserzeichen mit dem Wappen von Diepenbroick bzw. dem Doppelwappen von Diepenbroick-Steinwehr könnte noch heute das Verbreitungsgebiet des Papiers festgestellt werden.

Außer den genannten Mühlen sicherten Anfang des 19. Jahrhunderts Abgaben und Dienste von 42 eigenbehörigen Höfe sowie Einkünfte aus Lehen im Emsland und aus Ämtern die wirtschaftliche Existenz. Haus Marck blieb über Jahrhunderte eine Stätte des Friedens. Hier trafen sich während der Verhandlungen zum Westfälischen Frieden Nuntius Chigi, der Osnabrücker Bischof Franz Wilhelm von Wartenberg und manch ungenannter Diplomat. In Haus Marck wurde 1831 Friedrich von Bodelschwingh, der Gründer der Betheler Anstalten und »Vater der Armen

und Elenden« als Sohn des Landrates Ernst von Bodelschwingh, der hier
eine Wohnung besaß, geboren.

Besitzer

um 1400–1537	von Horne
1537–1576	von Holle (Heirat)
1576–1713	von Diepenbroick (Heirat)
1714–1804	von Steinwehr (Heirat)
1804–heute	von Diepenbroick-Grüter (Heirat)

Bauten

1562–1565	Herrenhaus
um 1750	Abbruch der Türme
	u.d. oberen Stockwerk d. Schlosses

Dinklage

Die auf drei Seiten von der Bauerschaft Calvelage (Brookdorf) umgebene Ferdinandsburg, die Vorgängerin der heutigen Wasserburg Dinklage, wurde wahrscheinlich im 12. Jahrhundert gegründet. Sie wird als
Stammsitz der Grafen von Calvelage angesehen, die ihren Wohnsitz
später nach Vechta verlegten und die Herren von Dinklage mit der Feste
belehnten. Die Ferdinandsburg entstand mitten im Bruchland auf einer
leichten Bodenerhebung.
Im 14. Jahrhundert trieben die Burgherren als Raubritter ihr Unwesen
derart wild, daß schließlich die Bischöfe von Münster und Osnabrück,
vereint mit dem Grafen von Tecklenburg, 15 Wochen die stärkste Burg
des Niederstiftes – angeblich von mehr als zwanzig Gräben und Wällen
umgeben – belagerten und sie nach der Eroberung dem Erdboden
gleichmachten. In einem Bericht über die Eroberung am 17. September
1374 (!) heißt es: DOMINUS FLORENTIUS ATQUE PRAEMISSUS DOMINUS MEL-
CHIOR NOSTER AUXILIUM PRAEBENTE OTTONE COMITE TEKENEBURG FOR-
TISSIMUS CASTRUM DINKELAGE, QUOD OBSIDEBANT QUINDECIM SEPTIMANIS
ET TRIBUS DIEBUS CUM SEQUENTE PUGNA PENITUS DESTRUXERUNT (Herr
Florenz [Florenz von Wevelinkhoven, Bischof von Münster 1364–1379]
und der vorausgeschickte Herr Melchior [Melchior von Grubenhagen,
Bischof von Osnabrück 1367–1375] und uns Hilfe gewährender Otto
Graf von Tecklenburg [Otto V. Graf von Tecklenburg 1368–1388] haben
die stärkste Burg Dinklage, welche sie 15 Wochen und drei Tage belager-
ten, im nachfolgenden Kampf gründlich zerstört).
Nach Teilung des Besitzes 1392 erbauten sich die vier Söhne des Frederik
von Dinklage um 1400 je eine Burg, die einander unmittelbar benach-
bart lagen. Die Burgen wurden sämtlich mit Wall und Graben

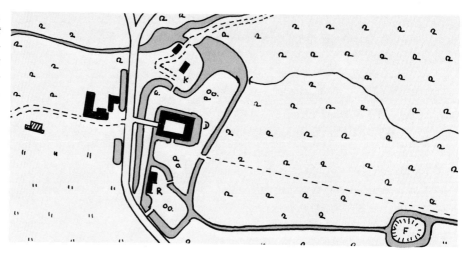

Haus Dinklage.
D Dietrichsburg, F Standort
der ehemaligen Ferdinands-
burg, K Kapelle (vormals
Hugoburg), R Rentei (vor-
mals Herbordsburg).

umgeben. Auf dem Gelände der heutigen Schloßkapelle entstand die Hugoburg. Diese durfte laut Abkommen mit dem Bischof nicht weiter befestigt werden, als es bis zum Jahre 1403 geschehen war. Die Burg verfiel schon Ende des Jahrhunderts und wurde 1670 gänzlich niedergelegt. Der Erbauer der mittleren Dietrichsburg hat eine Viereckanlage geschaffen, die im Kern bis auf unsere Tage gekommen ist. Aus der weiter südlich angelegten Herbordsburg entwickelte sich die spätere Rentei. Die vierte in Richtung auf den Ort Dinklage, zwischen dem Holtesch und dem Burgesch errichtete Feste hat keine Spuren hinterlassen.
Von der zerstörten Ferdinandsburg, die 500 m ostwärts des neuen Burgenkomplexes im Schellenbruch lag, künden heute nur noch Unebenheiten im Boden, einige Findlinge, Backsteine und Reste von Dachpfannen.
1641 wurde Heinrich von Galen als Drost für das Amt Vechta eingesetzt und bezog die leerstehende Dietrichsburg, die er wenige Jahre später erwerben konnte. Die Hugoburg und die Herbordsburg fielen 1667 an von Galen. Sein Sohn kaufte 1671 die restlichen Burgen. Er baute die Dietrichsburg weiter aus, richtete in der Herbordsburg die Verwaltung ein und gestaltete die Hugoburg zu einem Gerichtshaus mit »Militärkanzlei« um. Christoph Bernhard von Galen, Fürstbischof von Münster, der Bruder des Drosten, erhob die Besitzungen 1677 zur Herrlichkeit. Dinklage blieb bis zum Ende des Hl. Römischen Reiches Deutscher Nation als Reichsfreie Herrlichkeit dem Kaiser unmittelbar unterstellt. Bei seiner Errichtung wurde betont, daß der Freiherr in seinem Herrschaftsgebiet nur die katholische Religion dulden solle.
1948 schenkte Christoph Bernhard Graf von Galen Dinklage an Benediktinerinnen, die als heimatlose Schwestern aus dem Benedictinerinnenpriorat St. Scholastika aus Alexanderdorf in der Märkischen Heide (nördlich von Berlin) nach dem Westen gekommen waren. Dinklage präsentiert sich heute als eine geschlossene, fast quadratische Anlage. Hauptburg und das Gelände der ehemaligen Herbordsburg und der Fer-

dinandsburg sowie die Fläche um die Kapelle sind von zusammenhängenden Graften umgeben. Ursprünglich sicherten drei ringförmig angeordnete Wassergräben die Burganlagen.

Der Besucher betritt den Burghof durch ein Renaissanceportal aus Bossenquadern, das mit einem Wappen als Portalaufsatz und Eckvoluten geschmückt ist. Am Portal wird sichtbar, daß der Zweck des Adelssitzes vor allem als Wohnung gesehen wurde, die einen möglichst repräsentativen Zugang verlangt.

Links vom Eintretenden erstreckt sich ein Ziegelbau (1571). Er zeigt auf der Außenseite über hohem Kellergeschoß eine zum Teil zugemauerte Fensterreihe. Die sandsteingefaßten Fenster sind verhältnismäßig klein und noch ohne Steinkreuz.

Rechts, auf der Südseite, erhebt sich das Herrenhaus, ein verputzter Fachwerkbau, der zur Grafte hin von einem durchgefensterten Erker geschmückt wird. Oberhalb der Fensterreihe ist als typisches Attribut eines ländlichen Adelssitzes ein Taubenschlag eingerichtet. Der westliche Teil des Herrenhauses wurde über einem starken Bruchsteinfundament errichtet und ist nicht unterkellert.

Der Zugang erfolgt auf der Hofseite über eine mehrstufige im Halbrund angelegte Freitreppe, dem sogenannten »Geburtstagskuchen«. Erwähnenswert erscheint im Saal des Gebäudes ein vom Hause Welpe übernommener Sandsteinkamin aus dem Jahre 1579 mit der von zwei Wappen umrahmten Inschrift: Johan van Dincklage Drost tor Vec (Vechta).

Gegenüber dem Haupthaus liegt der »Apostelberg« genannte Trakt, der als Gästehaus in Anspruch genommen wird. Das Erdgeschoß diente früher als Pferdestall. Der Zugang zum ersten Stock erfolgt über eine offene Galerie, die sich am ganzen Haus entlangzieht.

In den 20er Jahren dieses Jahrhunderts wurde als Schauobjekt ein in den Weserschottern gefundener Oberarmknochen eines Mammuts an die untere Hauswand gekettet, desgleichen ein Paar ungetüme Holzschuhe, die einst als Folterwerkzeuge gebraucht wurden.

Der als Kapelle ausgebaute östliche Verbindungstrakt war ursprünglich eine Scheune.

Am Zugang zur Brücke, die vom festen Land zur Burg führt, weist eine Inschrift auf Clemens August Graf von Galen hin, der als Bischof von Münster unerschrocken gegen die Auswüchse des Nationalsozialismus auftrat. Er wurde in Haus Dinklage am 16. 3. 1878 geboren. Sein Leitspruch: Nec laudibus nec timore (weder Lob noch Furcht).

Die heutige 1841/44 auf dem Gelände der früheren Hugoburg erbaute Kapelle hatte zwei Vorgängerinnen. Die mittelalterliche wurde 1588 abgerissen und dafür ein kleines Gotteshaus westlich des heutigen geschaffen. Der bischöfliche Visitator stellte 1703 fest, »daß die Kapelle halb durchgeschoren (durchgeteilt) und zu einer Velthühnerkammer gemacht, als deren viele damals darin gesessen und sub divinie (unter dem Göttlichen) großen Lährm und geschrey gemacht...« Die heutige

Herrenhaus von Dinklage. Oberhalb der Fensterreihe des Erkers ein Taubenschlag, typisches Attribut eines ländlichen Adelssitzes.

Kapelle besitzt zwei Silberleuchter aus dem Jahre 1653/54, die als interessante Augsburger Arbeit gelten, und eine spätbarocke Kreuzreliquie, in der, wie in der Barockzeit üblich, noch andere Reliquien eingelassen sind, von denen eine die Unterschrift trägt »de capillis B(eatae) M(atris) V(irginis)«. Demnach enthalte diese angeblich Haare der Mutter Maria.

Besitzer der Dietrichsburg

um 1231 – vor	1587	von Dinklage
vor 1587 –	1664	von Ledebur (Heirat)
1664 –	1948	von Galen (Kauf)
1948 –	heute	Benediktinerinnen (Schenkung)

Bauten

1571	Ziegelbau, Renaissanceportal
1841/44	Kapelle

Holtfeld

In einer Niederung fünf Kilometer westlich von Halle und südlich der Bundesstraße 68 (Osnabrück–Bielefeld) liegt versteckt das Wasserschloß Holtfeld.

Einst den Kämpfen zwischen den Bischöfen von Osnabrück und den Grafen von Ravensberg ausgesetzt, dient es heute friedlichen Aufgaben.

Die 1350 in den Osnabrücker Lehnsverzeichnissen genannte Burg war ursprünglich im Besitz der Herren von Linghe. »Wernike de Linghe prope Ravensberghe inf. est cum habitatione sua to Holtvelde« (Wernike von Linghe nahe dem Ravensberg ist mit seinem Wohnsitz zu Holtvelde belehnt worden). Die Feste wechselte mehrfach den Eigentümer. Während der nationalsozialistischen Zeit war das Schloß zuerst als Führerschule vorgesehen, später wurde es für Aufgaben des Reichsnährstandes bestimmt. Nach 1966 nahm man die Baulichkeiten als Hotel in Anspruch, seit 1977 dient das Schloß wieder privaten Zwecken. Ohne Änderung der äußeren Bauelemente sind in der Vorburg 1984 Eigentumswohnungen eingerichtet worden.

1599–1602 wurde das zweigeschossige Herrenhaus in Rechteckform als Renaissancebau unter Verwendung der früheren Turmmauer auf Pfahlrosten errichtet, und zwar anstelle eines Fachwerkbaus. Zwei Volutengiebel im Stil der niederländischen und der Weserrenaissance, mit reichem Flächenschmuck in Beschlagwerk, machen das Herrenhaus zu einem Schmuckstück. Besonders reizvoll erscheint der südliche Giebel, dessen durch Lisenen und Bänder (Gebälkstreifen) symmetrisch eingeteilte Fläche vom Beschlagwerk kunstvoll übersponnen wird.

Die Fläche über und unter dem dreigeteilten Fenster an der Ostfront zieren 32 Wappen, die jeweils die Ahnen derer von Wendt und Ense

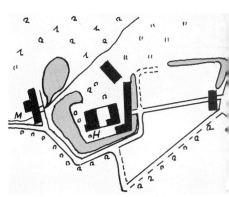

*Schloß Holtfeld.
H Herrenhaus, M Mühle.*

*Schloß Holtfeld.
Die Ostfront des Herrenhauses zieren 32 Wappensteine
von 1599 der Familien
Wendt und Ense, die die
Ahnenprobe demonstrieren*

*Schloß Holtfeld.
Südliche Giebelwand des
Herrenhauses. Die durch
Lisenen und Bänder symmetrisch eingeteilte Fläche wird
vom Beschlagwerk, das
Motive der Weserrenaissance
aufweist, kunstvoll übersponnen.*

darstellen. Hier wird die Ahnenprobe demonstriert. Diese erforderte den urkundlichen Nachweis von 16 reinadeligen Vorfahren, eine Voraussetzung für die Aufnahme in die Ritterschaft, die durch den ritterschaftlichen Landtag an der Regierung des Landes beteiligt war. Gewöhnlich sind Ahnen-Wappenreihen nur im Innern eines Herrenhauses, oft an Kaminen angebracht.

Der quadratische, ehemals höhere Eckturm, der ursprünglich eine welsche Haube trug, steht zum Herrenhaus in einem reizvollen Kontrast. Der 1627 eingebaute Kamin und der für vier Sitze eingerichtete Aborterker sind der sichtbare Beweis dafür, daß dieser ehemalige Wehrturm zu einem Wohnturm eingerichtet worden ist. Im gewölbten Keller befand sich früher das Burgverließ.

Bei der einfachen Aufteilung des Untergeschosses durch Lehm- und Fachwerkwände fällt auf, daß der Küche ein größerer Raum gegönnt wird als dem Saal. Das obere Geschoß diente ausschließlich Wohn- und Schlafzwecken. Die schmale Holztreppe, die zum Obergeschoß führt, erklärt sich daraus, daß sie anstelle des ursprünglich vorhandenen Treppenturmes (südlich neben der jetzigen Eingangstür) getreten ist, der 1790 abgebrochen wurde. Ein runder Befestigungsturm, der an der Ostseite des Außenwerkes stand, ist heute ebenfalls verschwunden.

Besondere Beachtung finden im Innern des Herrenhauses der mächtige Küchenkamin von 1602, der lebhaft an die Anlage in Scheventorf erinnert, und die farbigen Leinwandbilder (17. Jahrhundert) im Saal, Landschaften und mythologische Gestalten darstellend.

Das Schloß verfiel im 19. Jahrhundert infolge mangelhafter Pflege, bis es der neue Besitzer wieder in einen bewohnbaren Zustand versetzte. 1936/37 begegnete man weiterem Verfall durch gründliche Fundamentierung und Restaurierung. Die Außenwände wurden nach innen durch eine zweite Mauer verstärkt, die Decken herausgenommen und durch neue ersetzt.

Den vorgesehenen Aufgaben entprechend, kam es zu einer neuen Innenausstattung. Der Umbau zu einem Hotel 1966 brachte weitere Veränderungen, bis 1977 mit einer Restaurierung im Sinne der ursprünglichen Renaissanceanlage begonnen wurde. Heute zeigen die fünf Kamine des Haupthauses weitgehend wieder ihren ursprünglichen Charakter. »GOTS SEGEN MACHT REICH AHNE MOIE« (Gottes Segen macht reich ohne Mühe) heißt es in einer Mischung von Hoch- und Niederdeutsch auf der kunstvoll gestalteten Umkleidung des 1588 geschaffenen Kamins im Rittersaal. Mit seiner Heirat mochte der Schloßherr nicht nur das Glück der Liebe gefunden haben.

Holtfeld gehört zu den wenigen Adelssitzen, wo der Innenhof an der Eingangsseite durch zwei hintereinander liegende langgestreckte Torhäuser abgeschlossen wird. Inneres und äußeres Torhaus, die den Übergang über die Graften sicherten, sind unverändert geblieben. Das innere Torgebäude weist ein rundbogiges Portal mit Quaderfassung auf. Darüber ist in einer Nische die Büste eines Jünglings aufgestellt.

Schloß Holtfeld. Herrenhaus (1599–1602) mit reizvoller Fassadenaufteilung. Ursprüngliche Anlage auf zwei Inseln.

Schloß Holtfeld. Ein Gemälde aus dem 18. Jahrhundert zeigt Schloß Holtfeld mit drei Torhäusern und dem streng achsial geordneten Garten. Im Hintergrund Burg Ravensberg.

Das äußere Torgebäude zeigt ein Portal mit Korbbogen und links und rechts der Einfahrt das Wappen der Familien von Wendt und von Westphahlen.

Ein drittes noch stehendes Torhaus in Fachwerkbauweise mit Rundbogendurchfahrt bildete früher die Begrenzung des Gartens, der zwischen diesem Haus und den äußeren Graften lag.

Ein Gemälde aus dem 18. Jahrhundert zeigt einen axial angeordneten und durch Beete gegliederten Garten, dessen Pflanzen wohl hauptsächlich der Küche nützten und nicht als Augenschmaus gedacht waren. Die alte Tendenz, den Garten ringsum abzuschließen, wird durch eine niedrige Mauer und eine Baumreihe beibehalten. Die Gartenachse führt nordwestlich zur alten Schloßmitte und südöstlich in Richtung Stockkämpen.

Besitzer

1350–1361	von Linghe
nach 1361–1491	von Todrank
1491–1863	von Wendt (Heirat)
1863–1935	Graf von Marchant und Ansembourg
1935–1945	Reichsbesitz *(Kauf)*
1945–1949	Fremdverwaltung
1949–1977	Wittenborg (Kauf)
1977–heute	Vogler (Kauf)

Bauten

1599–1602	Herrenhaus
1632	inneres Torhaus
1705	äußeres Torhaus

Um 1430 kamen Kreuzherren aus Beyenburg (im Stadtgebiet des heutigen Wuppertal) nach Bentlage – heute ein Stadtteil von Rheine –, um dort Almosen zu sammeln. Beeindruckt von der landschaftlichen Schönheit (QUIS LOCUS SIMILIS . . . IN OMNI CIRCUMCIRCA REGIONE TAM TEMPERETUR ET AMOENUS AD OMNIA) beschlossen sie, sich dort niederzulassen. Heinrich von Moers, Bischof von Münster, übergab 1437 den Kreuzherren die Bentlager Gertrudenkapelle und erlaubte ihnen, ein Kloster zu bauen. Obwohl nach den Statuten des Ordens der Handarbeit keine besondere Bedeutung zukam und diese auf die Laienbrüder beschränkt war, behauten die Mönche selber die Steine für die Klosterkirche und brachten sie mit dem Schiff zur Baustelle. »Die Finger der Mönche bekamen Flügel.« 1463 bis 1466 entstand der spätere Ostflügel, in dem Sakristei, Kapitelhaus und die Kammern des Priors, des Prokurators und das dormitorium majus untergebracht wurden. Die Klosterkirche konnte 1484 eingeweiht werden. 1499 bis 1504 wurden der Nordflügel mit Refektorium, zwei Kammern für vornehme Gäste und Vorratsräume geschaffen.

Der Westflügel war erst 1645 fertiggestellt. Zum Kloster gehörten eine Walkerei und Stopferei sowie ein »Zeykenhus« und das »armelude Hues by der porten«. Schon zwei Jahre später traf die Kreuzherren ein schweres Unglück. Der schwedische General Königsmark ließ das Kloster, in das der kaiserliche General Lamboy sein Hauptquartier gelegt hatte, in Brand stecken. Die Gebäude wurden bis auf die Küche mit Brauhaus und Schafstall eingeäschert. Es dauerte zehn Jahre, bis der Wiederaufbau beendet war.

Der Klosterbau ist zweigeschossig und schlicht gehalten. An der Westseite der Gebäudegruppe ist die ursprüngliche Aufgabe abzulesen. Hier erinnert eine Reihe schmaler Zellenfenster mit Steinbrücken an die Zeit, als hinter den kalten Klostermauern Mönche ihr hartes Lager aufschlugen. Erhalten geblieben sind auch einige Kreuzgangfenster mit spätgotischem Maßwerk und Reste ihrer Verglasung. Der linke Hauptflügel zeigt einen gotischen Giebel mit großem blinden Maßwerkfenster aus dem Jahre 1504.

Im Vorraum zur heute leerstehenden Kapelle beeindrucken zwei bemalte spätgotische Steinreliefs mit Kreuzigungsszene, ein Spätwerk des weichen Stiles aus einer burgundisch beeinflußten westfälischen Werkstatt, und ein Relief der Heiligen Sippe mit Stammbaum Christi um 1460.

Der aus den Niederlanden stammende Orden der Kreuzherren war insbesondere zur Predigt, Seelsorge und zum Studium gegründet worden, im übrigen diente ihm der Dominikanerorden als Vorbild. Die Bentlager Brüder pflegten ihre Beziehungen zu den Niederlanden. In Ter Apel (Drenthe) konnte ein Tochterkloster gegründet werden.

Bei der Säkularisation 1803 kam es zur Auflösung des Klosters. Die Kirche wurde abgebrochen. Herzog Wilhelm Joseph von Looz und Cors-

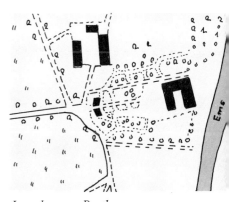

Lageplan von Bentlage.

Bentlage. Das ehemalige Kreuzherrenkloster diente nach der Säkularisation kurze Zeit als Residenzschloß des Herzogs von Looz-Corswarem im neu gegründeten Fürstentum Rheina-Wolbeck. Auf der Hofseite erinnern noch schmale gotische Zellenfenster mit Steinbrücken und Kreuzgangfenster mit spätgotischem Maßwerk an die einstigen Aufgaben der Bauanlage.

Bentlage. Portal von Schloß Bentlage mit Wappen des Herzogs Wilhelm Joseph von Looz und Corswarem. Oberhalb des Türgiebels weist eine lateinische Inschrift auf die Errichtung der Klostergebäude und auf den Abschluß der Bauarbeiten hin sowie auf die Wiederherstellung nach dem großen Brand in der Zeit von 1648 bis 1657.

warem, der als Ausgleich für seine Verluste in den Niederlanden Teile der Ämter Rheine und Wolbeck aus dem säkularisierten Fürstbistum Münster erhalten hatte, errichtete in Bentlage seinen Regierungssitz. Wenn auch die territoriale Hoheit über das »Fürstentum Rheina-Wolbeck« bald wieder verloren ging – Rheine war nur drei Jahre lang Hauptstadt des Duodezstaates –, blieb der Grundbesitz in Bentlage mit Unterbrechungen bis 1946, als der letzte Herzog Emanuel starb, in der Hand der Familie. Erbe wurde sein Neffe Baron von Boegaerde-Terbrügge. Seit 1979 gehört die ehemalige Residenz der Stadt Rheine.

Besitzer

1437–1803	Orden der Kreuzherren (Eigengründung)
1803–1946	Herzog von Looz-Corswarem (Ausgleich)
1946–1979	Baron von Boegaerde-Terbrügge (Erbgang)
1979–heute	Stadt Rheine (Kauf)

Bauten

1463–1466	Ostflügel
1484	Klosterkirche
1499–1504	Nordflügel
1645	Westflügel
1657	Wiederherstellung der Klostergebäude

Die Surenburg wurde im 15. Jahrhundert auf dem Gelände eines ursprünglichen Eigenhofes des Bischofs von Münster errichtet. Im abseits gelegenen Niederungsgebiet der Floethe westlich Riesenbeck (Kr. Steinfurt) hat sie die Jahrhunderte ohne Kriegsunbill überdauert. Eine breite, mehrere hundert Meter lange Buchenallee führt als leicht verschobene Achse auf die Mitte des Schlosses. Das heutige Herrenhaus zeigt sich als eine hufeisenförmige Anlage, die im wesentlichen durch Stilformen der Renaissance bestimmt wird. Der Nordflügel wurde nach 1550, Mittelbau und Südflügel nach 1750 geschaffen. Graften umgeben das Schloß und die Gärten.

Schloß Surenburg.
Blick auf die Empore der
1866 vom Kölner Dombau-
meister Hertel geschaffenen
neugotischen Schloßkapelle.

Das gesamte Schloß ist in Bruchstein errichtet. Eckverzahnungen, Tür- und Fenstereinfassungen aus Sandstein geben dem Bau seine Gediegenheit. Er ist klar gegliedert und die Fassade der einzelnen Bauteile symmetrisch durchgefenstert. Das Hauptgeschoß über ebenerdig liegendem Keller nimmt die Repräsentationsräume auf, nach außen durch größere Fenster gekennzeichnet. Der Charakter eines Rittersitzes wird durch die doppelt geführte Freitreppe mit Altan und wappenhaltende steinerne Löwen sowie durch ein das ganze Giebeldreieck ausfüllendes Allianzwappen von Heereman und von Merode herausgestellt.

Im rückwärtigen Teil des Mitteltraktes wurde 1866 vom Kölner Dombaumeister Hilger Hertel eine neugotische Kapelle angebaut. Diese erscheint recht aufwendig. Tiefe Frömmigkeit und Begeisterung für das Mittelalter mögen hier zugleich wirksam geworden sein. Größere bauliche Veränderungen nahm man in der Folgezeit vor, als die abgewalmten Dächer der beiden Seitenflügel hochgezogen, Dachausbauten und neue Renaissancegiebel in der münsterländischen Form geschaffen wurden und anstelle der Dachziegel Schieferplatten traten.

Ein Treppenturm mit spitzem Helm, zwischen Hauptbau und östlichem Flügelanbau, wurde 1878 vollendet. In einer Nische in halber Turmhöhe steht die Figur des hl. Joseph mit dem segnenden Jesuskind auf dem Arm.

Die künstlerischen Neigungen des Adels in der Zeit seiner bevorzugten Stellung haben nicht selten seine naturwissenschaftlichen Interessen überboten. Daher häuften sich in den Kunstkammern der Fürstenhöfe und Adelssitze die Kunstwerke und feierte die Sammelleidenschaft Triumphe. Auch das Surenburger Herrenhaus verfügt über eine ungewöhnlich reiche Ausstattung. Spätgotische Holzplastiken, ein Delfter Steingutofen mit prachtvollem Aufsatz, alte niederländische Möbel, wertvolles Delfter Porzellan und sehenswerte Familienporträts machen den Besuch des Schlosses lohnenswert. Der kunsthistorisch Interessierte wird an den Werken der holländischen Porträtmaler Jan van Scorel (1495–1562), Maerten van Heemskerk (1498–1574?), Paulus Moreelsen (1571–1638), C. Janson van Ceulen (1590–1664) und Dirk Sandvoort (1610–1680) seine Freude haben.

Schloß Surenburg.
K Kapelle, O Orangerie,
T Taubenhäuschen.

Schloß Surenburg. Eine nach Südosten geöffnete, ursprünglich auf zwei Inseln errichtete dreiflügelige Anlage.

Schloß Surenburg. Taubenhäuschen. Die Taubenhaltung gehörte bis zur Französischen Revolution zum Vorrecht des Adels.

Der Park war im 18. Jahrhundert nach französischem Vorbild mit gestutzten Hecken und Bäumen, Schneisen und Alleen gestaltet worden. Die botanischen Interessen kamen außerdem in einer noch heute bestehenden Orangerie zum Ausdruck.

In der Renaissance und vor allem im Barock, als die Neigung zum Seltsamen besonders ausgeprägt war, gehörten Orangen- und Pomeranzenbäume zu den beliebtesten Gartenpflanzen der Fürsten, Standesherren und der begüterten Bürgerlichen. In der warmen Jahreszeit wurden die Pflanzen in Kübeln draußen aufgestellt, im Winter in Orangerien untergebracht. Als bewegliches Element in der Pflanzenwelt konnten sie mithelfen, bestimmte Gartenbereiche leichter umzugestalten und damit neue Effekte zu erreichen. Die Orangenbäume dienten jedoch keineswegs nur der Zierde, sie wurden auch als Nutzbäume angesehen.

Die Gewächshäuser waren gewöhnlich langgestreckte Bauten, nicht selten mit betontem eingebuchtetem Mittelteil. Gern stellte man sie auf halbrunden ansteigenden Rasenterrassen auf. An Fürstenhöfen bildeten die Orangerien auch ein Gegenüber des Schlosses in der Hauptachse am Ende des Lustgartens.

Nach dem Vorbild zahlreicher italienischer, französischer und englischer Garten- und Parkanlagen, in denen es Hecken- und Rasenlabyrinthe gab, wurde auch im Park der Surenburg ein Irrgarten geschaffen.

Das Labyrinth gehört zu den ältesten und geheimnisvollsten Symbolen, die Menschen ersonnen haben. Es mag als Sinnbild der Ängste des Menschen gelten, als Gleichnis seiner irdischen Pilgerfahrt oder auch als Zeichen für das Suchen nach dem rechten Weg zu einem Ziel, von dem ihn Irrwege abbringen wollen. Der Irrgarten der Barockzeit dürfte eher aus der Freude am phantasievollen und fröhlichen Spiel zu erklären sein. Das Labyrinth des Hampton Court Palace bei London aus dem Jahre 1690 gibt noch heute eine Vorstellung vom Typ eines Irrgartens aus kunstvoll geschnittenen und angeordneten Hecken.

Der heutige Park der Surenburg, den eine große Zahl exotischer Bäume auszeichnet, ist um 1870 von dem Herzogl. Croy'schen Schloßgärtner, dem Engländer Barnard, gestaltet worden. Der damalige Schloßbesitzer Clemens Freiherr Heereman war begeisterter Dendrologe.

Die Surenburg hat im Laufe der Jahrhunderte nur wenige Male den Besitzer gewechselt. Seit der zweiten Hälfte des 15. Jahrhunderts lebten hier die Herren von Lange, Ministerialen des Bischofs von Münster und Burgmannen von Bevergern. Nach dem Aussterben des Geschlechtes im Mannesstamm kam die Burg in weiblicher Erbfolge an die Familie von Münster. Im Jahre 1786 erwarb Karl Heinrich Heereman von Zuydtwyck das Schloß.

Die Familie kam aus den Niederlanden, wo sie im 17. und 18. Jahrhundert großen Grundbesitz hatte. Der Amsterdamer Patrizier Friedrich

Wilhelm Heereman von Zuydtwyck heiratete in den westfälischen Ur-
adel und siedelte nach Münster über. Sein Sohn erwarb den adeligen
Landbesitz Surenburg.

Besitzer
1474–1612   von Langen
1612–1786   von Münster zu Meinhövel (Heirat)
1786–heute   Heereman von Zuydtwyck (Kauf)

Bauten
1550   Nordflügel
nach 1750   Mittelbau u. Südflügel
1866   neugotische Kapelle
1878   Treppenturm

Tatenhausen ist wahrscheinlich der Stammsitz eines gleichnamigen **Tatenhausen**
Geschlechtes gewesen. Im Osnabrücker Lehnsregister von 1350 wird ein
»Langhehenke van Tatenhusen« genannt, der mit einem Hause in Horst
(= Hörste) in parochia Hallis belehnt wurde. Noch im 17. Jahrhundert
bestehen enge Beziehungen zum Hochstift Osnabrück, als Ferdinand
Matthias von Korff gen. Schmising, Drost zu Iburg, 1692 in den Reichs-
freiherrenstand erhoben wurde. Clemens August Freiherr von Korff
gen. Schmising, der Tatenhausen 1803 zum Fideikommiß gemacht hatte, erhielt 1816 den preußischen Grafentitel.
Die Wasserburg wird 1491 erstmalig genannt. Im Jahre 1540 wurde sie zu
einem Renaissanceschloß mit Eck- und Treppenturm ausgebaut, und
zwar über älterem Bauwerk. Umbauten erfolgten 1671, 1699 und 1740.
Hierbei kam es zu einer hufeisenförmigen Erweiterung. Der gesamte
zweistöckige Bau ist als Bruchsteinwerk errichtet und verputzt. An der
unterschiedlichen Fenstereinsetzung des Keller- und Grundgeschosses
im Westflügel ist zu erkennen, an welcher Stelle die Erweiterung des
Baus seinerzeit angesetzt hat.
Ein Treppenturm in der Hofecke wurde 1540 über einem älteren Bau
errichtet.
Die in Sandstein gefaßten Fenster und Türen bringen noch die Formen-
sprache der Gotik zum Ausdruck. Hier ist eine ähnliche bauliche Entwicklung zu verfolgen wie bei der Schelenburg.
Das Portal auf der Südseite wird von einem Allianzwappen gekrönt.
Zwei Radzinnengiebel, davon der westliche mit Kugeln besetzt, auf dem
1540 geschaffenen östlichen Flügel sind das Werk der frühen Weserrenaissance. Es erinnert an die Schöpfungen des Tübinger Jörg Unkair
(vgl. S. 71 f.).

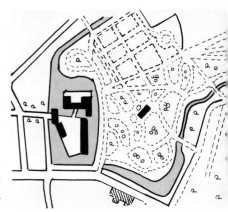

Schloß Tatenhausen.
O Orangerie.

Schloß Tatenhausen.
Torhäuser als Abschluß eines
Adelssitzes zeigen meist einen
repräsentativen Charakter.
Ein dreistöckiger Bau wie in
Tatenhausen erscheint selten.

Kostbare Möbelstücke, Silbergeschirr, Humpen und Wandteller und nicht zuletzt wertvolle Gobelins machen den sehenswerten Schatz des Schlosses aus.

Das dreigeschossige Torhaus der Vorburg mit rundbogigem Torweg und Walmdach entstand Anfang des 18. Jahrhunderts.

Seit der Mitte des 18. Jahrhunderts wurden in Deutschland, dem Bedürfnis der Zeit entsprechend, anstelle der Orangerien Warmhäuser für exotische Pflanzen der Tropen errichtet. Sie sind Pflanzenhäuser und Gesellschaftsräume zugleich. In diesem Sinne baute J. C. Schlaun 1751 im Schloßpark zu Tatenhausen ein Treibhaus und Gartenkasino, die sogenannte Franz-Annen-Burg. Links und rechts des ovalen Mittelbaus erstreckt sich je eine neunachsige Halle. Der Mittelbau mit ausgebautem Mansardendach, das von zwei Putten geschmückt wird, ist durch Portal mit Wappenkrönung und schmiedeeisernem Balkongitter ausgezeichnet.

Ein langgezogenes ostwärts gelegenes Wirtschaftsgebäude wird auf der dem Schloß abgewandten Seite von einem Treppengiebel abgeschlossen und gibt dadurch der Anlage einen besonderen Akzent.

Schloß Tatenhausen.
Die Orangerie, die soge-
nannte Franz-Annen-Burg,
ein ovaler Mittelbau mit seit-
lich anschließenden niedrigen
Hallen, wurden von J. C.
Schlaun erbaut.

Besitzer

1350	von Tatenhusen
1361	von Tatenhusen
1491	von Hoberg
1525–heute	von Korff-Schmising
	(seit 1816 Graf von Korff-Schmising)
	(Heirat)

Bauten

1540	Herrenhaus
1667	Schloßumbau
1671	Schloßumbau
1699	Schloßumbau
1739/40	Torhaus
1740	Schloßumbau
1751	Treibhaus

Brinke Haus Brinke, Stammsitz des gleichnamigen Geschlechtes, wird bereits 1231 erwähnt, als der ravensbergische Ritter Sigfridus von Brinke als Zeuge auftritt.

Seit 1700 gehört der Adelssitz der Familie von Korff-Schmising-Kerßenbrock.

Die Wasserburg liegt in Zweiinselform versteckt am Nordfuß des Teutoburger Waldes zwischen Borgholzhausen und Werther. Der heutige Bau wurde noch im Renaissancestil 1638 und 1674 geschaffen. Der ältere

Schloß Tatenhausen. Die hufeisenförmige nach Norden sich öffnende Anlage entstand ursprünglich auf zwei Inseln. Die beiden Radzinnengiebel des Ostflügels und der Treppenturm in der Hofecke geben dem Bau eine malerische Note.

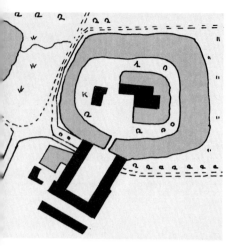

Haus Brinke.
Die ursprüngliche Zweiinsel-
lage ist noch zu erkennen.
Fast vollständig erhalten ist
der doppelte Wassergraben
um das Herrenhaus.
K Kapelle.

Trakt präsentiert sich als schmaler zweistöckiger Bau mit Steilgiebel, der jüngere als kräftiger kubischer Baukörper mit Walmdach. Die Buchstaben R I V K S W K G S F V K als eiserne Balkenkopfanker an einer Südwand angebracht, weisen hin auf »Rembert Jost von Korff Sybille Wilhelmine Korff gen. Schmising Frau von Kerßenbrock« als die Erbauer des Hauses. Das Bauwerk ist ohne Schmuck. Nur durch Sandsteingewände von Türen und Fenster wird der besondere Charakter des Herrensitzes herausgehoben. Als einzige Zierde erscheint ein bescheidenes Wappenschild über dem Eingangsportal. Das gesamte Bauwerk ist auf Eichenpfählen gegründet. Beachtenswert ist das Kellergewölbe des jüngeren Baus. Es besteht aus zwei sich kreuzweise durchdringenden Halbtonnen, die von einem Außenkranz schmalerer Gewölbejoche umgeben sind.

Im Innern des Herrenhauses beeindrucken Familienporträts, darunter ein Bild des Paderborner Bischofs Kerßenbrock, und zahlreiche Plastiken aus dem Bereich der christlichen Kunst. Ein gotischer Reisealtar dürfte als besondere Kostbarkeit angesprochen werden.

Doppelt geführte Graften umgeben das Herrenhaus, das bis auf die Westfront unmittelbar aus dem Wassergraben aufsteigt.

Westlich des Wohnhauses wurde 1898 auf künstlich geschaffener Steinpacklage eine im romanischen Stil gehaltene anspruchsvolle größere Kapelle errichtet. Die frühere befand sich im westlichen Torhaus, wo auch die Schule des Gutes untergebracht war.

Ferdinand von Kerßenbrock, dem Dompropst in Osnabrück unter den Bischöfen Karl von Lothringen und Clemens August von Bayern, war nach dem Tode seines kinderlos verheirateten Bruders das Haus Brinke zugefallen. Er setzte seinen Neffen als Erben ein. Der Besitz wurde, um ihn ungeschmälert zu erhalten, in ein Fideikommiß umgewandelt. Der neue Herr mußte sich verpflichten, eine Kapelle und eine katholische Schule auf dem Gut einzurichten sowie nach Möglichkeit nur katholisches Dienstpersonal einzustellen.

Der Propst veräußerte den allodialen Anteil des Gutes und trug mit dem Erlös wesentlich zur Restaurierung des Osnabrücker Domes bei. Ein großartiges Epitaph im Südquerarm der Kathedralkirche, von J. C. Schlaun und Ch. Manskirch geschaffen, erinnert noch heute an den 1754 verstorbenen hochherzigen Spender. »HONORIS ET IMMORTALIS GLORIAE MONUMENTUM« (Ein Monument der Ehre und des unsterblichen Ruhmes).

Die Schule wurde in den 30er Jahren dieses Jahrhunderts von der Gemeinde Barnhausen übernommen und in das Dorf verlegt.

Auf dem Gelände der ehemaligen Vorburg gruppieren sich die stattlichen Wirtschaftsgebäude zu einer Dreiflügelanlage. Die Wassergräben, die sie einst vollständig umgaben, sind nach 1920 bis auf den nordwestlichen Bereich zugeschüttet worden.

Der Ostflügel ist ein reiner Fachwerkbau, zum Teil mit weitausladenden spätgotischen Bohlenknaggen durchgezimmert. Seine Tordurchfahrt

*Epitaph des Dompropstes
Ferdinand von Kerßenbrock
(1676–1754) im Südquerhaus
des Osnabrücker Domes nach
einem Entwurf von Schlaun
von Manskirch ausgeführt.
Kerßenbrock bestimmte in seinem Testament, »daß in der
osnabruckschen thumb Kir-
chen, in welcher ich verlange
begraben zu werden, ein gutes
Epitaphium errichtet werden
solle«.
Die Zuversicht des von tiefer
Frömmigkeit erfüllten Dompropstes äußert sich in dem
Wahlspruch aus dem Psalm
38. Die Inschriftentafel hebt
seine Leistungen hervor.
» . . . Er war eine außer-
ordentliche Zierde des Klerus,
ein Wächter der Gerechtigkeit, ein Beschützer der Religion, ein Förderer des göttlichen Ruhmes, der sich der
Armen und Hilfsbedürftigen
ebenfalls annahm . . .«
Kerßenbrock war Erbherr
von Brincke, Overkamp, Nie-
haus, Horstmar, Laer, Rockel
etc., Kanonikus des Dom-
kapitels zu Münster, Propst
des Osnabrücker Domes und
von St. Johann. Unter Fürstbischof Clemens August
wurde er Präsident des
Geheimen Rates, der obersten
Landesbehörde, mit der
Ernennung zum Statthalter
von Osnabrück offizieller
Stellvertreter des Fürst-
bischofs, der selbständig Ent-
scheidungen treffen konnte.*

*Haus Brinke.
An den Eichentoren der
Durchfahrten der beiden
Wirtschaftsflügel erinnern
angenagelte Läufe von erjagtem Hochwild an die Zeit,
als die Herren von Haus
Brinke die hohe Jagd
»zwischen dem Osnabrücker
Dom und der Sparrenburg
besaßen«.*

wurde 1638 massiv aufgeführt. Im »langen Jammer«, wie der Ostflügel gern genannt wird, befand sich der Speicher, zu dem einst der Zehnte geliefert werden mußte. Hier waren auch Backstube, Räucherei, Pferdestall und Knechtskammern.

Der Westflügel ist ebenfalls in Fachwerk erstellt. Im Untergeschoß sind noch Bauteile der Spätgotik feststellbar. Die Tordurchfahrt und die hofseitige Wand wurden 1874 wieder in Renaissancemanier aufgearbeitet. In den wappengeschmückten Durchfahrten der Flügelbauten knarren noch immer die alten Eichentore, an die fast hundert Läufe von erjagtem Hochwild als Zeichen der hohen Jagd »zwischen dem Osnabrücker Dom und der Sparrenburg« genagelt sind.

In der Wand der westlichen Durchfahrt erscheint eingemauert ein geschweifter gotischer Ziergiebel mit Blendmaßwerk gefüllt, von Fialen flankiert und mit Kreuzblume verziert.

Das Kunstwerk stammt als Teil eines Sakramentshäuschens nach der Familienüberlieferung aus der Kapelle der Ravensburg.

Wenn auch das »Betreten der Höfe bei einem Taler Strafe verboten ist«, wie am Torpfosten zu lesen, und Schießscharten links und rechts der Tordurchfahrt noch immer nichts Gutes zu verheißen scheinen, wird sich der erwartungsvolle Fahrensmann nicht von einem Besuch abschrecken lassen. Die Schloßherrin selbst spricht vom Wandel der Zeit, dem wir alle unterworfen sind.

Als sie 1929, vierspännig und von 152 Reitern begleitet, in Brinke einzog, ahnte sie nicht, daß 16 Jahre später an ihrem Mittagstisch nicht Verwandte und Freunde, sondern 76 Vertriebene und Evakuierte sitzen würden.

Besitzer

1231–1334	von Brinke
nach 1350–1754	von Kerßenbrock
1754–1786	von Korff gen. Schmising-Kerßenbrock (Erbgang)
1786–heute	Grafen von Korff-Schmising-Kerßenbrock (Erbgang)

Bauten

1638	Westtrakt des Herrenhauses
1638	Osttor (Umbau)
1644	Westtor (Umbau)
1674	Osttrakt des Herrenhauses
1898	Kapelle

Haus Brinke.

Es ist ungewiß, ob die Ledenburg in Nemden, Gemeinde Bissendorf, **Ledenburg** eine eigene Gründung ist oder aus der Erbschaft der von Varendorf-Holte Ende des 14. Jahrhunderts stammt (siehe S. 19). Die erst im Jahre 1499 erfolgte Verleihung von Exemtionsprivilegien spricht für eine Gründung durch die Familie von Leden. Der ursprüngliche Name »Neue Holter Burg« müßte dagegen die Ledenburg als Rechtsnachfolgerin der alten Burg Holte kennzeichnen. Sie kam über die Familie von Leden, von Pladiese, von Grothaus, von Münster, Dr. Beerwald an Homann.

Die nach dem Brande der alten Burg 1627 renovierte Ledenburg und die zwischen 1657 und 1660 umgebaute Kommende Lage sind die letzten rechteckigen Burgtypen im Hochstift Osnabrück.

Das ursprüngliche Herrenhaus brannte 1618 ab. An seiner Stelle wurde eine geschlossene rechteckige Anlage geschaffen. Heute besteht die Burg nur noch aus den beiden im rechten Winkel zueinander stehenden

113

Flügeln des Haupthauses und dem vorgebauten ungleichseitigen Turm in deren Schnittpunkt. Ein Torhaus und die Nebengebäude nehmen die westlich vorgelagerte ehemalige Vorburg ein.

Eine Futtermauer grenzt Haupt- und Vorburg von der äußeren im Viereck geführten Graft ab. Die künstlich geschaffene Tonsohle verhindert ein Versickern des Grabenwassers.

Das Herrenhaus steigt unmittelbar aus der sie umziehenden Graft auf als ein schlichter zweistöckiger Bau über hohem Kellergeschoß. Schmale Gurtgesimse trennen die Geschosse voneinander. Eckverzahnungen des Turmes und Sandsteinverblendungen an den Fenstern und der Durchfahrt geben dem Bau eine gewisse Gediegenheit. Insgesamt wirkt die Fassade ruhig. Eine Besonderheit bilden die gekuppelten Fenster. Ein einfacher von kräftigen Konsolen getragener Sandsteinerker neben dem mit Pilastern und Kartuschen verzierten Haupteingang stellen das einzige äußere Schmuckstück der Burg dar. Wie bei den meisten Burgen üblich, wurde er nahe dem Tor angebracht, um den Eingang überwachen zu können. Er ist datiert von 1627. Als Inschrift lesen wir: VERBUM DOMINI MANET IN AETERNUM (das Wort des Herrn bleibt in Ewigkeit). Die Wappen von Grothaus und Pladiese sprechen für die Erbauer.

Bemerkenswert ist die repräsentative dreiläufige Treppe mit Sandsteinbalustern im Haupthaus, deren Podeste durch zwei Pfeiler unterstützt werden. Diese Ausführung gilt als frühes norddeutsches Beispiel einer neuen Treppenform anstelle der bisher üblichen Wendeltreppe. Die italienische Erfindung der geraden Stiege war im 17. Jahrhundert in Deutschland noch allgemein unbekannt.

Ledenburg gehört zu den Adelssitzen des Osnabrücker Landes, in denen Vorstufen zur modernen Tapete zu sehen sind. Hier erfreuen französische bemalte Wandbekleidungen aus Leinwand mit Chinoiserien, Vögel in Reserven, Blumen, Blumensträuße und Rocaille-Ornamente in Blau, Rot und Grau aus der Zeit um 1770 den Betrachter.

Die teuren Tapisserien wurden im 18. Jahrhundert durch mit Öl- und Leinfarben bemalte Wandbespannungen aus Rupfen (grobes Jutegewebe) oder Leinengeweben ersetzt. Bedeutende Künstler wie J. H. Tischbein d. Ä. und F. Kobell haben Entwürfe von Wandbespannungen geliefert. Tapisserien und bemalte Wandbespannungen waren die Vorläufer der Bildtapeten, deren holländischer Name »Behangsels« noch auf die historischen Vorläufer hinweist.

In den Adelssitzen Arenshorst, Brandenburg, Clemenswerth, Dankern, Eggermühlen, Hünnefeld, Kappeln und Langelage finden sich ebenfalls Vorläufer der heutigen Tapete in Gestalt von Tapisserien, Ledertapeten, bemalten Leinwandbespannungen und nicht zuletzt Fliesen in Wohnzimmern.

Ein mit Sandsteinfiguren dekorierter Kamin ist ein besonderes Schmuckstück der Ledenburg. Porzellankachelöfen und Sammlungen des jetzigen Besitzers aus der bäuerlichen Arbeitswelt vergangener Jahrhunderte stellen eine weitere Sehenswürdigkeit dar.

Der Überlieferung nach soll Herzog Johann von Schwaben (»Johann Parricida«), der 1308 seinen Onkel, den deutschen König Albrecht I. aus dem Hause Habsburg, ermordete, hier in der Verbannung gelebt haben. Ein bei der Burg um 1800 gefundenes Skelett und ein alter Stein – jetzt im Treppenhaus der Burg aufgestellt – mit der Inschrift »Johan van Oesterike« halten die Erinnerung wach.

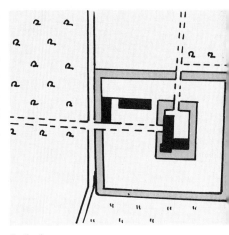

Ledenburg.
Graften mit Futtermauern
umgeben noch heute vollstän-
dig Haupt- und Vorburg.

Besitzer

vor	1499–1557	von Leden
um	1557–1603	von Ennigloh gen. von Pladiese (Erbgang u. Heirat)
	1603–1622	von Pladiese (Erbgang)
	1622–1776	von Grothaus zu Krietenstein (Heirat)
	1776–1951	von Münster (Heirat) (seit 27. 6. 1792 Graf z. M.)
	1951–1951	Dr. Beerwald (Kauf)
	1951–heute	Homann (Kauf)

Bauten
1627 Herrenhaus

Kommende Lage

Die Kreuzzugsbewegung des hohen Mittelalters zog auch am Hochstift Osnabrück nicht spurlos vorüber. Mancher Ritter trat von hier seine »Reise« ins Hl. Land an. Bauten der Johanniter und des Deutschen Ordens zeugen noch heute von jener Zeit, in der die Idee des Heiligen Krieges gegen die Ungläubigen geboren wurde.

Am 25. Juli 1245 übergab Graf Otto von Tecklenburg »dem Herrn Jesus Christus, der Jungfrau Maria, dem Hl. Johannis dem Täufer und dem Hospital in Jerusalem« seinen Herrenhof in Lage an der Hohen Hase (südwestlich Neuenkirchen). Als Ordenshaus der Johanniter wird dieser erstmalig 1253 erwähnt.

Die Kommende Lage zählte zu den reichsten Häusern der Ballei Westfalen. Sie besaß im Jahre 1403 52 eigenbehörige Höfe und 69 Pachthöfe sowie zahlreiche Zehnten. Im 18. Jahrhundert hatten 150 Eigenbehörige ihre Abgabe in Lage zu entrichten.

Da der Orden unmittelbar dem Papst unterstand, kam es zu Streitigkeiten mit dem Landesherrn. Bischof Dietrich von Horne versuchte, die Landeshoheit durchzusetzen, indem er der Kommende zwei Zehnte auferlegte – sein Urahn war noch an der Gründung der Kommende beteiligt. Von allen weltlichen Lasten und Abgaben befreit, verweigerten die Johanniter die verlangten Abgaben. »Von teuflischem Geiste

Ledenburg. Die Ledenburg gehört zu den letzten rechteckigen Burgtypen im Hochstift Osnabrück. Erhalten geblieben sind zwei Flügel. Der westliche ist reicher ausgebildet.

116

*Kommende Lage.
Löwenmensch vor der Tor-
durchfahrt im Westflügel.*

angetrieben«, überrumpelten der Bischof und seine Mannen in der Nacht zum 18. 2. 1384 die Kommende und raubten alles aus, was nicht niet- und nagelfest war. Lubbert von Dehem, Komtur von Steinfurt und Stellvertreter des Großpriors, leitete die ersten Schritte ein, um die Privilegien der Kommende vor Gericht zu verteidigen. Der Bischof wurde exkommuniziert und konnte sich erst durch Leistung von Schadenersatz vom Kirchenbann befreien. Er mußte seinen Anspruch auf Zins und Dienst aufgeben. Die Landeshoheit wurde jedoch von der Kommende später nicht mehr bestritten.

Von den 144 Ordensbrüdern der sieben Niederlassungen der niederrheinisch-westfälischen Balleien entfielen im Jahre 1341 allein auf Lage 45. Das war die gleiche Anzahl von Brüdern, wie in der Kommende Burgsteinfurt, dem Zentrum der Johanniter in Nordwestdeutschland.

Die Verweltlichung der Ordensgeistlichkeit und zunehmende Funktionslosigkeit des Ordens haben später, vor allem im 16. Jahrhundert, als große Teile des westfälischen Adels zum Protestantismus übertraten, einen allgemeinen Rückgang des Ordens und damit auch Verlust des Ansehens und des Einflusses zur Folge. Die Kommende Lage entwikkelte sich wie die anderen Ordenshäuser mehr zu einer Versorgungsstätte von Söhnen des Adels.

Wer in den Orden aufgenommen werden wollte, mußte ledig, ohne Schulden und von »guter wohlverständiger Vernunft« sein. Jeder Ordensbruder hatte 100 Sonnenkronen Aufnahmegebühr zu entrichten und außerdem »sein eigen Harnisch, Bussen und Gewehr« zu halten. Nach dreijähriger Bewährung vor dem Feind empfing der Ritter das achtspitzige Ordenskreuz und erhielt Anwartschaft auf eine Pfründe als Komtur in der Heimat.

Die Kommende Lage wurde 1811 aufgelöst und später der Klosterkammer in Hannover übereignet. Die gesamte Anlage ist heute in bürgerlichem Besitz und dient als Schloßhotel.

Das Ordenshaus bildete früher einen geschlossenen Vierflügelbau über hohem Kellergeschoß um einen geräumigen quadratischen Hof. Sie besteht jetzt nur noch aus drei Flügeln. Den zur Kirche gewandten Nordflügel mit dem Marstall beseitigte man im 19. Jahrhundert, und die Graften wurden hier zugeschüttet. Die einstöckigen Gebäude sind 1657 bis 1660 unter dem Komtur Johann Jacob von Pallandt errichtet worden. Der Turm an der Nordwestecke der Burg ist wahrscheinlich der Rest der ursprünglichen Anlage.

Über eine Steinbrücke, die von einem steinernen Löwen-Menschen bewacht wird, und eine Durchfahrt im westlichen Flügel gelangt der Besucher in den Innenhof. Den Rittersaal ziert eine Stuckdecke, welche die vier zur Zeit der Ausschmückung bekannten Erdteile zeigt und ein Wappen des Komturs Friedrich Wilhelm Graf von Nesselrode-Reichenstein, Admiral der Ordensflotte in Malta. Bilder von Malta und eine Ahnengalerie der Komture schmückten früher die Wände (heute im

*Kommende Lage.
Ornamentierte Stuckdecke des
Rittersaales mit Reliefs der
vier im 18. Jahrhundert
bekannten Erdteile.*

Städt. Museum in Osnabrück bzw. im Museum Bersenbrück). In Stuck gearbeitete Malteserkreuze im Flur des großen Längstraktes weisen auf die neue Aufgabe des Ordens hin, nachdem Karl V. ihm 1530 Malta als ewiges Lehen geschenkt hatte. Der Orden rettete die Insel vor den Türken und regierte dort 268 Jahre lang.

Die St. Johannis dem Täufer geweihte und 1416 über den Grundmauern des um 1300 errichteten älteren Hauses hochgezogene Kirche liegt außerhalb des Komturgebäudes. Zum historisch wertvollsten Teil des Gotteshauses gehört ein Eichenholz-Kruzifix, das durch den Osnabrükker Bischof Engelbert II. von Weihe geweiht wurde.

Die Kommende ist in den 70er Jahren renoviert und restauriert worden und befindet sich in einem sehr guten Zustand.

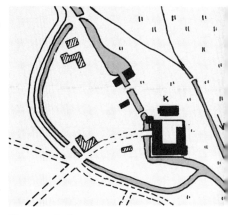

Kommende Lage.
K Kirche (Wallfahrtskirche;
Kreuztracht für die Gnade
einer guten Sterbestunde).

Besitzer

1245–1811	Johanniterorden
	Komture zur Lage:
1260	Gerhard von Varendorf
1264	Hermann von Hake
1300	Johann Dusenfoeth
1337	Johann Hunderlosse
1351	Bernhard von Kerckering
1364	Lubbert von der Heem
1376	Hermann von Hamelen
1400	Ludolf von Langen
1413, 1427	Johann Kruse
1431, 1448	Hermann von Brockhusen
1467, 1482	Johann von Varendorf
1488, 1530	Herbord von Snetlage
1535	Otto Graf von Waldeck
1549, 1550	Johann von Altenbockum
1564, 1577	Johann von Ledebur
1590	Moritz Letz von Molheim (gest. in Malta)
1593, 1625	Heinrich von Bernsau
1627	Jacob Christoph von Andelau
1627–1642	Kommende von den Schweden beschlagnahmt
1657, 1693	Johann Jacob von Pallandt
	(gest. 13. 11. 1693)
1702	Otto Theodor von Pallandt
	(gest. 23. 7. 1702)
1718	Johann Sigismund Graf von und
	zu Schaesberg (gest. 25. 9. 1718 in Malta)
1720	Johann Friedrich Schenk von Stauffenberg
	(gest. 29. 4. 1720 zwei Tage vor Amtsantritt)
	Friedrich Wilhelm Graf von Nesselrode-
	Reichenstein, Admiral der Ordensflotte

Kommende Lage. Südflügel. Im Hintergrund Turm der Wallfahrtskirche.

1774, 1783	Fidelis Joseph Felix Ignatz Freiherr von Schönau-Wehr
1785, 1793	Ferdinand Joseph Hermann Anton Freiherr von Hompesch
1800, 1810	Johann Baptist Reinard Freiherr von Pfürdt zu Carspach
1811–1813	Fremdherrschaft
1813–1818	der Admin. Kommission unterstellt
1818–1824	der Oberaufsicht der hann. Landdrostei in Osnabrück unterstellt
1824–1964	der Klosterkammer in Hannover bzw. dem Klosterrentamt Osnabrück unterstellt
1964–heute	Blomeier (Kauf)

Bauten
1416	Burgkapelle
1657–1660	Vierflügelbau
1864	Abbruch des Pforthauses

Der Schloßbau des Barocks Der altwestfälische Raum ist nicht unmittelbar von der Bauwelle des Barocks erfaßt worden, wie etwa das südliche Deutschland. Der strenge französische, der schwere holländische und der bewegte römische Barock fanden durch fremde Baumeister den Weg nach Norden. Der einzige große und maßgebende Meister des Barocks, den Westfalen hervorbrachte, Johann Conrad Schlaun, wirkte auch im Osnabrücker Land.

In der Zeit des Frühbarocks ist die geschlossene Vierflügelanlage das Vorbild für den Schloßbau. Das vertikale Streben des Bauwerkes ist noch unverkennbar. Die Wehrhaftigkeit tritt jedoch ganz in den Hintergrund und wird nur an den Toren, an Schießscharten unter den Ecktürmen u. ä. sichtbar. Langsam entwickelt sich ein planmäßiges, auf Zweckmäßigkeit des Wohnens und auf ein angemessenes äußeres und inneres Bild gerichtetes Bauen. Das breitgelagerte Herrenhaus, in dem als »piano nobile« das bequeme erste Geschoß bewohnt wird, ist der neue erstrebenswerte Wohnbau. Im Hochbarock kennzeichnet den Adelssitz das Corps de logis mit seitlich vorgesetzten Flügelbauten. Die repräsentative Hufeisenform mit offenem Ehrenhof und nicht selten Türmen an den Enden der beiden Flügel ist über das ganze 18. Jahrhundert herrschend.

Zuerst waren Hauptbau und Seitenflügel noch eng verbunden. Später wurden die einzelnen Gebäudeteile voneinander getrennt. Da die Seitenbauten meist nur als Wirtschaftsgebäude bestehen, ist diese Entwicklung verständlich. Gewöhnlich wird ein Abstand vom Herrenhaus zu den Seitenflügeln eingehalten, der etwa der Breite einer Graft entspricht, die die Hauptburg von der Vorburg trennt.

Nicht nur die eigentlichen Schloßbauten zeichnen sich durch ihren symmetrischen Aufbau aus, auch die Wirtschaftsgebäude werden entsprechend gegliedert, in langen Trakten zusammengefaßt und begrenzen an den beiden Seiten den Hofplatz. Torhäuser entstehen als Gegenstücke der Herrenhäuser und schließen die rechteckige Anlage an der einen Schmalseite ab (Gesmold, Holtfeld, Kappeln).

Nach der Mitte des 18. Jahrhunderts entstehen auf dem Lande Schloßbauten nach den Maßstäben, wie sie der Franzose Jacques François Blondel für »Maisons de Plaisance« aufgestellt hat. Der Architekt soll nach den Grundsätzen von Angemessenheit (convenance) und Bequemlichkeit (commodité) verfahren. Zurückhaltende Formen werden verlangt. Vom Baumeister wird erwartet, daß er mit Hilfe der Grazie die Schönheit des Gebäudes und seiner Einzelteile als Ganzes begreift. Er habe »la simétrie« zu beachten, sie sich auf die Höhe, Länge, Breite und Tiefe der Bauteile erstreckt, dem Gebäude das straffe Aussehen gebe und ihren wahren Wert ausmache. Die Gesamtkomposition dürfe nicht aus den Augen gelassen werden. Schließlich müsse allen Teilen des Bauwerkes Harmonie innewohnen.

Die kraftvolle Lebendigkeit und überschwengliche Pracht des süddeutschen Barocks suchen wir im deutschen Norden vergeblich. Doch die Spannung zwischen Diesseits und Jenseits, das eigentliche Grundprinzip des Barocks, und ihre Lösung in der Harmonie sind auch hier deutlich sichtbar. Barocke Stilelemente mit starker Licht- und Schattenwirkung, wie sie Italien kennt, und antike Formen, wie sie in Holland und Frankreich gepflegt werden, finden sich jedoch auch in den Barockbauten Nordwestdeutschlands. Hier beleben ebenfalls Pilaster, Lisenen, Risalite, profilierte Gesimse und nicht zuletzt Bandelwerkdekor (Clemenswerth, Hüffe) die Außenflächen. Das Walmdach erscheint in eleganteren Formen. Neu tritt das Mansardendach auf, welches das Dachgeschoß aufnimmt. Breite Treppenhäuser werden geschaffen und nicht selten prunkvolle durch mehrere Geschosse gehende Säle. Wände erscheinen mit Spiegelfüllungen, und die Flächen über den Zimmereingängen schmücken Supraporten. Prunkräume erhalten feine Stuckdecken (Kommende Lage, Kappeln).

In den Rittersitzen des Osnabrücker Landes wirkt sich vor allem das französische Vorbild aus.

Schon im 16. Jahrhundert legt Bischof Johann IV. in Fürstenau einen »köstliche(n), wunderschönen« Garten mit Springbrunnen an. Der wohlgeordnete Garten der Antike, wie ihn die Literatur überlieferte, und die bescheidenen Kreuzganggärten der Klöster des Mittelalters gaben Anregung für das Entstehen der ersten Renaissancegärten. Nach der Mitte des 15. Jahrhunderts wurde die neue Auffassung erstmalig in den

Schloß Osnabrück. Blick vom Katharinenkirchturm auf das Schloß.

124

Gärten der Päpste verwirklicht. Regelmäßigkeit der Anordnung von Bäumen und Buschwerk, Brunnen und von Statuen umgebene Wasserkünste machen den Garten zu einem Schmuckstück. Entsprechend dem Kunstverständnis der Hochrenaissance mußten schließlich Innen- und Außenraum, Bauwerk und Natur ausgeglichen sein. In der Folgezeit wird der architektonisch geordnete Garten das Hauptanliegen. Es entstehen Schloßgärten in Barenaue, Eggermühlen, Gesmold, Hünnefeld, Ippenburg, Loxten und an anderen Plätzen.

In der Barockzeit steht der Garten in engster Verbindung mit dem Bauwerk und wird zum Festsaal für die adelige Gesellschaft. Er ist der Höhepunkt einer Entwicklung, die die Natur schließlich zu einem Kunstwerk formt. Die Durchdringung von Architektur und Landschaft, das Verhältnis zwischen Skulptur und gärtnerischer Komposition ist für die Gesamtplanung des Barockmeisters entscheidend. Daher arbeiten Architekt und Gartenarchitekt Hand in Hand. Das Künstliche mit dem Natürlichen zu einer ästhetischen Lösung zu verbinden, bleibt die Hauptaufgabe.

Die Gartenkunst des Barocks und des Rokoko richtet sich in Deutschland nach französischen Vorbildern. Mit Zirkel und Lineal, mit Messer und Schere wird gearbeitet, um Alleen und Wege, Bäume und Hecken, Rabatten und Blumenbeete zu formen und damit eine »Grüne Architektur« zu schaffen.

Auf der Gartenseite des Schlosses breitet sich das Parterre aus mit meist geometrisch angelegten Blumenbeeten und Wasserstücken, dahinter liegen die Bosketts, Lustwäldchen mit Durchblicken zu Springbrunnen und Skulpturen. Sie stehen im größten Kontrast zur strengen geometrischen Anlage des Gartens und dienen der Entspannung. Hier gibt es nicht selten ein Labyrinth, das den Spaziergänger in die Irre führt (Surenburg). In bescheidenen Gärten herrscht das »parterre à l'anglaise« vor, das Englische Parterre, mit einfachen Rasenstücken und blumenbepflanzten Rabatten. Das »parterre des pièces coupées« aus symmetrisch angeordneten, von geschnittenen Buchsbaumhecken eingefaßten Blumenrabatten beherrscht den Garten des wohlhabenden Adligen. Das »parterre de broderie«, das Teppichbeet, mit ornamentalen Flächenbelegen ist die kostbarste Ausbildung des Barockgartens.

Entsprechend der Blumensymbolik des mittelalterlichen Gartens werden in den barocken Gartenanlagen allegorische Figuren wie »Luft«, »Wasser«, »Erde« und »Feuer«, die Erdteile (Eggermühlen) oder Gestalten der griechischen und römischen Götterwelt (Dankern) errichtet. Sie sollen ebenso wie Wasserkünste und Springbrunnen (Sögeln, Barenaue) den weiten zur Verfügung stehenden Naturraum nicht als Leere erscheinen lassen und dem Park bestimmte Akzente geben. Das fehlende Wasser wird nicht selten von weither geleitet (Barenaue, Königsbrück).

Bedeckte und offene Alleen und Wege führen durch die Weite der Gärten und münden sternförmig in Rondells. Von der Mitte des Schlosses weist oft eine breite Allee geradewegs in die Tiefe des Gartens und weiter in die Landschaft und wird damit zur Hauptachse (Hünnefeld).

Der Barockgarten kennt Parkbauten wie Tempel, Pagoden, Teehäuser, Moscheen, künstliche Ruinen, römische Wasserkastelle, ägyptische Obelisken und ähnliches. Sie entsprechen dem Zeitgeschmack, der die Antike, das Ägyptische, das Orientalische und schließlich das Chinesische gern zu gestalten versuchte, wie umgekehrt im Orient und in China das Europäische Mode war. Das Fremdländische sollte besondere Stimmungen zum Ausdruck bringen. Im übrigen genoß man den Reiz des Exotischen. Das Nebeneinander der verschiedenen Kulturen und Stile deutet an, wie sehr man für Abwechslung Sorge trug.

Auch Grotten gehören zum festen Bestand der Anlage. Selten fehlen Orangerien (Ostenwalde, Tatenhausen), Fasanerien und Tiergärten (Gesmold).

Nach der Mitte des 18. Jahrhunderts wandelt sich das Bild der Gartenlandschaft als Reaktion gegen die »Unnatur« der starren Linien und Formen. Es wird der Landschaftsgarten geschaffen. Der ungestutzte Park ohne künstliche Begradigung der Wege und Alleen wird jetzt beliebt. Der einzelne Baum und die Baumgruppe gewinnen an Bedeutung (Ostenwalde). Das »natürliche Gartenideal« beginnt sich durchzusetzen. Von England kommt die Idee dieser Gartengestaltung. Der vorhandene Wald wird »nur durch die Kunst etwas gelüftet und geordnet«. Man sollte keine Regel bemerken. Durch ein kunstreiches Spiel mit Bäumen und Sträuchern, mit Grasflächen und Gewässern versucht man, unterschiedliche Stimmungswerte in den einzelnen Gartenabschnitten zu erzielen. Der Besucher sollte durch »melancholische« oder auch »heroische« Abschnitte gehen können und durch reizvolle Naturbilder überrascht werden. Schließlich wird die freie Landschaft mit in die Gestaltung einbezogen (Ippenburg, Surenburg).

Seltene Bäume, wie Zedern, Sequoien und Magnolien, werden angepflanzt (Hünnefeld, Surenburg). Den selbständigen Garten mit Blumen, Obst und Gemüse verwirklicht man erst Ende des Jahrhunderts. Hierbei wird den Blumen ein eigener Bereich zugestanden und diese auf Beeten im Rasen, ähnlich den Teppichgärten im Stil des barocken Parterre oder als Rabatten, angelegt. Die Lust, einen Garten mit Bäumen zu bepflanzen, bleibt auch in der Zeit des Bürgertums des 19. Jahrhunderts lebendig.

Osnabrück

Das bischöfliche Schloß in Iburg genügte nicht mehr den gestiegenen Ansprüchen noch entsprach es dem Wunsch nach größerer Repräsentation. Fürstbischof Ernst August I. von Braunschweig-Lüneburg entschloß sich daher, seine Hofhaltung von Iburg nach Osnabrück zu verlegen.

Das Osnabrücker Schloß entstand als größtes der fürstlichen Barockschlösser Niedersachens in der Neustadt unmittelbar am Neuen Graben. Der Bau wurde 1668 begonnen. Der Hauptflügel war 1673 so weit hergestellt, daß der Einzug erfolgen konnte. Ernst August war ein weitgereister und gelehrter Herr, der zusammen mit seiner kunstsinnigen Frau Sophie von der Pfalz eigene Vorstellungen über die Schloßbaukunst besaß. Er ließ einen Palast ohne Wall und Graben bauen, der ausschließlich dem Wohnen und dem standesgemäßen Auftreten diente. Nach der Vollendung des Gesamtbaus zog der Bischof nach Hannover. Zum letzten Mal diente das Osnabrücker Schloß dem Bischof Friedrich, Herzog von York, Ende des 18. Jahrhunderts als Residenz.

Der viergeschossige Bau mit hohem Walmdach wurde dem Wunsch des Fürstbischofs entsprechend zwar nach dem Vorbild des Palais du Luxembourg in Paris errichtet, doch sind auch Anregungen aus anderen Teilen Europas verarbeitet worden (Schloß Raudnitz in Böhmen, Palazzo Cornari in Rom u. a.). Der Bauentwurf stammt wahrscheinlich von Philippo Carato. Mengershausen und Meuschen sowie später Nicolo von Montalbano waren am Bau beteiligt.

Um den rechteckig umschlossenen Ehrenhof gruppieren sich symmetrisch das Corps de Logis sowie vorn und an den Seiten niedrigere zweigeschossige Trakte. Die Symmetrie des Ganzen wird durch Schloßeingang und dreiteilige überbrückte Durchfahrt betont, die beide in der Schloßachse liegen.

Der siebzehn Achsen lange Hauptbau ist durch Gurtgesimse gegliedert, so daß sich die einzelnen Geschosse klar abheben. Der Wechsel zwischen zwei Voll- und zwei Halbgeschossen erinnert an die Geschoßeinteilung des Amsterdamer Rathauses. Sockel, Tür- und Fenstergewände wie auch die Gesimse und Eckverzahnungen sind aus Sandstein gearbeitet.

Eine besondere Qualität bildet das Portal am Hauptbau, das von seitlich postierten ionischen Säulen mit verkröpftem Gebälk geschmückt wird. Über dem Giebelfeld erscheint das von Löwen gehaltene große Wappen des herzoglichen Hauses Braunschweig-Lüneburg. Die Herrschaften und Länder, die im Laufe der Zeit durch Heirat, Erbvertrag oder Kriege hinzukamen, sind hier aufgenommen. Unter dem Wappen heißt es auf einer Kartusche: Ernestus Augustus, Dei gratia Episcopus Osnabrugensis, Dux Brunsvicensis ac Luneburgensis. 1675. Sola bona quae honesta (Ernst August von Gottes Gnaden Bischof von Osnabrück, Herzog von Braunschweig und Lüneburg. 1675. Gut ist nur, was ehrenhaft ist).

Schloß Osnabrück.
Überlebensgroße Statuen, die
Erdteile verkörpernd.
Ursprünglich vor der Orange-
rie des Schlosses Eggermühlen.

Eine Balusterbrüstung verdeckt den Dachansatz der beiden Flügelbauten und gibt ihnen einen respektablen Abschluß. Beherrschende Räume waren der zweigeschossige Saal in den beiden oberen Stockwerken und die weiträumige Vorhalle im Erdgeschoß. König Georg III. von Großbritannien und Kurfürst von Hannover ließ für seinen zum Bischof gewählten Sohn Friedrich von York das Innere des Corps de Logis umgestalten.

Das Schloß wurde im Zweiten Weltkrieg bis auf die Außenmauern zerstört, wobei auch die Inneneinrichtungen vollständig vernichtet wurden. Nach dem Wiederaufbau und der Neugestaltung des Inneren diente das Schloß, in dem vor dem Krieg verschiedene Behörden untergebracht waren, von 1953–1973 der Pädagogischen Hochschule und steht heute der Universität als Vorlesungs-, Seminar- und Verwaltungsgebäude zur Verfügung.

An der Rückseite der Residenz hatte 1674 der französische Gärtner Martin Charbonnier einen Garten angelegt, in dem einige Besonderheiten des späteren »Großen Gartens« zu Herrenhausen vorweggenommen waren.

Links und rechts entlang einer breiten Mittelachse lagen quadratische Parterrestücke, die wiederum von vier ebenfalls quadratischen Feldern mit Kübelgewächsen seitlich begleitet wurden. Hinter einer abschließenden Heckenwand breitete sich das gleichmäßig bepflanzte, von einem kleinen Teich und einer Insel unterbrochene Boskett aus. Ein Kanal, an die schützenden Aufgaben der Graften erinnernd, umgab die Anlage; eine Mauer trennte diese vom Obst- und Gemüsegarten.

Es sind hier eher die Grundgedanken der italienischen Gartenkunst und holländischer Einfluß wirksam geworden als französische barocke Raumgestaltung.

Als die Herzogin Sophie nach Hannover übersiedelte, klagte sie: »Ich werde mein Leben lang den Garten und das Schloß in Osnabrück vermissen. Mein Garten, meine Blumen, mein Haus, meine Möbel! Ich finde mich dieser Freude auf einmal beraubt.« Sie wußte noch nicht, daß sie später vom Barockgarten in Herrenhausen, den ebenfalls auf ihren Wunsch Charbonnier gestaltete, sagen würde: »Le jardin de Herrenhausen, c'est ma vie« (Der Garten von Herrenhausen ist mein Leben).

Vom barocken Park, dem Marstall und den Wirtschaftsgebäuden ist in Osnabrück nichts mehr erhalten geblieben. Nur vier nachträglich vor der Gartenfront des Schlosses aufgestellte überlebensgroße Statuen, die im 18. Jahrhundert bekannten Erdteile verkörpernd, und zwei Herkulesse vor der Westseite des Baus erinnern an die barocke Welt. Die Letztgenannten sind als Spiegelplastik ausgeführt und stellen eigentlich nur einen Herkules dar. Der Sohn des Zeus und der schönen Alkmene von Theben erfreute sich als Halbgott schon immer besonderer Beliebtheit bei den bildenden Künstlern. In der Barockzeit wurde er wegen seines heldenhaften und unermüdlichen Strebens besonders verehrt.

Gartenansicht des Osnabrücker Schlosses. Anstelle des unter Georg III. angelegten »parterre de compartiment« mit Ornamentfiguren als abstrakte Gebilde ist eine große Rasenfläche getreten.

Schloß Osnabrück. Über dem Giebelfeld des Hauptportales das von Löwen gehaltene große Wappen des herzoglichen Hauses Braunschweig-Lüneburg.

Die Figuren stammen vom Schloß Eggermühlen (siehe S. 147) und vom Schloß Sutthausen.

Moderne Wasserspiele, ein großer Rasenteppich und begrenzende Baumgruppen geben dem Schloß einen ansprechenden Rahmen.

Der Gedanke der ursprünglichen geometrischen Gliederung des Gartens wird in absehbarer Zeit wieder Gestalt gewinnen. An zentraler Stelle ist im Bereich des ehemaligen Teiches auch ein dem Gartenstil entsprechendes Rundbecken mit Fontäne vorgesehen.

Wulften

Am Rande des Dütetales, westlich der Straße von Osnabrück nach Georgsmarienhütte, nur wenig mehr als einen Kilometer von der einstigen Wasserburg Sutthausen entfernt, liegt in einer feuchten Niederung Schloß Wulften. Nach Verkauf des in Parzellen aufgeteilten Gutes in den Jahren 1916 und 1917 zeugt nur noch der repräsentative Schloßbau von dem ehemaligen Rittersitz.

Wulften wird bereits 1147 urkundlich erwähnt. Die ersten nachweisbaren Besitzer waren die Herren von Lingen, die 1312 in Nähe der Burg eine Kapelle errichteten. Im 15. Jahrhundert residierte hier der streitbare Ritter Friedrich von Buck, der schwere Fehden mit der Stadt Osnabrück hatte, die zu seiner Haft in dem nach ihm benannten Bucksturm führte. Obwohl der Ritter am 29. Mai 1456 Urfehde geschworen und gelobt hatte, bis zum nächsten Michaelis die Burg Wulften zu schleifen und nicht wieder aufzubauen, hielt er sein Versprechen nicht.

Wulften erlebte in den nächsten beiden Jahrhunderten schwere Zeiten. Im 16. Jahrhundert wurde es von Braunschweigern geplündert, während des 30jährigen Krieges von den Dänen, den Schweden und von den Kaiserlichen.

Durch Kauf gelangte das Gut in die Hand der Herren von Moltke, die einem seit dem 13. Jahrhundert nachweisbaren Mecklenburger Adelsgeschlecht angehören. Gustav Bernhard von Moltke, früherer Hofmarschall in Hannover, nach Übertritt zur katholischen Kirche Geheimer Rat in Osnabrück und Drost des Amtes Fürstenau, erbaute 1682 bis 1684 das heutige dreigeschossige Schloß. Es wurde anstelle einer alten fast quadratischen von Gräben und Wällen umgebenen Vierflügelanlage, die bis auf die Grundmauern abgebrochen wurde, geschaffen. Taube, Moltkes Sekretär, macht 1673 in seiner Begründung von Rechtsansprüchen gegenüber dem Hochstift Osnabrück folgende aufschlußreiche Bemerkung über Lage und Aufgabe der Wasserburg: »Allein, da die Verfassung unseres Vaterlandes sich durch heilsame Abschaffung des barbarischen Faustrechts und der unmenschlichen Befehdungen dergestalt verändert hatte, daß die alten Schlösser keiner Festungswerke mehr bedurften, so hat der Vater des jetzigen Inhabers die uralten Wälle und Mauern niederreißen und die Moräste in angenehme Gärten verändern

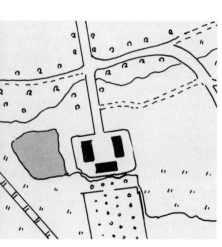

Lageplan von Schloß Wulften.

lassen. Inzwischen ist doch dieses Schloß, dessen morastige Lage sich ohnedem zu einer Festung nicht übel schicket, noch heutigen Tages mit tiefen, breiten und angefüllten Gräbern versehen, so daß man drei Brük-ken vor sich hat, ehe man zum Wohnsitz selbst gelangen kann.

Wozu auch noch hinzukömmt, daß man die Gegend ringsumher ziem-lich unter Wasser setzen und durch Aufziehen der vordersten und hin-tersten Zugbrücken einen plötzlichen Überfall oder einen streunenden Feind im Notfall noch abwehren könnte.«

Wulften gehört zu den frühen Beispielen eines Schloßbaus, der aus-schließlich der Repräsentation dient. Wahrscheinlich ist das Herrenhaus von dem gleichen italienischen Baumeister geschaffen worden, der das Osnabrücker Schloß mitgestaltet hat.

Die straffe Gliederung der durchgefensterten Fassade des 13 Achsen lan-gen Schlosses kennzeichnet die neue Baugesinnung, die ganz auf vor-nehme Darstellung bedacht ist. Die unterschiedliche Größe und Form der Fenster in den einzelnen Stockwerken auf der Gartenseite bringt die Bestimmung der dahinter liegenden Räume zum Ausdruck. Die Mittel-achse wird auf der Frontseite durch ein Eingangsportal in gegliederter Sandsteineinfassung, darüber ein heute stark verwittertes Wappen, durch eine Fensterbalustrade im ersten Geschoß sowie flachen Dreiecksgiebel betont.

Im Grundriß kommt die beherrschende Anordnung von Saal und Haupttreppe klar zum Ausdruck. Im 1. Stock befanden sich die Reprä-sentationsräume und im Zwischengeschoß unterm Dach die Kammern für das Dienstpersonal. Die Wirtschaftsräume lagen zu ebener Erde. Die Küche war durch einen im Innern des Gebäudes geschaffenen Treppen-

*Schloß Wulften.
Eingangstür in gegliederter
Sandsteineinfassung, darüber
stark verwittertes Wappen.*

turm unmittelbar mit dem Saal im 1. Stock verbunden. Im Erdgeschoß hatte auch die bescheidene Hauskapelle Platz gefunden.

Der Saal reichte durch beide Obergeschosse, er war als wichtigster Raum in die Mittelachse genommen. Die zweiflügeligen Türen der Repräsentationsräume im Hauptgeschoß lagen einander gegenüber, entsprechend dem französischen Vorbild »par enfilade«, so daß jeder Raum Glied in einer langen Kette wurde. Das Zimmer als geschlossene Einheit existierte hier nicht mehr.

Beim Umbau des Schlosses 1964 wurde das innere Gefüge völlig verändert und zu Wohnungen umgestaltet.

In wirkungsvolle architektonische Beziehung zum Herrenhaus stehen zwei symmetrisch vorgesetzte langgestreckte Wirtschaftsgebäude.

Eine von zwei Torpfeilern flankierte Einfahrt verbindet die gesamte Anlage mit der Außenwelt. Die früher die Burg umgebende Graft ist zugeschüttet. Lediglich vor der Gartenfront zieht sich noch ein schmaler Wassergraben entlang, der westlich des Schlosses zu einem kleinen Teich erweitert ist.

Der heutige Besitzer hat den äußeren Zustand von 1686 im ganzen wiederherstellen lassen.

Als Besonderheit verdient der frühere Anspruch von Wulften auf die hohe und niedere Gerichtsbarkeit festgehalten zu werden. Das Recht der hohen Gerichtsbarkeit, die Entscheidung über Leben und Tod, ist für die Rittersitze des Hochstiftes Osnabrück eine Ausnahme. Nur Wulften und Gesmold besaßen es.

Das Gefängnis befand sich im Pforthaus, das 1739 wegen Baufälligkeit abgebrochen wurde. Der Galgen stand südwestlich von Schloß Wulften an der Pattkenheide auf dem sogenannten »Halbmond«. Nachdem die Gerichtsbarkeit eine Zeitlang nicht ausgeübt worden war und der Feldmarschall Philipp Ludwig von Moltke 1754 einen Gerichtstag abhalten wollte, erhoben die beiden Häuser Sutthausen, die innerhalb des Wulftener Gerichtsbezirk lagen, Einspruch. Es kam zu langwierigen Prozessen, die schließlich 1825 dahingehend entschieden wurden, daß dem Hause Wulften eine beschränkte niedere Gerichtsbarkeit über die Wulftener Mark zugestanden wurde.

Besitzer

	12. Jahrh.			von Wulvena (?)
	1312 –	nach	1383	von Lingen
nach	1838 –		1486	von Buck (Kauf)
	1486 –		1682	von Snetlage (Kauf)
	1682 –		1782	von Moltke (Kauf)
	1782 –		1848	von Staël (Kauf)
	1848 –		1916/17	Graf von Fürstenberg-Herdringen (Heirat)

1917 –	1917	Stahmer (Kauf)
1917 –	1929	Graf von Galen zu Assen (Tausch)
1929 –	1962	Stadtgemeinde Osnabrück (Kauf)
1962 –	heute	Karl Krone (Kauf)

Bauten

1682/1684	Herrenhaus
1686	zwei Wirtschaftsgebäude
1964	Umgestaltung des Herrenhauses
1964	Umgestaltung der Wirtschaftsgebäude

Alt Barenaue

Ende des 13. Jahrhunderts errichteten die von Bar am Südrand des Gro-ßen Moores eine Wasserburg. Sie kamen vermutlich vom Berlinghof, ihrem allodialfreien Besitz, 1,5 Kilometer südöstlich am Fuße des Kalk-rieser Berges. Auch Barenaue wurde als »vry dorslacht egen gud« angese-hen. Das noch heute der Familie gehörende Freigut war bis Ende des 18. Jahrhunderts Wohnsitz der Herren von Bar, die urkundlich 1341 als Burgherren von Barenaue bezeugt und deren jeweils ältestes Glied seit 1366 das Amt des Erblanddrosten ausübte. Dieser führte in den Ver-sammlungen der Ritterschaft den Vorsitz und vertrat diese beim Bischof von Osnabrück und auf den Landtagen. Heinrich Sigismund von Bar, der das Privatvermögen der Herzogin Sophie Dorothea, der geschiede-nen Gemahlin des Kurfürsten Georg Ludwig von Hannover, verwaltete, erhielt 1720 die erbliche Reichsgrafenwürde. Die gräfliche Linie starb schon 1765 aus.

Von der mittelalterlichen Burg (vgl. S. 11) sind keine Reste mehr vorhan-den. Sie brannte 1651 ab mit Ausnahme des Turmes, der ein Jahrzehnt später abgebrochen wurde.

1661 entstand auf dem ehemaligen Burggelände eine vierflügelige Schloßanlage. Der gesamte westliche Trakt wurde vom Herrenhaus ge-bildet, dessen unteres Geschoß den durch zwei Etagen reichenden Saal, Bibliothek, Eßzimmer, Küche und Nebenräume aufnahm; der obere Stock besaß mehrere Wohn- und Schlafzimmer. Ein Zimmer hatte gold-lederne Tapeten, ein anderes Wandverkleidungen von »Gobelins und rotem Seidenzeug«. In einer kleinen »Gobelin-Stube« bestand der Fuß-teppich aus grünem Tuch, in einem Schlafgemach, »mit großen Betten« hingen Gobelins und seidene Gardinen. Der Südflügel des Schlosses wurde für das Gesinde in Anspruch genommen, ein Teil diente als Brau-haus. Im Osten lagen die Ställe für das Rindvieh und die Wagenremisen. Den Nordflügel bildeten Kapelle, Torhaus, Pferdestall und Gefängnis-turm. Die St. Johannis geweihte Kapelle mit dem Recht der Haltung eines eigenen Priesters wurde schon 1341 erwähnt. Sie ist heute ver-schwunden.

Alt-Barenaue.
Plan von Schloß und Park
des Schlosses um 1720.

Alt-Barenaue.
Torturm von 1689.

Der Torturm – das malerische Kennzeichen von Alt-Barenaue – gibt noch eine schwache Vorstellung von der einstigen Schloßherrlichkeit. Über seinem quadratischen massiven Sockelgeschoß erhebt sich ein achteckiger von einer welschen Haube bedeckter Fachwerkbau. Das stark verwitterte Sandsteintor ist mit einem Renaissancegiebel und Wappen im Giebeldreieck dekoriert. Der eichene Torflügel zeigt kaum erkennbar in schwarz-rot-goldenen Farben den Adler des Heiligen Römischen Reiches Deutscher Nation.

Die Ausmalung ist Heinrich Sigismund von Bar zu verdanken. Dieser hatte im Verlaufe eines Prozesses das bewegliche Gut der Herzogin Sophie Dorothea (Prinzessin von Ahlden) in seinem Schloß aufbewahrt. Der Kurfürst in Hannover drängte auf Herausgabe. Heinrich Sigismund wandte sich um Hilfe an Kaiser Karl VI. in Wien. Die Burg wurde unter höchsten Schutz gestellt. Als sichtbares Zeichen durfte der Reichsadler am Tor erscheinen.

Nach mündlicher Überlieferung der Familie von Bar ist eine aus Diepholz entsandte Schwadron hannoverscher Dragoner, die sich des Gutes der Prinzessin gewaltsam bemächtigen wollte, nach Anblick des Reichsadlers unverrichteterdinge wieder abgezogen.

Der Pferdestall ragt mit einem kleinen Eckturm, in dem das Gefängnis untergebracht war, in die Graft hinein. Der Wunsch nach Belebung der Wände führte im 18. Jahrhundert zur Ausmalung des Stalles mit Pilastern und Büsten lorbeergeschmückter Männer über den hohen Futterkrippen.

Ungünstiger Baugrund trug schon frühzeitig bei zum Verfall und zum Abbruch des Herrenhauses.

Im Jahre 1818 wurde im Westen des ehemaligen Schloßgeländes über altem Kellergewölbe ein bescheidenes zweistöckiges Wohnhaus errichtet. Als Sitz der Familie von Bar diente später das etwa einen Kilometer südwestlich des alten Rittersitzes in den Jahren 1857 bis 1862 im neuromanischen Stil erbaute neue Herrenhaus (siehe S. 232).

Ein Stich aus der Zeit nach 1720 gibt eine barocke Gartenanlage wieder, die das Schloß im Osten, Süden und im Westen umgibt. Der im »Versailler Stil« geschaffene sogenannte Blumengarten konnte erst angelegt werden, nachdem vorher das Gelände mit Sand erhöht worden war. Dieser mußte in Hunderten von Fuhren aus dem kilometerentfernten Wittefeld herangeschafft werden. Die Anlage hat keinen unmittelbaren Bezug zum Schloßbau. Sie behauptet sich jedoch durch Größe und Qualität gleichgewichtig neben dem Bauwerk. Der Garten ist streng geordnet und in einzelne Abteilungen symmetrisch aufgebaut. Ostwärts des Schlosses liegt ein in schmale Streifen eingeteilter Nutzgarten. Der südliche und westliche Bereich ist als Ziergarten ausgebildet und längs- und quergeteilt. Im Zentrum des südwestlichen Gartenstückes sind Blumenrabatten im Zirkelschlag zu erkennen und ein Springbrunnen. Das Wasser dafür wurde in einer mehrere Kilometer langen Leitung aus Erlenholzrohren von einer Quelle im Kalkrieser Berg herangeführt. Der Springbrunnen mag zu den wenigen Fontänen der Zeit gehört haben, die auch funktionierten. Die Wasserleitung, die bis zum »Springwasser« im Binnenhof des Schlosses reichte, wurde, wie die Familienchronik besagt, 1715 gänzlich erneuert. Die gesamte Anlage wird durch Baumreihen begrenzt. Ein nicht ganz achsial angelegter Weg, die »Langen Ellern«, führte über die Gartengrenze hinaus. Von einer aktiven Ausstrahlung des Gartens in die Umgebung kann noch nicht gesprochen werden. Wir sehen aber in der Gesamtanlage das französische Idealschema durchscheinen. Le Nôtre, einer der maßgebenden französischen

Alt-Barenaue.
Die Deckelkrönung eines Silberbechers, der das Wappen des Geschlechts von Bar trägt, gibt eine Vorstellung von einer Rundburg des hohen Mittelalters.

Alt-Barenaue.
Graf Heinrich Sigismund von Bar, Geheimer Rat des Kurfürsten Georg Ludwig von Hannover, Berater der verstoßenen Kurfürstin Sophie Dorothea, Prinzessin von Ahlden. Marmorbüste um 1720, Kulturhistorisches Museum Osnabrück.

135

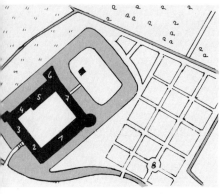

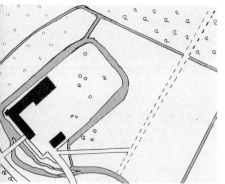

*Alt-Barenaue.
Lageplan um 1720.
1 Wohnflügel, 2 Kapelle,
3 Pferdestall, 4 Wagenremise,
5 Kuhställe, 6 Brauhaus,
7 Wirtschaftsflügel, 8 Fon-
taine.*

Alt-Barenaue heute.

Gartenarchitekten, wünschte die konsequente Anwendung der Achsen-struktur, die Betonung der durchgehenden Mittelachse, der andere Gar-tenteile und die Nebenachse symmetrisch untergeordnet werden. Dem-nach entwickelt sich der Garten im Idealfall in der Längsrichtung, zumeist auf der Grundform eines langgestreckten Rechteckes. Der Gar-ten, der Zerstreuung, Abwechslung und Überraschungen bringen soll, wird in der Folgezeit geschätzt.

Aber auch wirtschaftliche Gesichtspunkte spielen bei der Anlage von Gärten eine Rolle. So hatte Fürstbischof Ernst August II. den sogenann-ten Biermanns-Kamp vor dem Johannistor in Osnabrück erworben, hier eine Maulbeerplantage geschaffen und diese unter Aufsicht des Ita-lieners Fenoglio gestellt, den der hohe Herr sich eigentlich als »Trüffel-jäger« aus Italien hatte kommen lassen.

Um die gleiche Zeit beginnt Nicolaus J. C. von Bar, in Barenaue Maul-beerbäume anzupflanzen. Er will die Seidenraupenzucht einführen und läßt durch Sachverständige aus Italien seine Arbeiter in der Behandlung der Seidenraupen und der Seide ausbilden. Das Unternehmen ging in kurzer Zeit wegen Mangel an Aufsichtsorganen und wohl auch aus kli-matischen Gründen wieder ein.

Besitzer
vor 1305–heute   von Bar

Bauten
nach   1661   Vierflügeliger Schloßbau
        1689   Torturm
        1818   Herrenhaus

Hünnefeld In der Niederung nördlich von Bad Essen, versteckt zwischen Waldgrup-pen, hat Schloß Hünnefeld fast ungestört die Zeiten überstanden.

Die Edelherren von Hünnefeld, deren Stammsitz das gleichnamige Gut war, werden bereits 1146 erwähnt. Die curia Hünnefeld erscheint zum ersten Mal in einer Seelgerätstiftung Eberhards von Hünnefeld für den Dom in Osnabrück um 1200. Durch Erbgang und Kauf gelangt das Gut schließlich 1447 in die Hand Alberts von dem Bussche, dem Stammva-ter des noch heute hier lebenden Geschlechtes. Bis zur Erbteilung 1598 verläuft die Geschichte von Hünnefeld gleich der der Ippenburg (siehe S. 231).

Hünnefeld wurde um 1300 als Wasserburg angelegt. Schon im 14. Jahr-hundert ist eine obere und eine untere Burg bezeugt. Die untere wurde wahrscheinlich nach 1600 niedergelegt, um Platz für Befestigungsanla-gen zu schaffen.

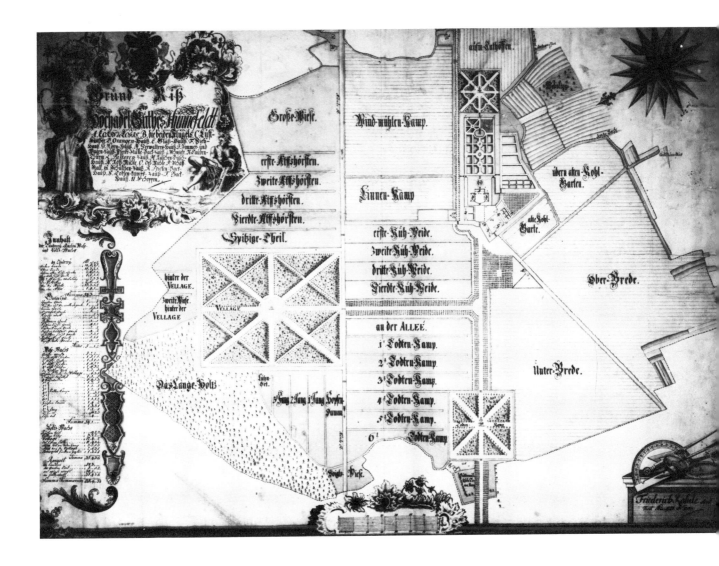

Ursprünglich plante der Bauherr Clamor von dem Bussche eine geschlossene vierflügelige Wasserburg. Die Tendenz der höfischen Baukunst zur Aufgliederung der Bauteile führte auch in Hünnefeld zu einem offenen Grundriß. Es kam auf dem Platz der alten Oberburg zur Ausbildung einer Dreiflügelanlage mit einem weiten Ehrenhof.

Das Haupthaus und der nördliche Seitenflügel wurden nach 1600 bis 1614 von Gerhard Clamor von dem Bussche und Hedwig von Münchhausen geschaffen, der südliche Seitenflügel 1658 von Clamor Eberhard und Anna Elisabeth von Görne zu Plauen. Das zweigeschossige verputzte Hauptgebäude über hohem Sockelgeschoß wird von der Horizontalen beherrscht, wodurch eine gewisse Behäbigkeit zum Ausdruck kommt. In den beiden inneren Ecken zwischen Haupthaus und den Seitenflügeln steigen dreiseitige Ecktürme mit kuppeligen Hauben auf. Sie stellen die Verbindung zu den Gebäudeteilen her. Zugemauerte schräg hochgehende Fenstergewände weisen darauf hin, daß der Turm ursprünglich als Treppenturm vorgesehen war.

Schloß Hünnefeld.
Lageplan von Schloß und Garten Hünnefeld in einer Prunkfassung von 1753.

Der Bau hält noch an der schlichten Gliederung der Spätrenaissance fest. Sehr sparsam sind die Dekorationen.

Gesimse gliedern die Stockwerke des Herrenhauses. Ein kleiner Dreiecksgiebel mit Türmchen akzentuiert die Mitte. Die Seitenflügel mit Giebelausbauten drängen nicht, wie oft an den Fassaden der Barockarchitektur zu sehen, auf die Mitte zu, sie behaupten sich fast gleichwertig neben dem Herrenhaus. Die Weite der Anlage und der große Ehrenhof lassen das Bedürfnis nach Repräsentation erkennen. Die »cour d'honneur« diente der Auffahrt der zwei- und mehrspännigen Karossen. Das Motiv des Ehrenhofes ist in Frankreich entwickelt worden. In den klassischen Schloßbauten des 17. Jahrhunderts wurden die einzelnen Bautrakte zu einer nach der Mittelachse ausgerichteten Gesamtkomposition zusammengeschlossen, deren Brennpunkt das Corps de Logis mit dem Ehrenhof bildete.

Herrenhaus und Seitenflügel umgibt ein breiter Wassergraben, eine zweite Graft schließt Schloß mit Garten, Wirtschaftshof und das Gelände der abgebrochenen Burg ein.

In den Barockschlössern wird das bequeme erste Geschoß, das »piano nobile«, bewohnt und nicht mehr der zweite oder dritte Stock. Größere Ausmessungen von Fenstern und Türen sowie größere, von kleinen Vorzimmern begleitete Gesellschaftsräume zeigen, daß beim Innenausbau des Schlosses neue, praktische Gesichtspunkte Geltung erlangt haben. Das wird auch in Hünnefeld sichtbar. Nur im großen Renaissancekamin (von Haddenhausen nach Hünnefeld versetzt) im unteren Saal scheint noch die Welt des 16. Jahrhunderts spürbar. Im blau-weißen Eßzimmer mit völlig gekachelter Wand aus Delfter Fliesen mit biblischen Szenen und einem Fayence-Ofen spricht das 18. Jahrhundert zum Betrachter. Das rote Kabinett zeigt ein farbenfreudiges Deckengemälde mit Allegorien aus der Zeit um 1700.

Eine Besonderheit stellen die gepreßten und bunt ornamentierten Ledertapeten aus den dreißiger Jahren des 18. Jahrhunderts an der Wand des unteren Saales dar.

Der Ursprung der Ledertapete wird in Spanien gesehen (Cordobaleder). Im 17. Jahrhundert entwickelte sich die neue Wandverkleidung zu einer ausgesprochenen Modeerscheinung. Auf dem gegerbten Ziegen-, Hammel- oder Kalbsleder wurde nach weiterer sorgfältiger Bearbeitung durch geformte Punzungen, durch Pressungen und durch Bemalung künstlerisch gestaltet. Tapeten mit gepreßten Ornamenten werden meist niederländisch-französischen Manufakturen, Tapeten mit gepunzten und bemalten Brokatmustern gewöhnlich italienischen Werkstätten zugeordnet.

Eine Bildtapete, italienische Landschaften darstellend, von Pierre Mongin aus der Manufaktur von J. Zuber in Rixheim (Elsaß), bekleidet die Wand eines anderen Zimmers. Die Tapete wurde 1818 hergestellt. Erstaunlich ist die Frische der Farben. Die Haltbarkeit und Schönheit

Schloß Hünnefeld. Fayenceofen des 18. Jahrhunderts im Eßzimmer, dessen Wände vollständig mit Delfter Fliesen verkachelt sind.

der Farben der Rixheimer Tapeten werden besonders gerühmt. Im Schloß Brandenburg (siehe S. 85) ist eine Bildtapete aus der gleichen Werkstatt angebracht. Die reifsten Darstellungen, vorwiegend aus französischen Werkstätten, entstanden zwischen 1780 und 1840. Sie erfreuten sich großer Beliebtheit, da sie den Empfindungen der Gesellschaft, vor allem ihrem romantischen Lebensgefühl entsprachen.

Die Möbelausstattung von Hünnefeld spiegelt die Herrschaftskultur des 18. und 19. Jahrhunderts wider.

Die Reihe der Ahnenbilder, beginnend mit Gemälden aus dem 16. Jahrhundert, gleicht einem Gang durch die Geschichte der Familie. Unter den Porträts fällt das freundliche Gesicht Clamor Eberhard von dem Bussches auf. Ein temperamentvoller und, wie es scheint, besonders gewissenhafter aber auch großzügiger Vertreter seines Standes. Er schreibt am 28. August 1639 ins Tagebuch, daß er für seine Hochzeit aus Minden holen ließ »60 Ohm (1 Ohm = 130–160 Liter) Rheinwein, 6 ton hemlich Bir, 68 Stof Eisen, 5 Dutzend Wein Gläser, 6 Dutz Bir Gläser«.

Der sogenannte ältere Hof, der heutige Wirtschaftsbereich, zeigt noch Baureste aus spätgotischer Zeit, deutlich zu erkennen am runden südwestlichen Eckturm und im Kapellenraum. Hünnefeld besaß schon 1320 eine Burgkapelle, der ein vierzigtägiger Ablaß verliehen wurde. Sie befindet sich heute zweckentfremdet im nördlichen Wirtschaftsgebäude, das auf dem Gelände der abgebrochenen unteren Burg steht. Der Kapellenraum ist quadratisch und zeichnet sich durch ein kräftiges Kreuzgratgewölbe aus, das auf kurzem Mittelpfeiler ruht. Er ist der untere Teil eines ursprünglichen Steinwerkes (Wohnturm).

Eine spielerische Note hat der 1710 errichtete runde Taubenturm. In den meisten europäischen Ländern galt bis zur Französischen Revolution

Schloß Hünnefeld. Seltenes Beispiel eines gemauerten Taubenturmes im Wirtschaftshof von Schloß Hünnefeld. In Deutschland herrschte das hölzerne Taubenhaus vor.

die Taubenhaltung als ein Privileg des Adels und der hohen Geistlichkeit. Es gab eine Fülle regionaler Regelungen, wie die »Chur-Cöllnische des Herzogthums Westphalen verbesserte Policey-Ordnung« von 1732, die »denen Hausleuten auf den Dörfern« das Taubenhalten verbot. In Deutschland herrschte das hölzerne Taubenhaus vor, wie es heute noch auf Schloß Surenburg zu sehen ist; gemauerte Taubentürme wie in Hünnefeld waren seltener. Ob die 26 Taubengerichte, die man im 18. Jahrhundert in deutschen Landen kannte, auf den Adelshöfen besonders geschätzt wurden, oder die Taube vor allem als Krankenkost diente, »sonderlich denen, so mit der Gicht und Zittern der Glieder behafftet«, lassen wir dahingestellt.

Aus der Mitte des 18. Jahrhunderts liegen mehrere Entwürfe für eine Gartengestaltung in Hünnefeld vor. Der Plan aus dem Jahre 1747, der im wesentlichen verwirklicht worden ist, zeigt einen Garten, der im Sinne des Barocks zu einem Kunstwerk gestaltet wurde. Seine Hauptachse ist die verlängerte Mittelachse des Schlosses, sie führt auf seiner Rückseite über einen Zwerggarten auf einer kreisförmigen Insel in den eigentlichen Lustgarten und geht auf der Frontseite des Baus mit einer Allee in die Wald- und Wiesenlandschaft über, damit die Größe des Grundbesitzes sichtbar machend. Der Hausherr hat ein »parterre de compartiment« gestalten lassen, das Symmetrie in der Längs- und in der Querachse wahrt, die Einzelaufteilung ist aber wahlweise verschieden. Die Ornamentfiguren erscheinen als abstrakte Gebilde, die jedoch teilweise als Schnecken oder blattartig ausgebildet sind. Die einzelnen Parterrefelder werden von Kugelbüschen und geschnittenen Eiben eingefaßt. Ein Wassergraben umrahmt den Lustgarten, wie einst die Graft die Wasserburg umschloß und abgrenzte.

Auf dem Plan ist südlich der Vorburg unmittelbar an der Hauptachse ein Kreisparterre ebenfalls nach den Formbegriffen und Regeln französischer Gartenbaukunst angelegt. Das Kreisparterre und die kreisförmige Insel hatten symbolische Bedeutung. Sie mochten die paradiesische Insel der Hesperiden darstellen oder gar die Weltinsel.

Erstaunlicherweise befindet sich die Orangerie im Bereich der Vorburg und damit außerhalb der Gartenanlage. Dem isoliert neben den Wirtschaftsgebäuden liegenden Küchengarten ist ein Gewächshaus zugeordnet. Das 1840 von W. Richard geschaffene Winterhaus für exotische Gewächse hat den gleichen Standort wie die im 18. Jahrhundert errichtete Orangerie.

Der Barockgarten wurde um 1840 in einen Landschaftsgarten umgewandelt und mit seltenen Bäumen bepflanzt. Hier macht sich ein neues naturkundliches Interesse bemerkbar, gepaart mit botanischer Sammelfreude.

Heute empfängt ein prachtvoller Schloßpark den Besucher.

Als Beispiel für die geistigen Interessen des Standesherrn darf der umfangreiche, in französischer Sprache geführte Briefwechsel zwischen

Johann Friedrich von dem Bussche (1709–1751) und Justus Möser (1720–1794) genannt werden. Dieser erklärte selbst, daß er dem Genannten fruchtbare Anregungen für seine geistige Entwicklung und literarische Tätigkeit verdanke (Möser schrieb 135 Briefe an von dem Bussche). Wie sehr auch die soziale Verpflichtung empfunden wurde, zeigt das Stammlegat des Landrats Christoph von dem Bussche-Hünnefeld von 1690, nach dem der Zinsertrag von ursprünglich 100 000 Goldtalern nicht nur zur Unterstützung von Studierenden, Witwen u. a. des Adelsgeschlechtes von dem Bussche dienen sollte, sondern auch »frembden Knaben bürgerlichen Standes und von großer Hofnung jeden jährlich einhundert Tahler drey Jahrlang auf universiteten nachgeschicket werden, damit dem Vatterlande zum Besten geschickte Männer auferzogen werden«. Heute noch erfolgen Zuteilungen aus diesem Legat. Schließlich sollte darauf aufmerksam gemacht werden, daß Hünnefeld eine Bibliothek von historischem und hohem künstlerischem Wert besitzt.

Schloß Hünnefeld. Gartenplan von 1747. Der Garten ist im Sinne des Barocks zu einem Kunstwerk gestaltet mit Ornamentfiguren, die teilweise als Schnecken oder blattartig ausgebildet sind.

Besitzer

	1200	von Hünnefeld
	1303	Johann von Hünnefeld
	1350	Bernhard von Hünnefeld (Besitzer der unteren und oberen Burg)
vor	1394	Everd von Haren verh. mit Elisabeth von Hünnefeld (Besitzer der unteren und oberen Burg)
	1412	Everd von Haren belehnt mit der einen Hälfte der niederen Burg
	1412	Johann von dem Bussche zu Ippenburg belehnt mit der anderen Hälfte der niederen Burg
	1432	Everd von Haren verkauft seine Hälfte der anderen Burg an Bernd von Dehem
	1447	Bernd von Dehem verkauft seine Hälfte der unteren Burg an Albert v. d. Bussche-Ippenburg
	1598	Gerd Clamor von dem Bussche erhält nach Erbteilung Gut Hünnefeld
	1598–heute	von dem Bussche-Hünnefeld

141

Bauten

nach		
	1600–1614	Hauptbau und nördlicher Seitenflügel
	1658	südlicher Seitenflügel
	1710	Taubenturm
	1717	Umbau des Herrenhauses
	1840	Orangerie

Nette Aus einem Bauernhof tor Nette vor den Toren Osnabrücks gründete in der ersten Hälfte des 16. Jahrhunderts Jobst von Kerßenbrock das gleichnamige Gut. Nette hat durch Verkauf bis heute 18mal den Besitzer gewechselt. Es gibt keinen Adelssitz im ehemaligen Fürstbistum Osnabrück, der so oft einen neuen Herrn gehabt hat. Unter den Grundherren von Nette war auch der Geheime Rat Gustav Werner von Moltke, der 1682 Gut Wulften erwarb, und hundert Jahre später der Generalfeldmarschall Philipp Ludwig Freiherr von Moltke, der ebenfalls Herr auf Wulften war. 1925 kaufte der Osnabrücker Bischof das Anwesen auf. In Nette wurden 1941 die aus ihrem Mutterhaus in Meppen vertriebenen Missionsschwestern vom Hl. Namen Mariae aufgenommen, die hier ein neues Mutterhaus für Bildungs- und Krankenpflege fanden.

Der Kern des Herrenhauses entstand 1674. Durch Umbauten, vor allem im 19. und 20. Jahrhundert, erhielt es sein jetziges Gesicht mit Walmdach und Giebelausbauten auf der westlichen Seite.

Der Bau bildete ursprünglich mit den Wirtschaftsgebäuden und Stallungen eine rechteckige, nach Norden offene Anlage. Die Nebengebäude sind meist nach dem Zweiten Weltkrieg zu Unterkunftsstätten umgebaut und außerdem der Wohnraum des Herrenhauses durch einen Erweiterungsbau vergrößert worden.

Nette wurde vermutlich schon von den ersten Besitzern zu einem wehrhaften Platz ausgebaut. Von den ursprünglich vier (!) Rundtürmen, die die Ecken der kastellartigen Anlage beherrschten, ist der nordwestliche noch bis zu einer Höhe von 5 Metern erhalten, der nordöstliche bildet die Mauern des Kapellenturmes – die Kapelle St. Mariae wurde 1853 errichtet. Reste der beiden übrigen Rundtürme sind nicht mehr wahrzunehmen. Die verbindenden Mauern sind bis auf das nördliche Mauerwerk abgetragen. Hier spiegelt sich noch das Wasser der von der Nette gespeisten Graft, die die Burg einst von drei Seiten umgab. Den Schutz an der südlichen Burgseite übernahm eine in diesem Jahrhundert abgetragene hohe Mauer.

Zum Gut gehörten neben der üblichen Wassermühle Kalk- und Ziegelöfen. Als Brennmaterial konnte Kohle verwendet werden, die in Lechtingen und in den angrenzenden Marken gefördert werden durfte. Der Anteil des Adels bei der Anlage von gewerblichen Betrieben, wie sie etwa im 18. Jahrhundert in Nette, Barenaue und Haus Marck bestanden, zeigt, daß der Standesherr nicht nur für das Kriegshandwerk und Verwaltungsaufgaben aufgeschlossen war.

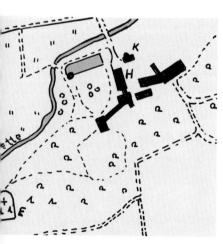

Haus Nette. H Herrenhaus, K Kapelle, E Erbbegräbnis.

142

Besitzer

um	1545	Jobst von Kerßenbrock
vor	1576	Rolef Krutzmann
um	1576	von Meschede (Kauf)
vor	1578–1578	von Senden (Kauf)
	1578–1589	Neveling v. der Recke (Kauf)
	1589–1675	von Grothaus (Kauf)
	1675– um	
	1680	Reichsfreiherr von Platen (Kauf)
	1680–1682	von Moltke (Kauf)
	1682–1700	von Boeselager (Kauf)
	1700–1769	von Stael (Kauf)
	1769–1780	von Lengerke und Erben (Kauf)
	1780–1780	von Moltke (Kauf)
	1780–1783	Gräfin von Herberstein (Erbgang)
	1783–1786	von Münster (Kauf) – Gut parzelliert 1786
	1786– ?	Jäger (Kauf)
	? –1849	Lange (Erbgang)
	1849–1851	von Boeselager, a. d. Hs. Eggermühlen (Kauf) – Gut wieder erweitert
	1851–1899	von Boeselager, a. d. Hs. Heeßen (Kauf)
	1899–1916	von Boeselager, a. d. Hs. Heeßen (Kauf)
	1916–1925	Wolf
	1925–heute	Bischof von Osnabrück

Haus Lonne. Abbildung aus einer Wegekarte von 1617.

Bauten

1674	Herrenhaus
1853	Kapelle

Lonne

Wenige hundert Meter östlich der Straße Fürstenau–Haselünne in der Gemeinde Lonnerbecke hat sich zwischen Buchen und Eichen Haus Lonne versteckt.

Lonne wurde vermutlich nach Errichtung der Landesburg Fürstenau in der zweiten Hälfte des 14. Jahrhunderts als Burgmannssitz angelegt. Als erster urkundlich nachweisbarer Herr auf Lonne wird Lambert von Snetlage genannt, der 1408 »dat Dychus to Lone« kaufte. Seit der Mitte des 16. Jahrhunderts gab es in Lonne zwei landtagsfähige Güter mit getrennten Herrenhäusern der Familie von Snetlage und von Langen. Diese kamen 1682 bzw. 1684 durch Kauf des Osnabrücker Dompropstes Adrian von Wendt wieder in eine Hand. Der Adelssitz hat in der Folge-

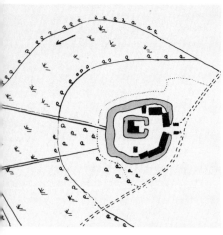

Lageplan von Haus Lonne 1773.

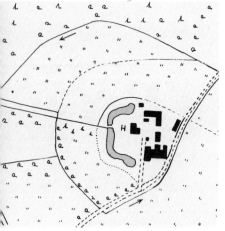

Haus Lonne heute. H Herrenhaus (Neubau über alten Grundmauern).

zeit mehrfach den Besitzer gewechselt und gehört heute der Familie Gatzen.

Die alte Wasserburg war ursprünglich von drei breiten Graften und Ringwällen umzogen. Die Wassergräben wurden 1873 bis auf einen Teil der innersten Graft zugeschüttet und die Wälle beseitigt.

Auf dem äußersten Damm, der »krumme Damm« genannt, soll einst ein Kutscher die Burgfrau, die ihrem Ehemann entfliehen wollte, die ganze Nacht herumgefahren haben. Beim Morgengrauen hatte die Herrin ihren Sinn geändert und befahl, den Wagen wieder nach Hause zu lenken. Eine Wegekarte aus dem 17. Jahrhundert zeigt das zweistöckige Herrenhaus als ein Steinwerk mit Treppengiebel, daneben vermutlich eine Kapelle und ein Wirtschaftgebäude. Der auf einer Insel liegende Gebäudekomplex wird über eine Zugbrücke erreicht. Anstelle des äußerst baufällig gewordenen Herrenhauses wurde 1685 ein Flügelbau geschaffen. An seine Stelle trat Ende des 19. Jahrhunderts ein Wohngebäude mit gotisierenden Bauformen und Treppenturm zwischen den beiden Baukörpern, es wurde 1967 bis auf das Kellergeschoß abgetragen und darauf ein Neubau gesetzt. Das Haus ist nach wie vor auf den alten Eichenpfählen gegründet. Auch das aus dem späten Mittelalter stammende Kellergewölbe und die zum Teil aus Findlingen bestehenden Kellerwände sind erhalten geblieben.

1873 wurde im Turm des Herrenhauses eine Kapelle eingerichtet. Später durfte diese mit Erlaubnis des Bischofs ins Erdgeschoß verlegt werden. Heute gibt es in Lonne keine Kapelle mehr. Das wahrscheinlich von Cornelius geschaffene Altarbild von 1516, eine auf Holz gemalte Kreuzigungszene mit Stifterbild des Canonicus Mittweg, findet jetzt in der Halle des Herrenhauses Beachtung.

Herrenhaus und Wirtschaftsgebäude spiegeln den Geist unserer Zeit wider.

Lediglich ein Wappenstein am Wegrand erinnert an die Aufgabe des einstigen alten Rittersitzes.

Die Flurnamen »Die Klinkenburg« und »die alten Gärten« im Fensterholt scheinen auf den Standort der früheren zweiten Burg hinzuweisen.

Besitzer

um	1408 – um	1550	von Snetlage
um	1550		Teilung des Besitzes
um	1550 –	1682	von Snetlage (Erbgang) 1550–1684
			von Langen (Heirat)
	1682/1684		Besitz wieder in einer Hand
	1682/1684 –	1697	von Wendt (Kauf)
	1697 –	1711	von Schaesberg (Kauf)
	1711 –	1732	von Westrem (Kauf)
	1732 –	1828	von Weichs (Schenkung)
	1828 –	1856	von Ascheberg (Erbgang)

1856 –	1873	Engelen zu Ödingberge (Kauf)
1873 –	1930	Mittweg (Kauf)
1930 –	heute	Gatzen (Erbgang)

Bauten

um	1685	Herrenhaus
	1873	Umbau des Herrenhauses
	1930	innerer Umbau d. Herrenhauses
	1967	Landhaus auf alten Grundmauern

Eggermühlen

Fast im Schnittpunkt der Straßen Ankum–Bippen und Badbergen–Fürstenau liegt Haus Eggermühlen. Der nördliche einstöckige Seitenflügel mit Walmdach ist das ursprüngliche, 1666 von Joachim von Boeselager und Margarethe von Roland zu Sandfort erbaute Herrenhaus. Der schmucklose Bau zeigt auf der nördlichen, der Graft zugewandten Seite Schlüsselscharten. Diese und das aus der Wand entwickelte Kreuzgratgewölbe des Kellers sprechen für einen Vorgängerbau. Die rundliche Ausweitung am unteren Ende der Scharten sind Kennzeichen für Handfeuerwaffen; sie können nur nachmittelalterlicher Entstehung sein. Demnach dürfte ein älteres Herrenhaus frühestens im 16. Jahrhundert errichtet worden sein. Das Fehlen von Schießscharten im westlichen Teil des Flügels weist im Zusammenhang mit einer starken, den ganzen Keller querenden Mauer darauf hin, daß dieser Abschnitt jüngeren Datums ist.

Der jetzige Hauptflügel entstand 1714 bis 1718 als zweigeschossiger Barockbau. Der wegen »seiner gueten und einem Cavallier wohlanständigen Qualitäten« zum Kammerherrn des Osnabrücker Fürstbischofs Karl von Lothringen ernannte Franz Heinrich von Boeselager hat zusammen mit seiner Ehefrau Juliane Helene Christine von Ketteler zu Harkotten, dem Repräsentationsbedürfnis seiner Zeit entsprechend, ein anspruchsvolles Bauwerk geschaffen. Es war von Guding als dreiflügelige Anlage mit zwei äußeren Ecktürmen geplant. Ausgeführt wurde lediglich das Hauptgebäude mit Eckturm, das sich im rechten Winkel an den Bau von 1666 anschließt. Eine gesunde wirtschaftliche Grundlage und die ertragreiche Tätigkeit als Drost des Amtes Fürstenau ermöglichten dem Sohn und dem Enkel die Restfinanzierung.

Das neue Herrenhaus ist als verputzter Ziegelbau über hohem Sockelgeschoß mit aus der Flucht knapp herausgehobenen sauber gearbeiteten Ecksteinen und Fensterumrandungen in Sandstein geschaffen worden. Niederländischer Einfluß ist spürbar.

Die Ziegel wurden, wie beim Bau von Haus Loxten, an Ort und Stelle in Feldbrand hergestellt.

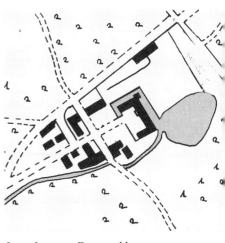

Lageplan von Eggermühlen.

145

Eggermühlen.
Doppeläufige Freitreppe,
Sandsteinbaluster als Träger
der Brüstung und repräsenta-
tives Portal mit gesprengtem
Segmentgiebel und Wappen:
Franz Heinrich Anton von
Boeselager und Christine von
Ketteler zu Harkotten.

Zur Aufgliederung und Belebung der Fläche springt der Mittelteil mit flachem Dreiecksgiebel auf der Front- und Rückseite des Hauses in ganzer Höhe vor. Eine doppelläufige Freitreppe, Sandsteinbaluster als Träger der Brüstung und wappengeschmücktes repräsentatives Portal mit gesprengtem Segmentgiebel betonen die Mitte. An der Außenseite erhebt sich im Winkel zwischen Hauptbau und nördlichem Flügel auf quadratischem Grundriß der Verbindungsturm, ihn schmückt eine barocke Haube. Mitte des 18. Jahrhunderts wurde auf der Rückseite des Herrenhauses eine über die Graft in den Garten führende Steinbrücke geschaffen. Diese mußte wegen Beschädigung nach dem Zweiten Weltkrieg abgerissen werden.

Eine weite Halle, doppelte Treppenläufe und im Obergeschoß eine herumführende Galerie betonen den herrschaftlichen Charakter. Während die Normalbreite für deutsche Repräsentationstreppen des 16. Jahrhunderts für zwei bis drei Personen nebeneinander gedacht war, sah das Repräsentationsbedürfnis der Barockzeit breite Treppen vor. Es wurde großzügig mit Fläche und Räumen umgegangen. Halle und Treppenläufe in Eggermühlen sind dafür ein Beispiel. Der große Festsaal mit in grau-braunem Farbton gehaltenen Leinwandtapeten und Rokoko-Supraporten, die vier Jahreszeiten und ländliche Szenen und Putten darstellend, sowie eine reiche Stuckdecke bringen das Lebensgefühl des Standesherrn des 18. Jahrhunderts überzeugend zum Ausdruck.

Beeindruckend ist das »Bilderzimmer«, dessen Wände bis auf Hüfthöhe Delfter Fliesen schmücken. Ein Sandsteinkamin mit stuckiertem Aufsatz, der mit seinem oberen Baldachin in das Gesims der Stuckdecke übergeht, beherrscht die südliche Zimmerwand. Neben ihm steht in einer ausgekachelten Nische ein zusätzlicher Wärmespender in Gestalt eines blau-weißen Fayenceofens auf eisernem Unterbau von 1772. Fliegende Putten im Deckengemälde zeigen, wie sehr hier der Liebreiz zum Ausdruck der Gesetze des Schönen in der Kunst geworden ist. An den Hauptbau lehnt sich nach Süden eine im neugotischen Stil 1869 aus Backstein errichtete, grau verputzte Kapelle an. Das kleine St. Nikolaus geweihte Gotteshaus wurde anstelle der Gutskapelle von 1775 geschaffen. Ein zierlicher Rokokoaltar mit Tafelbild von Koppers junior sowie wappengeschmückte Totenschilde, die fast lückenlos die Geschlechterfolge der von Boeselager auf Eggermühlen zeigen, dekorieren die Wände.

An die Kapelle schließt sich ein zweistöckiger Fachwerkbau aus dem 18. Jahrhundert an. Bemerkenswert ist das weit vorragende Dach.

Ein Schmuckstück bildet in dem einstigen Barockgarten eine von Schlaun entworfene Orangerie. Sie stellt sich als ein Backsteinbau dar, dessen Mitte durch einen dreiseitigen Vorbau mit Zeltdach herausgehoben wird. Sandsteineinfassungen und Kranzgesims unter dem gewalmten Dach beleben das Werk. Der kunstverständige Caspar Heinrich von Boeselager hatte als Kammerherr des Kurfürsten Clemens-August von

Köln die Möglichkeit, dessen Baumeister Schlaun für den Bau zu gewinnen.

Orangerien gehörten zu den wichtigsten Grundbestandteilen eines Barockgartens. Hier zeigte sich der Wille, Schwierigkeiten besonderer Art zu überwinden, nämlich die Klimagrenzen. Die Orangerie gab die Illusion des Paradieses auch bei Frost und Kälte.

Fünf leicht geschwungene Treppen führen zur langgestreckten Terrasse, auf der in der warmen Jahreszeit heute noch die in der Orangerie überwinternden Lorbeer- und Feigenbäume sowie andere mediterrane Gewächse in Kübeln aufgestellt werden.

Sandsteinfiguren der vermutlich 1750/60 von Christian Manskirch geschaffenen vier Erdteile: Europa, Afrika, Asien und Amerika zierten bis in die 30er Jahre die Terrasse vor dem Gewächshaus. Heute stehen sie auf der Gartenseite vor dem Osnabrücker Schloß.

Ausgedehnte Wirtschaftsgebäude, die einen weitläufigen Hof begrenzen, sind dem graftumgebenen Schloß westlich vorgelagert. Sie sind im Gegensatz zur Anlage des Herrenhauses ohne umrandende Wassergräben. Der Übergang vom Wirtschaftshof zum Herrenhaus erfolgt nahtlos.

Eggermühlen ist wie der Großteil der Güter des Hochstiftes Osnabrück aus altem bäuerlichen Grundbesitz geschaffen worden. 1583 wurde das 1352 erstmalig genannte Bauernerbe Eggermühlen von Georg von Langen erworben, der es in ein Rittergut verwandelte. Der Bischof von Osnabrück stattete es mit adeligen Freiheiten und der Landtagsfähigkeit aus. Schon wenige Jahre später gelangte das Gut durch Kauf in die Hand der ostfriesischen Familie von der Wenge. Der Besitz wurde wegen dänischer Dienste Bojoccos von der Wenge und auf Grund seiner Gewalttätigkeiten im Osnabrücker Land beschlagnahmt und 1628 verpachtet. 1654 kaufte es Joachim von Boeselager, dessen Nachkommen das Gut noch heute gehört. Das ursprünglich aus dem nördlichen Harzvorland stammende Geschlecht hat sich im Laufe der Jahrhunderte Wohnsitze im Raum Jever, im Osnabrücker Land und in Westfalen geschaffen. Die Boeselager aus Eggermühlen haben vor allem als Droste des Amtes Fürstenau gewirkt, sie bewährten sich als Offiziere und Beamte und nicht zuletzt als Geistliche. Von fünf Söhnen wurden im 18. Jahrhundert allein vier Domherren.

Orangerie.
Backsteinbau mit dreiseitigem
Vorbau nach einem Entwurf
von J. C. Schlaun.

Besitzer
1583–1595   von Langen
1593–1654   von der Wenge (Kauf)
1654–heute   von Boeselager (Kauf)

Bauten
1666   nördl. Seitenflügel
1714–1718   Hauptbau
1754   Orangerie
1869   Kapelle

Schloß Hünnefeld. Anstelle der ursprünglich geplanten vierflügeligen Wasserburg entstand nach 1600 das heutige Herrenhaus mit nördlichem Seitenflügel, 1658 der südliche Flügel. Die Anlage öffnet sich nach Westen.

*Sutthausen.
Heutige Frontansicht des
Herrenhauses von Korff-
Sutthausen.*

Sutthausen Ritter Eberhard von Varendorf erbaute 1280 gegen den Willen des Bischofs und der Stadt Osnabrück eine feste Burg. Sie war von Anfang an so stark gesichert, daß die Osnabrücker zwanzig Jahre später eine Belagerung abbrechen mußten. 1407 kam es unter den beiden Brüdern Johann und Amelung zur Teilung des Besitzes. Der ältere Bruder Johann behielt die Kernburg mit der »Kemnade (festes Haus), die Hälfte des Stalles vor Amelungs Vorwerk, ferner das Burglehen und das Gogericht zu Iburg«. Der jüngere Amelung bekam »das Steinwerk mit dem Bergfried und dem Vorwerk sowie der Hälfte der Mühle«. Schon 1438 und 1444 veräußerte Amelung sein Wohnhaus und seinen Mühlenanteil an den Knappen Wilhelm von Stael. Sechs Jahre später verkaufte Johann von Varendorf, der wegen seiner vielen Fehden in finanzielle Bedrängnis geraten war, seinen Anteil an Sutthausen an denselben Wilhelm von Stael. Da Johann von dem Kauf wieder zurücktreten wollte, kam es zu einer neuen Lösung, nach der Wohnung und halbe Mühle wiederum an Johann veräußert wurden, der diese an den Sohn des inzwischen verstorbenen Bruders Amelung übergab. Seit dieser Zeit lebten die Familien von Varendorf und von Stael nebeneinander. Im Jahre 1622 erwarb Diedrich von Korff den Varendorfschen Gutsteil. 1847 kam der staelsche Besitz durch Heirat an den Grafen von Fürstenberg-Herdringen. Der letzte Nachkomme veräußerte 1917 das Gut. Einen Großteil davon erwarb Gottfried von Korff. Unter Freiherrn von Romberg, der 1924 die älteste Tochter des von Korff geheiratet hatte, kam es zur Erbteilung und damit zur Auflösung des Gutes.

In der St.-Johannis-Kirche (im Vorraum der Kirche zum Kreuzgang) zu Osnabrück weist noch ein Epitaph aus dem Jahre 1591 auf die einst sehr fruchtbare Familie von Stael hin. Die Inschrift sagt, daß Diedrich von

150

Stael mit seiner Ehefrau Sophie von Dinklage »Zwelff sonß gezeugt vier Tochter«.

Das Haus Sutthausen war ursprünglich von der Düte und zwei von ihr gespeisten Graften gesichert. Der halbrunde Verlauf der beiden Wassergräben, wie sie ein Plan von 1763 zeigt, dokumentiert das hohe Alter des Rittergutes.

Das Herrenhaus des 1283 zuerst erwähnten Geschlechts von Varendorf liegt inmitten der inneren Graft. Die alte Kemnade wurde Ende des 17. Jahrhunderts abgerissen und an ihre Stelle 1696 ein schlichtes zweistöckiges Gebäude über hohem Kellergeschoß gesetzt. Diesem wurde 1902 ein drittes Stockwerk hinzugefügt und eine große Freitreppe mit Balkon vorgebaut, die man 1942 aus bautechnischen Gründen wieder abtrug. Ein kleiner von zwei Säulen getragener Portikus vor der Mitte der Westfront weist auf den alten Haupteingang hin. Darüber ist das Allianzwappen Korff-Asseburg mit folgendem Chronogramm angebracht:

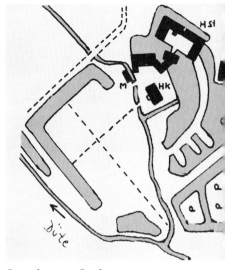

Lageplan von Sutthausen vor 1880. HK Herrenhaus von Korff, HST Herrenhaus von Stael, M Mühle.

AVItos Lares
TheoDorVs LVDoVICVs A Korff
OsnabrUgens
ECCLesIae CaroLInae ThesaVrarIVs
S.JohannIs BaptIstae PraeposItUs
sIbI hospItIbUs et posterIs
noVIter eXstrVXIt

(Das von den Vätern ererbte Haus hat
Theodor Ludwig von Korff, Schatzmeister
der Osnabrücker Kirche Carls und
Propst zu St. Johannes dem Täufer für sich,
Gastfreunden und Nachfahren neu errichtet)

Der Einfluß der allgemeinen Kunststilepochen hat sich auch auf die heraldische Darstellung ausgewirkt. Dafür erscheint das Wappen in Sutthausen als schönes Beispiel. Während in der Frühzeit der Renaissance das Wappen als Kennzeichen der Familie ihres Trägers noch recht bescheiden neben (Scheventorf) oder oberhalb der Eingangstür (Schelenburg) angebracht ist, wird in der Spätzeit der Renaissance und vor allem im Barock das Auge bewußt auf das Wappen als Standesmerkmal gelenkt, das möglichst repräsentativ über dem Türsturz oder im Giebeldreieck an der Hauptfront angebracht wird.

Sutthausen heute. H Herrenhaus von Korff (Marienheim), K Kapelle, M Mühle.

Das Erbauungsjahr des Staelschen Herrenhauses ist nicht bekannt. Es wurde zwischen der alten Kernburg und der nördlich gelegenen Vorburg errichtet. Der Umbau des Fachwerkbaus zu einer Renaissanceanlage erfolgte wahrscheinlich erst um 1600. Das Bauwerk verfiel in den letzten Jahrzehnten des 19. Jahrhunderts und wurde schließlich abgerissen. Reste der Umfassungsmauern des Herrenhauses sind noch südlich der Brücke zum Korffschen Schloß zu sehen. Teil der Grundmauern des Steinwerkes und des Bergfrieds aus dem 13. Jahrhundert sind bei Erdar-

151

Haus Nette. Burgmauer und Kapelle, die auf den Mauern eines Rundturmes errichtet wurde.

Haus Eggermühlen. Westflügel mit Eckturm.

*Sutthausen.
Allianzwappen Korff-Asse-
burg mit Chronogramm über
dem alten Hauseingang des
Herrenhauses*

*Nach der Heirat wurde der
Schild der Ehefrau, die vor
der Eheschließung das Wappen des Vaters führte, mit
dem des Mannes zum
Allianz- oder Ehewappen
vereinigt. Das Wappen des
Mannes steht heraldisch
rechts, das der Frau links.*

beiten 1977 wieder entdeckt worden. Der aus Hüggel-Konglomerat erbaute ehemalige Pferdestall mit gekoppelten Fenstern der Spätrenaissance hat als einziges Gebäude des Staelschen Schlosses die Zeiten überstanden.

Aus dem Mittelalter stammt noch das untere Geschoß der ursprünglich von beiden Familien genutzten Mühle.

Im Jahre 1333 erbaute Eberhard von Varendorf außerhalb der Burg hinter der jetzigen Marienkirche in Sutthausen eine Kapelle. Sie war eine der drei reinen Laienstiftungen, die damals im Osnabrücker Land geschaffen wurden. Die Kapelle verfiel später. An ihrer Stelle steht heute ein schlichtes Kreuz. Erst 1629 errichtete man innerhalb der Burggräben ein neues kleines Gotteshaus, das seine Aufgaben bis Ende des vorigen Jahrhunderts erfüllte. Wirtschaftliche Gesichtspunkte führten nach 1970 zum Bau eines Wohnhauses auf dem Gelände der inzwischen abgebrochenen Gebetsstätte. Die heutige größere Magdalenenkapelle wurde 1894 etwa 50 Meter südwestlich davon unmittelbar neben der Düte erbaut.

»Wart iu vor der falsken Prophete, de in Schapskledern to iu komme, inwendig sind se riten Wülwe.« Dieses 1566 in die hölzerne Kapellenkanzel geschnittene Wort mag als Leitgedanke derer von Korff gegolten haben, die ihrer Kirche stets treu dienten. Gotische Figuren und Reliefs, die zum Teil aus der Werkstatt des Meisters von Osnabrück um 1520 stammen, schmücken das Altargehäuse. Hier sei die kniende Magdalena unter dem Kreuz auf der Kanzel genannt. Ursprünglich gehörte auch die Gruppe der Hl. Ursula, ebenfalls ein Werk des Osnabrücker Künstlers, zur Kapelle. Sie befindet sich heute im Suermond-Museum in Aachen.

Besitzer

1280	von Varendorf		
1407	Teilung des Besitzes		
1407–1444	von Varendorf (Linie Johann)	1407–1622	von Varendorf (Linie Amelung)
1444–1847	von Stael (Kauf)	1622–1924	von Korff (Kauf)
1847–1917	Grafen von Fürstenberg -Herdringen (Heirat)	1924–1930	von Romberg geb. von Korff (Erbgang)
1917	Verkauf des Gutes an verschiedene Interessenten (von Korff u. a.)		
		1931–1934	kath. Landvolkshochschule (Kauf d. Schlosses u. d. Schloßgartens)
		1934–heute	Thuiner Schwestern (Kauf durch den Bischof von Osnabrück)

Bauten

1696	Herrenhaus
1894	Kapelle
1902	Aufstockung des Herrenhauses

Die ursprüngliche Krebsburg wurde vor 1300 im sumpfigen Talausgang **Krebsburg**
am Nordrand des Wiehengebirges, zwei Kilometer nordwestlich von
Ostercappeln angelegt.

Sie war vermutlich der ursprüngliche Sitz des Ministerialen von Drie-
haus. Im 14. Jahrhundert war sie bentheimisches Lehen. Die Krebsburg
hat in der Folgezeit häufiger den Besitzer gewechselt. Nach der Fami-
lientradition verkaufte William von Morsey 1874 das Gut, um nicht
Preuße zu werden. Er zog nach Österreich, wo er das Gut Hohenbrugg
bei Graz erwarb. Heute gehört die Krebsburg dem Verein für heilpäd-
agogische Hilfe e. V. in Osnabrück, die im Herrenhaus ein Behinderten-
Wohnheim eingerichtet hat.

Von der alten Burg, die einige hundert Meter östlich des heutigen Herrenhauses lag, ist bis auf die Graft und Reste von Grundmauern nichts
mehr erhalten. Der alte Wohnsitz war schon 1642 völlig verfallen. Nur
eine Küche konnte derzeit noch bewohnt werden.

Das heutige Herrenhaus wurde zwischen 1725 und 1750 als ein zweigeschossiger Bruchsteinbau mit gequaderten Ecken auf erhöhtem Platz
errichtet. Die Mittelachse der Hoffront wird durch einen schwach vorspringenden Mittelrisalit, Dreiecksgiebel mit Glockentürmchen, profi-
liertem Eingangsportal und doppelt geführter Freitreppe betont. Die
Front ist gleichmäßig durchgefenstert. Der Grundriß des Erdgeschosses

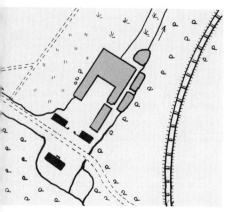

Lageplan der Krebsburg.

zeigt ähnlich wie der des Schlosses Wulften französischen Einfluß. Die Türen der Gesellschaftsräume liegen einander gegenüber, ein großzügiges Treppenhaus mit geschnitztem Holzgeländer und ein holzgetäfelter Saal beherrschen die Mitte des Hauses.

Die saubere handwerkliche Arbeit des 18. Jahrhunderts ist an den Tür- und Fenstergewänden sowie an den breiten mit handgeschmiedeten Nägeln befestigten Eichendielen wieder sichtbar geworden. Die Wirtschaftsgebäude, die dem Herrenhaus im Norden vorgelagert waren, sind bis auf zwei nach der Mitte des vorigen Jahrhunderts abgerissen worden. Die alten Torpfeiler, die zum niedergelegten mittelalterlichen Wohnsitz orientiert waren, stehen zum heutigen Haupthaus in einem umgekehrten Verhältnis.

Besitzer

vor 1300	von Driehaus (?)
um 1300	von Laer
um 1350	von Arnholte
1408–1422	von Dehem
um 1500–1532	von der Strick
1532–1545	von Graevenitz (Kauf)
1545–1583	Asche von Midlum (Kauf)
1583–1650	von Prenger (Heirat)
1650–1874	von Morsey gen. Piccard (Heirat)
1874–1913	von Romberg zu Bladenhorst (Kauf)
1913–1976	von Wendt-Papenhausen (Erbgang)
1976–heute	Verein für heilpädagogische Hilfe in Osnabrück (Kauf)

Bauten

1725–1750	Herrenhaus

Krebsburg. Herrenhaus.

156

Loxten gehört zu den jüngeren Adelssitzen des Hochstiftes Osnabrück. **Loxten**
Johann von Dinklage errichtete 1474 auf einem Bauernhof zu Loxten in
der Niederung südlich Nortrup einen Rittersitz. Nach dem Aussterben
der männlichen Linie der Dinklage kam dieser durch Heirat 1653 an
Franz von Frydag zu Buddenburg. 1682 verkaufte sein Sohn das Gut an
Christian Günther von Hammerstein. Dieser war verheiratet mit Agnes
Schenk von Winterstedt, die ihm elf Kinder schenkte, darunter der spätere berühmte hannoversche Feldherr Christian Ludwig von Hammerstein. Dieser, ein tapferer Kriegsmann, der gegen die Türken focht und
unter der Fahne Oraniens kämpfte, bewährte sich auch in Friedenszeiten, er vermehrte seinen Besitz erheblich und verwaltete ihn erfolgreich.
Er begann 1691 mit dem Bau des noch heute stehenden Herrenhauses,
den seine Frau nach dem Tode des Mannes vollendete. Aus dem Hause
Loxten kam auch der hannoversche General Rudolf von Hammerstein,

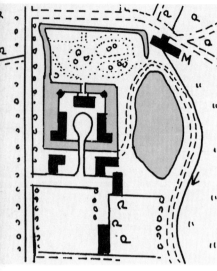

Lageplan von Loxten.
M Mühle.

der sich 1794 beim Ausfall aus der belagerten Festung Menin im heutigen Belgien auszeichnete.

Die Familie hat dem Lande nicht nur namhafte Generale, sondern auch tüchtige Männer der Regierung gestellt. Es sei hier an den hannoverschen Innenminister Wilhelm von Hammerstein (1808–1872), an den preußischen Innenminister Hans von Hammerstein (1843–1905) und an den preußischen Staats- und Landwirtschaftsminister Ernst von Hammerstein (1827–1914) erinnert. Letzterer gehörte zu den hervorragendsten preußischen Landwirtschaftsministern, der nicht nur zäh und eigenwillig am Hergebrachten festhielt, sondern auch die Landwirtschaft durch eine »Politik der kleinen Mittel« förderte in einer Zeit, als die deutsche Landwirtschaft in einer schweren Krise steckte, nicht zuletzt als Folge der Caprivischen Handelsverträge zugunsten der Exportindustrie. Die Pommern setzten ihm, dessen besondere Fürsorge der Förderung der Landesmelioration galt – er regte unter anderem die Bildung von Provinzial-Moorkommissionen an –, mit der Siedlung Hammerstein im Kreis Schlochau ein Denkmal.

Haupt- und Nebengebäude des Loxtener Adelssitzes sind aus an Ort und Stelle gebranntem rotem Backstein von holländischen Bauleuten errichtet worden. Um einen trockenen Keller zu schaffen, wurde das beim Ausheben der Graft gewonnene Erdreich »in die Umfassungsmauern« geschüttet. Die Mauern des Herrenhauses gründete man auf dem gewachsenen Boden. Siebzehn Stufen führen in den Keller, dessen einzelne Räume durch Kreuzgratgewölbe überdeckt sind. An die frühere, im Keller eingerichtete Küche erinnern noch die 1631 datierten Tragsteine der Feuerstelle und umrandende Delfter Fliesen. Vom Nachbarraum aus konnte die Hausherrin durch ein bleigefaßtes Fenster einen Blick in die Küche werfen, ohne selbst gesehen zu werden. Das markante zweieinhalbgeschossige Herrenhaus erhebt sich auf fast quadratischem Grundriß. Es steigt mit seinen seitlich vorgelagerten Flügelbauten und Ecktürmen unmittelbar aus dem Wasser auf. Eine Futtermauer mit Brüstung begrenzt den Ehrenhof, der über eine Steinbrücke betreten wird.

An den Ecktürmen ist die ursprüngliche Idee einer Verteidigungsanlage noch spürbar. Bei den zwei eingeschossigen als unregelmäßige Fünfecke (Siebenecke) geschaffenen Pavillons hinter dem Herrenhaus handelt es sich nur noch um eine gestalterische Komponente. Auffällig ist die Bedachung mit englischen Schieferplatten. Je ein launischer Fayencekamin geben dem Innenraum eine heitere Note.

Die langgestreckten zweistöckigen Wirtschaftsgebäude erinnern mit ihren in die Graft vorspringenden Ecktürmen lebhaft an die Anlagen von Schloß Velen (Kr. Borken). Bemerkenswert ist auf dem Dach des westlichen Gebäudes ein kleines mit Holzschindeln gedecktes Glockentürmchen. Eine bronzene Glocke aus dem Jahre 1753 zeigt an ihrem unteren Rand in erhabener Prägung Tierkreiszeichen.

Auf dem Herrenhaus liegt der Hauptakzent. Seine strengen Formen und der achsiale Aufbau weisen auf niederländischen Klassizismus hin. Das Interesse für Kunst- und Baudenkmäler, das sonst auf den üblichen Bildungsreisen der jungen Adeligen geweckt wurde, mag auch den Kriegsmann Christian Günther von Hammerstein bewogen haben, Vorbilder für seinen Bau in den Niederlanden zu suchen. Das Erdgeschoß kennzeichnen die höheren Fenster als Hauptgeschoß. Die geringe Bedeutung des ersten Stockwerkes machen die etwas kleineren Fenster sichtbar. Das zweite Stockwerk wird als niedriges Zwischengeschoß behandelt. Ein flacher Mittelrisalit und der Portikus, ein von vier schlanken Pfeilern getragener Vorbau mit Balkon, bekräftigen die Mitte des von einem flachen Walmdach geschützten Hauses. Umbauten erfolgten 1921/22 im Innern des Hauses, doch ist die alte Raumfolge erhalten geblieben. Ein von einem Dreiecksgiebel abgeschlossener Vorbau betont die Mitte der Rückfront. Von hier aus führt eine Holzbrücke in den stillen Garten. Der Besucher gelangt über eine breite Freitreppe in eine repräsentativ gestaltete Halle. Ihre Westwand schmückt ein großer Sandsteinkamin, der ursprünglich zum Eilermannshof in Suttrup gehörte. Ein schmiedeeisernes Gitter links neben dem Kamin, Tiere der einheimischen Fauna zeigend, nimmt die Stelle eines eisernen Ofens ein, der hier über zwei Jahrhunderte stand. Recht ansprechend erscheinen sieben Supraporten in Grisaille-Technik und in klassischer Manier, die vorwiegend Szenen aus dem Familienleben und spielende Kinder darstellen.
In den Gesellschaftsräumen ist an einer Ahnengalerie die Geschichte des Hauses Hammerstein zu verfolgen. Sie beginnt mit Hans Adam von Hammerstein, dem Begründer der Equorder, Gesmolder, Hornoldendorfer und Loxtener Linie.

Loxten.
General Rudolf von Hammerstein, der Held von Menin (1794).

Besitzer

vor 1474–1653	von Dinklage
1653–1682	von Frydag zu Buddenburg (Heirat)
1682–heute	von Hammerstein (Kauf)

Bauten

| 1691–1698 | Herrenhaus |
| 1921–1922 | Erneuerung des Herrenhauses u.d. Flügelbauten |

159

Stovern

Stovern, zwei Kilometer südwestlich von Salzbergen, entstand aus einem Hof, der vermutlich im 13. Jahrhundert Stammsitz eines Geschlechts von Stovern gewesen ist. 1437 ging der Hof an die Kreuzherren über, die in Bentlage ein Kloster gründeten. 1611 verkauften diese Stovern wegen geldlicher Schwierigkeiten an die Brüder von Morrien auf dem Falkenhof in Rheine. Diese schufen aus dem Hof ein Rittergut. Seit 1701 ist Stovern im Besitz der Freiherrn von Twickel zu Havixbeck.

Das jetzige Herrenhaus und die Wirtschaftsgebäude wurden während der zweiten Hälfte des 17. Jahrhunderts als rechteckige nach Osten offene Anlage in Ziegelbauweise geschaffen. Fenster und Türen sind mit Sandstein verblendet. In der dekorativen Gestaltung ist holländischer Einfluß spürbar.

Das alte eingeschossige Herrenhaus mit hohem Walmdach bildet den östlichen Trakt des Südflügels. Eine Zugbrücke verbindet den unmittelbar aus der Graft aufsteigenden Baukörper mit dem Garten. Der ursprünglich freie Raum zwischen Herrenhaus und Torhaus ist vor 1900 durch einen Zwischentrakt zugebaut worden.

Stovern. Hauptfront von Haus Stovern. Links das Torhaus, ursprünglich Bestandteil der abgerissenen Devesburg bei Rheine, anschließend Verbindungsbau, rechts das alte eingeschossige Herrenhaus.

Ein repräsentatives Torgebäude gibt der Anlage eigenen Reiz. Das auf Sandsteinunterbau errichtete Haus war ursprünglich Bestandteil der abgerissenen Devesburg bei Rheine und wurde hier wiederaufgebaut. Auch die vor den Brückenpfeilern aufgestellten Sandsteinfiguren, Neptun und Herkules darstellend, hatten ursprünglich einen anderen Standort.

Die zum Torhaus führende Brücke wird durch schmiedeeiserne Anker auf das Jahr 1714 datiert.

Eindrucksvoll ist der Giebel des nach den Plänen von Engelbert Kerkering zur Borg 1900 erbauten Westflügels mit Voluten und aufgesetztem Segmentbogen als Giebelkrönung auf der Hof- und Außenseite. Die Vertikalgliederung wird durch hochgezogenes sauber gearbeitetes Quadermauerwerk an den Hausecken und zwischen den Fenstern erreicht. West- und Nordflügel dienen als Verwaltungs- und Wirtschaftsgebäude. Sämtliche Türen sind in den Wappenfarben schwarz und weiß gehalten. Es war eine alte Sitte des Adels, Tore oder auch Fensterflügel mit eigenen Wappenfarben zu kennzeichnen und zu schmücken. Am beliebtesten war die Zusammenstellung von Schwarz und Gold. Es gab in der Heraldik nur wenige Farben, daher mußten Variationen gefunden werden, um Gleichheit zu vermeiden.

Die am Westende des Nordflügels eingebaute, der Jungfrau Maria geweihte Kapelle ist dadurch bemerkenswert, daß Papst Benedikt XIV. ihr im Jahre 1751 Privilegien verlieh.

Für Privatkapellen wurde von Fall zu Fall die Erlaubnis zur Abhaltung gottesdienstlicher Veranstaltungen, zur Verehrung bestimmter Heiliger u. dergl. erteilt.

Während des Zweiten Weltkrieges erlitt das Herrenhaus mehrfach durch Fliegerangriffe erhebliche Schäden. Durch geschickte Restauration ist das alte Bild wiederhergestellt.

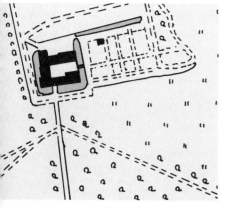

Lageplan von Stovern.

Stovern.

Besitzer

Hof zu Stovern

1230	Arnold von Stovern
vor 1269	Ritter Conrad Hirsch
1269–?	Konvent des Johanniter- ordens in Burgsteinfurt (Kauf)
? – 1437	Kapelle St. Gertrudis in Bentlage
1437–1611	Kreuzherren (Kauf)

Ritterschaftliches Gut Stovern

1611–vor 1652	von Morrien (Kauf)
vor 1652–1660	v. d. Recke zu Dalhausen (Heirat)
1660– 1675	von Bentinck a. d. H. Breckelnkamp (Kauf)
1675– 1701	von Hövel (Erbgang)
1701– heute	von Twickel zu Havixbeck (Erbgang)

Bauten

1667	West- und Nordflügel
um 1750	Kapelle
um 1750	Herrenhaus

Mit holländischen Fliesen vollständig ausgekacheltes Zimmer im Untergeschoß des Herrenhauses. Einbau vermutlich um 1680.

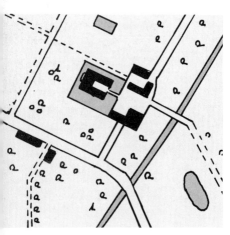

Lageplan von Dankern.

Dankern Die alte Rundburg Dankern in der Emsniederung westlich Haren am Rande eines Esches – heute nur noch im Flurnamen erhalten – ist das Werk eines Landegger Burgmannen (siehe S. 30). Zeit der Entstehung und Namen des Gründers sind nicht bekannt.

Das heutige dreiflügelige Herrenhaus wurde 1680/89 errichtet, etwa 500 Meter von der alten Burgstelle entfernt. Bauherr war der Rentmeister des Emslandes Johann Heinrich Martels, der mit Moorkultivierungsarbeiten eine erstaunliche Aufbauleistung vollbrachte. Mit Hilfe von Dienstpflichtigen, die »in guter und gesunder Mannschaft mit Spaten morgens sechs Uhr auf Dankern zu erscheinen« hatten, wurden auf Moor- und Heideflächen 40 Heuerleute angesiedelt. Martels gehört mit Johan Piccardt, Pastor und Arzt, der in der Alten Piccardie die erste Moorkolonie des Bentheimer Landes anlegte, zu den Pionieren der Emslandkultivierung.

Als Baumeister von Dankern wird Ambrosius von Oelde, der Schöpfer von Schloß Ahaus, angesehen. Die bildhauerischen Arbeiten stammen von dem Münsteraner Wittknocks.

Das Herrenhaus war ursprünglich eingeschossig und mit hohem Walmdach versehen. Es zeigte ein ausgewogenes Verhältnis der Bauteile zueinander. 1890 bis 1894 wurde der Bau um ein Stockwerk erhöht und in den Schnittpunkten von Herrenhaus und Seitenflügeln Ecktürme aufgesetzt.

Keller- und Erdgeschoß sind aus Sandstein, der sorgfältig gequadert ist, errichtet, der übrige Baukörper besteht aus Ziegelstein. Eine doppelläufige geschwungene Freitreppe führt zum Haupteingang, der durch Sprenggiebel und Wappen über dem Türsturz kräftig herausgehoben wird – Kennzeichen des frühen Barocks unserer Landschaft. Auffällig erscheint das reiche bildhauerische Detail der Front in Gestalt von Früchten und Blumengirlanden und sechs in flachen Nischen stehenden Figuren der Tugenden.

Über den sechs Türen der Seitenflügel erscheinen auf Supraporten weibliche Gestalten. Die Rückfront des Hauses beherrscht ein Balkon, der von vier aus dem Wassergraben steigenden Pfeilern getragen wird. Im Innern des Herrenhauses beeindrucken der Rittersaal mit Kassettendecke, Wandpanelen und holzgeschnitzten Fruchtgehängen, die dem Sandsteinschmuck an der Außenfassade gleichen, sowie ein Kamin aus dem Jahre 1689 auf vier Spiralsäulen. Der mit Delfter Fliesen völlig verkachelte Speiseraum hinter der großen Küche und die ebenfalls verkachelte Kapelle am Ende des linken Seitenflügels geben Zeugnis vom Zeitgeschmack (vgl. S. 170 Lage, S. 138 Hünnefeld, S. 185 Langelage). Eine Gemäldesammlung im Schloß weist mit ihren meist niederländischen Werken des 17. Jahrhunderts auf die enge Verbindung mit dem Nachbarland hin.

Erst in diesem Jahrhundert erscheinen reiche Portale auch im Raum zwischen Weser und Ems. Das prachtvolle Triumphtor vor dem Ehrenhof in Dankern im Stil des flämischen Hochbarocks mag für das Schmuckbedürfnis des Bauherrn kennzeichnend sein. Besonders ins Auge fällt das von Putten gehaltene Wappen mit Krone. Seit dem 16. Jahrhundert trat bei der Wiedergabe des Wappens anstelle des Helmes, als Zeichen der Wehrhaftigkeit, die Helmkrone. Diese wurde unmittelbar auf den oberen Schildrand, hier auf einen Wulst gesetzt. Die Adelskrone, wie sie das Portal in Dankern aufweist, besteht aus einem Reifen, der mit fünf blattartig ausgebildeten Zacken besetzt ist. In den vier Feldern des Schildes sind die Wappenbilder der Familie zu sehen. Girlanden aus Blumen und Früchten sowie je zwei Reliefs an den Pfosten machen den Reiz des Portales aus.

Am Torbogen wird die Freude des Bauherrn am Gelingen des Bauwerkes zum Ausdruck gebracht. In einer Kartusche lesen wir: Deo Ter optimo Maximo propitio Joannes Henricus Martels Et Maria Elisabetha Osthof Conjuges Haereditariis In Dankern, Wesuwe Et Lehrte Achos Tandem Jucundos Labores Huius Aedificy Postremo Consummant Anno Partae Salutis 1686 (Dem dreimal gütigsten allmächtigen und gnädigen Gott zu Ehren die Eheleute Johannes Heinrich Martels und Maria Elisabeth Osthof Erbgesessene auf Dankern, Wesuwe und Lehrte, die endlich die gern übernommenen Arbeiten an diesem Hause im Jahre des Heils 1686 zum Abschluß gebracht haben).

Die Figuren der Barockgärten verkörpern vorwiegend Gestalten aus der Welt der griechischen Mythologie, die damals zum allgemeinen Bildungsgut gehörte. Bildende Kunst und Dichtung nahmen sie immer wieder in Anspruch. Als besonders gelungen erscheinen im Park von Dankern überlebensgroße Sandsteinfiguren des Atlas und weibliche Gestalten, die dem Park Akzente geben.

In einer Zeit, in der eine festliche Stimmung das gesamte künstlerische Leben trug, war das Bedürfnis nach einer gesteigerten Ausdrucksweise, wie sie die allegorische Darstellung bot, groß.

Die seitlich vor dem Herrenhaus liegenden Wirtschaftsgebäude und der alte Park mit über 170 Ferienhäusern dienen heute als Freizeitzentrum – ein Beispiel demokratischer Umwandlung einstiger adeliger Lebensformen.

Dankern.
Triumphtor vor dem Ehrenhof von Haus Dankern im Stil des flämischen Hochbarocks.

Besitzer

vor 1500	Landegger Burgmann
um 1458–1602	von Beesten
1602–1667	von Mandelsloh (Erbgang)
1667–1832	Martels (Kauf) (vor 1770 geadelt)
1832–heute	Reichsfreiherr von Landsberg zu Velen und Gemen (Kauf)

Bauten

| 1680–1686 | Herrenhaus |
| 1890–1894 | Ausbauten, die dem Bau sein heutiges Aussehen geben. |

Dankern.
Südlicher und nördlicher Seitenflügel von Haus Dankern.

163

Landegge. Dreiflügeliges nach Osten geöffnetes Herrenhaus.

Landegge Der Rittersitz wurde wahrscheinlich im 14. Jahrhundert in einer Emsschleife westlich des Flusses und drei Kilometer nördlich Haren errichtet. Er ist nicht mit der gleichnamigen Stiftsburg (siehe S. 29) zu verwechseln. Vermutlich hat sich hier ein Landegger Burgmann seinen Sitz geschaffen. 1364 wurde Stephan von Düthe vom Bischof von Münster mit einer Burg zu Landegge belehnt.

Die Hauptburg ist von einer rechteckigen Graft umgeben. Die Verbindung mit der von Wirtschaftsgebäuden besetzten Vorburg wird heute über einen schmalen Damm hergestellt, den zwei schildhaltende Sandsteinlöwen bewachen.

Das dreiflügelige Herrenhaus entstand 1695 als Ziegelbau. Sein Mittelteil ist einundeinhalbgeschossig, die Seitenflügel einstöckig. Ein leicht vorspringender zweiachsiger, weiß verputzter Mittelrisalit des Haupthauses mit wappen- und vasengeschmücktem Dreiecksgiebel (Wilhelm Dietrich von Schade und Agnes von Ittersum) geben dem ganz symmetrisch angelegten Haus seinen Akzent. Fenster und Türen haben Sandsteingewände. In der Benutzung von roten Ziegelsteinen und hellen Sandsteinverblendungen sind niederländische Baugewohnheiten übernommen worden.

Die niedrigen Baukörper mit sparsam angesetztem Schmuck vermitteln weniger den Eindruck des schloßartigen als den eines soliden und beschaulichen Landsitzes. Als Schöpfer des Hauses wird der westfälische Baumeister Ambrosius von Oelde vermutet.

Besitzer

1364–1670	von Düthe
1670–1772	von Schade (Kauf)

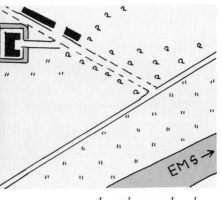

Lageplan von Landegge.

1772–1798	von Münster (Erbgang)
1798–1802	Roccius, Ludwig und Hermann Freye und Dr. Mulert (Kauf)
1802–1904	von Santen (Kauf)
1904–1930	Graf von Landsberg zu Velen und Gemen (Kauf)
1930–heute	Hiebing (Kauf)

Bauten
1695	Herrenhaus

Altenkamp

Altenkamp, unmittelbar östlich des heutigen Bahnhofes Aschendorf gelegen, ist wahrscheinlich ein ursprünglicher Alters- und Witwensitz gewesen und erst im 16. Jahrhundert zu einem Gut erweitert worden. Im Jahre 1728 wurde der jetzige zweistöckige Ziegelbau auf hohem Sockelgeschoß geschaffen. Er sollte als Wohnung und Drostensitz in Aschendorf anstelle des ehemaligen Amtssitzes des fürstbischöflichen Beamten, der stark verfallenen Burg Nienhaus, dienen und mußte daher auch repräsentativen Aufgaben entsprechen.

Das wuchtig wirkende Herrenhaus ist von großer Geschlossenheit und wirkt für seine Aufgabe wie geschaffen. Durch zwei schwach vorgezogene Seitenrisalite von drei Fensterbreiten wird der Bau gegliedert. Die Hausecken sind gequadert, Fenster und Portal haben Sandsteinblenden. Eine geschwungene, doppelt geführte und weit ausladende Freitreppe und eine Eingangstür mit gekröpftem Segmentgiebel, das ein Wappen (Hermann Anton Landsberg-Velen und Anna Dorothea geb. von Ascheberg zu Borzlar) einschließt, schmücken die Mitte des Hauses. Als Baumeister wird Gottfried Laurenz Pictorius angenommen.

Im Innern des Hauses ist noch der Geist des 18. Jahrhunderts spürbar. Gemalte Damen und Herren des Rokoko in Lebensgröße dekorieren die Wände der Eingangshalle, und eine kapriziös gestaltete Stuckarbeit ziert die Decke im Saal.

Gleichzeitig mit dem Hausbau wurde ein Garten nach französischem Vorbild angelegt. Dieser war wie der eigentliche Wohnsitz ursprünglich von einer Graft umgeben. Hinter dem Herrenhaus breiteten sich ein geometrisch gestaltetes Gartenparterre und sechs Boskett aus. Nach hinten wurde die Anlage durch ein Lusthaus abgeschlossen. Bis mehrere hundert Meter in die Tiefe reichende kunstvoll geschnittene Taxushecken bildeten die Hauptachse. Das Gartenparterre nimmt heute eine Rasenfläche ein. Eibenhecken gehen noch etwa hundert Meter weit in den Park.

Im Hase-Ems-Gebiet zeigen der Klostergarten des Jagdschlosses Clemenswerth und der Garten des Hofes Perner in der Bauernschaft Wehdel südöstlich von Quakenbrück ähnlich gestutzte Taxushecken.

Eine alte Klause am Westrand des Gutsparks, die heute als Gedenkstätte

*Altenkamp.
Zwei Taxushecken bilden
die Hauptachse des ursprünglich nach französischem
Vorbild angelegten Gartens.*

165

*Altenkamp.
Zweistöckiges Herrenhaus
auf hohem Sockelgeschoß mit
zwei schwach vorgezogenen
Seitenrisaliten.*

für die Gefallenen der beiden Weltkriege dient, erinnert an die Zeit, als auf dem Gut noch Gottesdienst gehalten wurde. Der kleine Rokokoaltar, die Statuen St. Michael und eine Figur, die Caritas symbolisierend, gehörten einst zur Ausstattung der Schloßkapelle. In Altenkamp ist ein schwacher Abglanz von dem erkennbar, was in den kraftvollen Bewegungen des süddeutschen Barocks zum Ausdruck kommt.

Besitzer

um 1550–um 1600	von Düthe gen. Buth zu Tunxdorf
um 1600–1601	von Schleppegrell zu Varel (Heirat)
1601–1655	von Düthe zu Fresenburg (Kauf)
1655–1723	von der Ruhr a. d. Hause Offer (Heirat)
1723–1756	von Velen (Kauf)
1756–1856	von Landsberg-Velen (Heirat)
1856–heute	Behnes (Kauf)

Bauten

1728	Herrenhaus

Herzford.
Das Herrenhaus präsentiert
sich als ein eingeschossiger
Ziegelbau über hohem Keller-
geschoß mit sorgfältig verqua-
dertem Sockel und Bossen-
werk an den Hausecken. Die
Art der Verblendung zeigt
niederländischen Einfluß.

Auf dem Gelände der Landesburg Herzford entstand, nachdem diese **Herzford**
militärisch bedeutungslos geworden war, vermutlich nach 1400, der heutige Rittersitz. 1432 wird Hermann von Münster als Herr zu Herzford
genannt. Für Roleff von Münster wurde 1535 und 1563 die Belehnung
mit dem Bentheimer Burglehen erneuert. Der gleiche Roleff war auch
Drost des niederländischen Amtes Coevorden, ein Zeichen, wie eng die
Beziehungen zum Oberstift Utrecht im Bereich der Verwaltung
waren.

Das jetzige Herrenhaus wurde 1732–34 von Peter Pictorius d. J. entworfen und gebaut. J. C. Schlaun schuf die beiden um 1950 abgebrochenen
reizvollen Torpavillons mit gebrochenem Zeltdach und die Pfeiler. Der
Bau hat seine Entstehung nicht zuletzt Clemens August, dem Fürstbischof von Münster, zu verdanken, der hier gern auf den Reisen nach
seinem Jagdrevier im Hümmling (Jagdschloß Clemenswerth) über-
nachtete.

Das Herrenhaus ist ein eingeschossiger Bau von elf Achsen aus kleinformatigen Ziegeln über hohem Kellergeschoß, mit zwei kurzen Flügelan-
bauten zur Gartenseite. Ein mächtiges gewalmtes Dach bedeckt das
Haus. Der sorgfältig verquaderte Sockel, das Bossenwerk an den Hausecken und Fenster- und Türgewände sind aus Sandstein gearbeitet. Wie
in Landegge und Altenkamp ist auch in Herzford der weißlich-gelbe
Baumberger Sandstein zur Verblendung des Bauwerkes benutzt worden.
Die Art der Verblendung zeigt niederländischen Einfluß. Möglicher-
weise macht sich auch münsterländische Bautradition bemerkbar.
Für Münster sind seit dem 14. Jahrhundert die klassischen Materialver-
bindungen von Ziegel mit Werksteingliedern nachgewiesen.

Ein nur wenig vorgezogener zweigeschossiger Mittelrisalit mit Giebel

Herzford.
Backsteinkreuzgewölbe im
Keller (hier ehemalige Küche)
des Herrenhauses.

und verkröpftem Sims in Kreisbogenform sowie eine doppelläufige Freitreppe betonen die Mitte des Hauses und sind zugleich belebender Schmuck. Über der Haustür mit Segmentbogenkrönung und im Giebelfeld der Hausrückseite sind in einer Kartusche das Allianzwappen des Bauherrn Generalleutnant Hermann Werner von Schorlemer und seiner ersten Frau Antoinette von Brabeck angebracht. Auf der gleichmäßig durchgefensterten Gartenseite weisen zwei Fenstertüren darauf hin, daß hier ursprünglich ein steinerner Treppenausgang vorgesehen war. Heute führen zwei einfache Holzstiegen in den Garten.

Eindrucksvoll erscheinen die mächtigen Backsteinkreuzgewölbe im Keller. Mit Ausnahme des großen Raumes neben der ursprünglichen schmalen Kapelle, dessen Decke auf einem Pfeiler ruht, sind die Kellergewölbe ausschließlich aus der Wand entwickelt. Vermutlich stammen sie noch von der alten Wasserburg. Die früher im Keller eingerichtete Küche mit offenem Herd ist der Beachtung wert.

Die sieben Sandsteinkamine des Hauses werden noch heute benutzt. Ihre begehbaren Schornsteine waren bis vor kurzem beliebte Prüfungsobjekte für angehende Schornsteinfeger.

Von den beiden Nebengebäuden, die seitlich vor dem Herrenhaus standen, ist nur noch das südliche vorhanden. Herrenhaus, Nebengebäude und Pavillons umschlossen früher den Ehrenhof. An die Stelle des streng symmetrisch ornamentierten Gartenparterre mit Springbrunnen, wie sie ein Plan aus der Mitte des 18. Jahrhunderts zeigt, ist ein einfacher Rasenteppich getreten.

Gebäude und Garten liegen auf quadratischem Grund und waren ehemals vollständig von einer Graft umgeben. Der Zugang erfolgt heute im Osten zwischen zwei hintereinander stehenden Torpfeilern. Die äußeren sind wie die neben dem Herrenhaus errichteten aus rötlichem Sandstein, der einen Kern aus Ziegelsteinen umkleidet. Die inneren vasengekrönten Pfeiler aus grauem Sandstein zeichnen sich durch feine Profilierung aus.

Herzford.
Ein Plan aus dem 18. Jahr-
hundert zeigt hinter dem
Herrenhaus ein streng
symmetrisch ornamentiertes
Gartenparterre.

Besitzer

1432–1654	von Münster
1654–1702	von Loen zu Borgenstede (Erbgang)
1702–vor 1720	von Dongen (Heirat)
vor 1720–1720	Helweg (Kauf)
1720–1766	von Schorlemer (Kauf)
1766–1767	von Korff gen. Schmising (Erbgang)

1767–um 1809	Graf von Nesselrode-Ereshof (Erbgang)
1809–1847	von Müller (Heirat)
1847–1853	von Morsey-Picard a. d. Hause Krebsburg (Kauf)
1853–1970	Herzog von Arenberg (Kauf)
1970–heute	Merswolke (Kauf)

Bauten

| 1732–1734 | Herrenhaus |

Drei Kilometer südlich Neuenhaus unweit der holländischen Grenze **Lage** kündet am rechten Ufer der Dinkel nur noch eine Ruine von der früheren Herrlichkeit Lage.

Die Grenze der beiden Diözesen Münster und Utrecht führte im Frühmittelalter mitten durch das heutige Grafschaftsgebiet. Der Raum Lage war daher den Bestrebungen des Utrechter Bischofs, seine Landesherrschaft auszubauen, besonders ausgesetzt. Lage diente ihm über Jahrhunderte als Bollwerk zum Schutz des Oberstiftes. Die Burg an der Dinkel war vermutlich schon Ende des 12. Jahrhunderts Stammsitz eines gleichnamigen Geschlechtes.

1346 kaufte der Bischof Johann von Utrecht für 5000 Pfund Lage »mit allem Zubehör, Mannen und Burgmännern«. In utrechtscher Zeit war Lage bischöfliches Amtshaus und Sitz eines Drosten. In dieser Zeit lautete das Urteil der Zeitgenossen über Lage wenig erfreulich. Eine Chronik des Klosters Frenswegen aus dem Jahre 1494 berichtet, daß Lage um dreierlei Ursache so heißen dürfe: Weil es anderen »Lagen« (Schlingen) lege, weil es »laag« (niedrig) gelegen und nach Hinzufügung eines Buchstabens eine wahre »plaag« (Plage) sei. Bis 1527 war hier der Sitz des geistlichen Gerichts über die Niedergrafschaft Bentheim, das dem Bischof von Utrecht zustand. Dieser trat bei Einführung der Reformation in den Niederlanden sein Bistum und damit auch Lage an Kaiser Karl V. ab, der wiederum Lage seinem Sohn Philipp II. von Spanien übertrug. Die Besitzer von Lage haben in der Folgezeit Hoheitsrechte für sich in Anspruch genommen, die aus der früheren geistlichen Gerichtsbarkeit des Bischofs von Utrecht oder aus dem im Kaufbrief Philipps II. genannten Rechte abgeleitet wurden. Da im Westfälischen Frieden die Regelung der territorialen Verhältnisse übersehen worden war, beanspruchten die Herren von Lage seit 1648 die volle Souveränität unter dem Schutz von Overijssel. Lage blieb bis 1803 politisch selbständig, aber nicht souverän. Dann wurde es in die Grafschaft einbezogen.

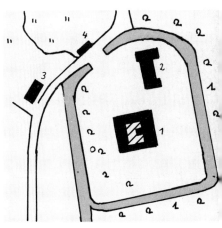

Lageplan von Haus Lage.
1 Burgruine, 2 Herrenhaus,
3 Kirche, 4 Mühle.

Als castrum wird Lage zuerst im Jahre 1266 genannt, vier Jahre später wird ein Burgturm (IN SUPERIORE DOMO CASTRI) erwähnt, in dem der Kastellan Hermann von Saterslo ununterbrochen zu verweilen habe, wenn der Elekt Johann von Nassau nicht anwesend sei. Dieser Bau wird als Wohnturm anzusprechen sein.

Wegen seiner tiefen Lage war das Gebiet um die Burg nicht ungefährdet. Bei regenreichem Wetter konnte es durch Errichtung von Staudämmen in der Dinkel vor Neuenhaus unter Wasser gesetzt werden. 1270 wird auch die innerhalb der Burg gelegene Wassermühle angesprochen. Während die Mühle mit zwei unterschlächtigen Wasserrädern und Stauanlagen noch heute existiert, sind die inneren Graften verschwunden.

Die mittelalterliche Feste wurde wiederholt belagert und zerstört (1324/26, 1380, 1523). Die Burg mußte schließlich erheblich verstärkt werden, um ihre Aufgaben zum Schutze des Stiftes erfüllen zu können. Wie mächtig die Anlage war, kann daraus ersehen werden, daß – laut Abrechnung des Baumeisters Dirk Judas vom 9. 12. 1451 – allein 665 700 Backsteine (!) für die Instandsetzungsarbeiten gebraucht wurden. 1576 bis 1592 entstand schließlich eine kastellartige Burg. Diese wurde schon im niederländisch-spanischen Krieg 1626 von den Niederländern gesprengt; nach ehrenvollem Abzug der Besatzung, die mit fliegenden Fahnen und brennenden Lunten und »Kugeln im Mund« die Feste verlassen durften.

Die Kriegstechnik hatte sich um die Wende vom 16. zum 17. Jahrhundert derart entwickelt, daß die Burg Lage zur Zeit ihrer Errichtung schon als überholt angesehen werden muß. Das Kastell war eine quadratische Anlage von etwa 30 Meter Seitenlänge mit vier Bastionen an den Ecken und Zugangstor an der Nordseite. Von der Burg stehen noch die stattlichen Reste eines im Erdgeschoß viereckigen, darüber achteckigen Turmes. Vom 2,50 Meter mächtigen Außenmauerwerk ist die Westfront teilweise bis zu einer Höhe von etwa 15 Metern erhalten geblieben. Geschützscharten im westlichen und nördlichen Mauerwerk geben noch heute eine Vorstellung von der einstigen Wehrhaftigkeit. Die Bastionen sind abgetragen und die inneren Graften zugeschüttet.

Das jetzige Herrenhaus, wenige Meter nordwestlich der Burgruine, wurde 1686 als Witwensitz geschaffen. Zwei kleine Seitenflügel kamen 1762 hinzu. Das langgestreckte, einstöckige Gebäude mit großformatigen Schiebefenstern ist in holländischer Manier aus kleinformatigen, meist aus der Burgruine herausgeklaubten Ziegeln geschaffen worden. Einziges Schmuckstück des Hauses bildet das in Stein gehauene Wappen derer von Raesfeld und Vlodrop über dem Sturz der Eingangstür. Bemerkenswert ist in einem Wohnzimmer eine mit Fliesen geschmückte Wand. Während gewöhnlich biblische Motive, Tiere und Personen aus dem bäuerlichen Lebensbereich oder Blumen auf den Wandplatten dargestellt werden, zeigen die Fliesen in Lage größere Schiffe wie Galeeren und Fregatten. Ein Thema, das Ende des 17. und Anfang des 18. Jahrhunderts gern behandelt wurde. Die Wohnkultur in den deutschen Küstenräumen an der Nordsee und im Emsland ist nach 1600 stark von den Niederlanden beeinflußt worden. So kam es, daß die meist in Rotterdam, Harlingen und Mackum hergestellten »Delfter Fliesen« beliebte Wandbekleidung in den Häusern des Adels und der Patrizier wurden. Im 18. Jahrhundert und später übernahmen ebenso wohlhabende Bauern den Fliesenschmuck. Auch im Osnabrücker Land war dieser nicht selten zu finden.

Der Ursprung der glasierten Fliesen liegt im Vorderen Orient. Von dort aus kam die Fliesenkunst mit dem vordringenden Islam in die Mittelmeerländer und durch den Handel nach Frankreich und in die Niederlande.

Schon im Jahre 1270 wird in einer Verpflichtung, die Johann von Nassau dem Kastellan der Burg auferlegt, von »unserer Kirche in Lage« (ecclesie nostre Laghe) gesprochen. Es ist anzunehmen, daß das 1687 von der Witwe Amadea Raesfeld geb. von Flodorff geschaffene kleine Gotteshaus auf dem Gelände der mittelalterlichen Kapelle errichtet wurde.

Besitzer

12. Jahrhundert (?)		von Lage (?)
13. Jahrh.	–1346	von Lage (wahrscheinlich Nachkomme derer von Saterslo)
1346	–1527	Bischof von Utrecht (Kauf)
1527	–1555	Kaiser Karl V. (Übergabe)
1555	–1576	Philipp II. von Spanien (Erbgang)
1576	–1626	von Ketteler (Pfand, seit 1590 erbliches Lehen)
1626	–1642	von Croy (Kriegsgut, seit 1635 Lehen)
1642	–1687 (!)	von Raesfeld zu Twikkel (Kauf)
1687 (!)	–1831	von Wassenaer zu Obdam (Heirat)
1831	–1975	van Heeckeren zu Nettelhorst, später durch Namensänderung: van Heeckeren van Wassenaer (Heirat)
1975	–heute	Stiftung (zugunsten der holländischen Stadt Delden)

Bauten

1576 (!) –1592	Bau der kastellartigen Burg
1687	Wohnhaus
1687	Kirche
1762	Anbau der Seitenflügel am Wohnhaus

Clemenswerth Das Jagdschloß Clemenswerth im Hümmling gehört zu den bemerkenswertesten Schöpfungen des norddeutschen Spätbarocks. Es wird als das eindrucksvollste Pavillonensemble des 18. Jahrhunderts bezeichnet.

Clemens August, Kurfürst und Erzbischof von Köln, gleichzeitig Bischof von Münster, Osnabrück, Paderborn und Hildesheim sowie Dompropst von Lüttich und Großmeister des Deutschen Ritterordens, einer der bedeutendsten Repräsentanten der höfischen Kultur seiner Zeit, hat dieses Werk in den Jahren 1737–1744 von dem genialen Architekten Johann Conrad Schlaun erbauen lassen. Dem jungen Kurfürsten hatte man seinerzeit die Jagdwildnis im Hümmling als »erschröcklich« vorgestellt. Noch 1744 schreibt der französische Gesandte Augustin Blondel: »...18 armselige Strohhütten, schlimmer als die erbärmlichsten in Frankreich, bilden das Dorf, den einzigen Ort im Umkreis von 6 Meilen um Clemenswerth...Dieser Ort und diese Hütten bewohnte der Kurfürst selbst, bevor er sich Clemenswerth errichten ließ...«

Nach einem ersten Besuch im Sommer 1720 fand der jagdfreudige Herr die Gegend jedoch »ganz contrair«. Es dauerte noch fast siebzehn Jahre, bis er den Auftrag für den Entwurf eines Jagdschlosses »zu unserer bequemeren Wohnung« erteilte.

Wie hervorragend dem Oberlandesingenieur, Artilleriekommandanten und späteren Gouverneur der Festung Meppen das Lustschloß gelang, mag daraus ersehen werden, daß der Kurfürst 18mal Clemenswerth besucht hat.

Clemenswerth wirkt heiter und gelöst. Historische Vorbilder der Schloßanlage werden in Frankreich in dem von Mansart entworfenen Schloß Marly bei Versailles gesehen, in zwei verschwundenen Jagdschlössern, dem unvollendeten Bouchefort bei Brüssel von Boffrand und dem sogenannten Gelben Haus bei Schloß Fürstenried, die beide einen kreisförmigen Hauptpavillon besaßen, sowie in der Pagodenburg im Park von Nymphenburg und nicht zuletzt in der neuen Residenz des Markgrafen von Baden-Durlach in Karlsruhe mit ihren radial vom Schloß ausstrahlenden Straßen.

Der Hauptbau aus Backstein und Sandsteinverblendungen präsentiert sich als zentralgestaltetes, zweigeschossiges Haus auf dem Grundriß des Deutsch-Ordenskreuzes.

Acht gleichförmige Backsteinpavillons umgeben kreisförmig den Hauptbau. Das kunsthistorische Vorbild ist der Jagdstern, wenn auch gern die ganze Anlage als ein Kegelspiel gedeutet wird, in dem der Hauptbau den König darstelle, auf den eine Allee als Kegelbahn zuführe, und die kleinen herumgeordneten Gäste-Pavillons die Kegel.

Hier scheinen ritterliche Lagerformen des Mittelalters, der symbolische Bezug zwischen König und Gefolge und vor allem die Idee des Absolutismus zum Ausdruck zu kommen: der Kurfürst und Fürstbischof als das unübersehbare Zentrum. Der Kreis der Pavillons symbolisiert den

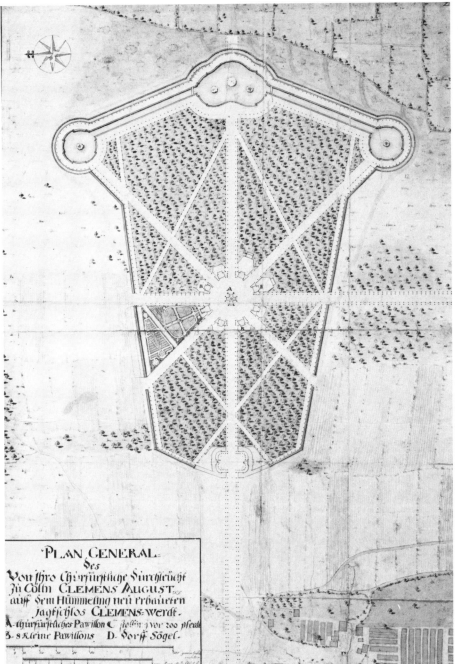

Herrschaftsbereich Clemens Augusts. Die einzelnen Häuser sind nach ihm, seinen fünf Bistümern und nach seiner Deutsch-Ordensresidenz Mergentheim benannt. Sie dienen als Kavaliers- oder Wachthäuser, als Bibliothek und Küche. Der achte Pavillon wurde als Schloßkapelle mit anschließendem Kapuzinerkloster hinzugefügt. Der Hl. Eustachius und St. Georg, die Schutzpatrone der Jäger, als Plastiken am Altargehäuse, und das Altarbild des Hl. Hubertus machen deutlich, wessen Fürbitte der Jäger bedarf. Im anschließenden Kloster werden kostbare Altargeräte aus Augsburg aufbewahrt. Ein Ciborium von 1712 und eine Monstranz von 1739 sowie Meßgewänder aus dem 18. Jahrhundert verdienen Beachtung. Den kleinen Klostergarten, nach französischem Vorbild gestaltet, mit klarer Aufteilung auf eine Mittelachse bezogen, zieren beschnittene Taxushecken, Bosketts, zwei Sonnenuhren und eine reizvolle Gloriette als Gegenpol zum Pavillon. Er gibt eine bescheidene Vorstellung von der Möglichkeit barocker Gartengestaltung.

Das Haupthaus, der »point de vue«, steht mit seinen acht Fenstern im Schnittpunkt von acht Alleen, die als Jagdstern tief in den Wald hinein strahlen, auch hier den absoluten Anspruch des Herrschers zeigend.

Das Thema der Außenfront und der Innengestaltung des Hauptbaus ist die Jagd.

Jagdmotive, vom Münsteraner Bildhauer Manskirch geschaffen, schmücken als Behang die Außenwände. Jagdbeute, wie Hasen, Rebhühner, Eber und Hirsche, und Jagdgeräte, wie Spieße, Gewehre, Hirschfänger, Falkenhauben, Netze und Hifthörner werden in immer neuen Variationen in verschwenderischer Fülle gezeigt, ganz im Stil des späten Barocks. Vier lateinische Inschriften erklären Wolfsjagd, Falkenjagd, Niederjagd und Hirschjagd: DeCet HaeC VenatIo aVgVsto regUM ex sangUIne natos – 1737 – (Diese Jagd ziemt sich für Kinder aus dem erhabenen Geschlecht der Könige). Die Jagdarten sollen zugleich Frühling, Sommer, Herbst und Winter versinnbildlichen, in denen diese Jagden ausgeübt wurden.

Das Zentrum des Hauptbaus bildet im Erdgeschoß ein runder Saal, an den sich zwei kleine Kabinette, Büfett mit Nebentreppe und ein schmales hohes Treppenhaus anschließen. Zwei leicht und elegant gedrehte steile Treppen führen auf engem Raum seitwärts zu einem Altan. Rechts und links vom Eingang in den runden Festsaal weisen Bandelwerk mit kurfürstlichem Hut, Mitra und Bischofsstab sowie Küraß, Helm, Schwert, Standarte und Lanzen auf die Würden von Clemens August hin. Ein Stern in blau-weiß-grauen Farben im marmornen Boden des Saales deutet die Herkunft des Fürsten aus dem Hause Wittelsbach an und stellt zusammen mit dem Wappen in der Mitte der Deckenrosette noch einmal deutlich den Fürsten als Mittelpunkt der Herrschaft heraus.

Über einer Scheintür im Vestibül sitzen in Stuck gearbeitet das Horn blasende Jäger. Hier wird die illusionistische Architektur des ausklingenden Barocks gewahrt. Wandtüren, die nicht zu öffnen sind, deuten im Sinne des französischen »par enfilade« (vgl. S. 132) eine Raumfolge an, die gar nicht vorhanden sein kann.

In der Stuckdecke des Rundraumes werden in vier Feldern um das Wappenschild des Schloßherrn sehr lebendig und wirklichkeitsnah ein fliehender Hirsch, eine jagende Meute, ein das Wild anspringender Hund und wiederum Hunde auf der Fährte dargestellt. Der Deckenfries nimmt das Jagdthema wieder auf. Chinoiserien in den beiden Kabinetten im Erdgeschoß zeigen einzelne Chinesen, Bogen und Pfeil tragend, nach

Im Vestibül weist ein Wappenschild auf den Kurfürsten Clemens August als Besitzer des Schlosses hin.

Die Stukkaturen wie Standarten, Lanzen, Schwert und Wappen des Deutschen Ordens sind symbolischer Ausdruck der Meisterwürde von Clemens August.

175

Clemenswerth. Die Außenwände des Hauptgebäudes schmücken Behänge mit Jagdmotiven.

einem Vogel zielend und einen Drachen, einen Wolf tötend. Immer wieder wird das Thema Jagd aufgenommen. Gerahmte Wandfelder sind mit Gehängen aus Stuck mit Jagdemblemen, Waffen und Tierleibern gefüllt. Auch das Thema der Ölgemälde bildet vor allem die Jagd: Bilder, auf denen der Kurfürst inmitten einer Jagdszene erscheint, ein mythologisches Deckengemälde, auf dem die Jagdgöttin Diana in den Lüften residiert.

Da es nach der französischen Architekturtheorie als sehr vornehm galt, wenn sich der Leitgedanke der Darstellung an den Außenwänden wie im Inneren eines »Lusthauses« ganz auf seinen Zweck bezieht, muß Clemenswerth als besonders edel gelten.

Nicht alle Themen kreisen um die Jagd. In den Supraporten des Rundraumes werden in reizender Weise die vier Jahreszeiten symbolisiert. Die beiden kurfürstlichen Schlafzimmer und Kabinette im oberen Stock erfreuen den Betrachter mit Putten am Sternenhimmel und zartem Bandelwerk, zeigen ihm ein von Strahlen umgebenen Apollokopf, Harfe und Trompeten, Symbole der Theaterkunst und der Malerei, wie Maske, Palette und Pinsel sowie heraldische Motive. Selbstverständlich fehlen nicht die beliebten Schmuckformen der Zeit, die sich vor allem in den verspielten Formen des Muschelwerkes darbieten. Rocaillen, Akanthusblattwerk, Blütengehänge, die mit Tiergestalten oder menschlichen Köpfen verbunden sind, tragen zur weiteren gesteigerten Bewegung des Raumes bei. Als Schöpfer der Entwürfe gilt der Franzose Léveilly. Die italienischen Stukkateure Carl Pietro Morsegno mit den Gebrüdern Carlo Pietro Domenico Castelli führten diese aus.

Als Besonderheit muß die Bedachung an Haupthaus und Nebengebäuden erwähnt werden. Anstelle von gebrannten Dachziegeln schützen Buntsandsteinplatten die Häuser. Der verwendete Sandstein bricht schiefrig und kann daher zur Dacheindeckung benutzt werden. Die Buntsandsteinplatten kamen aus dem Solling und wurden in Höxter verladen. Der Sandstein für die Fenster- und Türverblendungen sowie für den Außenbehang mußte von den Baumbergen und von Ibbenbüren auf schlechten Wegen herangeschafft werden, falls er nicht bis Haren auf der Ems befördert werden konnte.

Am Endpunkt der langen Hauptachse vor dem Ortseingang Sögel wurde der Marstall angelegt. Seine bogenförmige Gestalt erinnert an die Form eines Hufeisens. Der Marstall ist nur zur Hälfte ausgebaut worden. Er wurde für 92 Pferde geschaffen. Seit einigen Jahren dient der innen gänzlich umgestaltete Bau als kath. Jugendbildungsstätte. Am entgegengesetzten Ende der 800 Meter langen Hauptallee aus Buchen, Eichen und Linden und an den Endpunkten zweier vom Schloß ausstrahlenden Wege wurde je ein Bassin mit Verbindungskanälen geschaffen. Diese bildeten den Abschluß des in einer schildartigen Form eingefaßten Parkes.

Clemenswerth. Die Luftaufnahme zeigt das zentralgestaltete Haus auf dem Grundriß des Deutsch-Ordenskreuzes und die acht gleichförmigen Backsteinpavillons, die den Hauptbau kreisförmig umgeben.

Clemenswerth gehört zwar zu den teuersten kurfürstlichen Bauten – die Gesamtkosten betrugen beinahe 195 000 Taler –, aber auch zu den schönsten Werken.

Besitzer

1744–1803	Bischof von Münster
1803–1968	Herzog von Arenberg
1968–heute	Kreis Aschendorf-Hümmling
	jetzt Landkreis Emsland

Bauten

1737–1744	Haupt- und Nebenpavillons
1752	Kapellen-Innenausstattung

Leye Das im Jahre 1410 gegründete und 1427 den Kreuzherren (siehe S. 101) übergebene Kloster Osterberg besaß in Leye mehrere Bauernerbe, die es zu einem Wirtschaftshof zusammenlegte. Leye bildete den Mittelpunkt der Klosterwirtschaft. Dort befand sich auch eine Kapelle mit drei Glocken. Zeitweise betreuten die Mönche seelsorgerisch die Bauerschaft Atter. 1538 zogen die Kreuzherren wegen Streitigkeiten mit dem Tecklenburger Herren von Osterberg nach Leye. Der Graf hatte ihnen unter anderem verboten, die Messe zu lesen, die Heiligen anzurufen oder Hinweise auf das Fegefeuer zu geben. Schließlich bemächtigte sich der Graf des Klosters, als die Neuwahl eines Priors ohne Wissen des Landesherrn vorgenommen war. Nach einem Rechtsspruch des vermittelnden Grafen Arndt von Bentheim und Steinfurt erkannten die Kreuzherren den Grafen als ihren Landesherrn an, der ihnen »eyn genediger her« zu sein versprach. Nach weiteren schwierigen Auseinandersetzungen flüchteten die Mönche schließlich während der Belagerung Osnabrücks durch die Schweden in das nächst gelegene Ordenskloster, nach Bentlage. Sie kehrten nicht wieder zurück. Ein gräflicher Verwalter bewirtschaftete fortan das Klostergut. 1679 gelangte Leye durch Verkauf an die Gebrüder von Oer, den Domkapitular Otto Heinrich und den Obristen und Osnabrücker Stadtkommandanten Hermann Philipp. Dieser veräußerte das Gut 1680 an den späteren Fürstbischöflichen Geheimen Rat und Vizekanzler und 1705 geadelten Ostman »von der Leye«. Das Gut ist heute noch im Besitz dieser Familie.

Das westlich der Straße Osnabrück–Wersen nördlich des Flugplatzes Atter gelegene Anwesen präsentiert sich heute als eine großzügige Schloßanlage. Über hohem Sockel erhebt sich das zweigeschossige Herrenhaus. Es wurde 1703 zusammen mit den Vorbauten errichtet. Ein hohes Walmdach, Vorbau mit großer Freitreppe und Giebelkrönung sowie

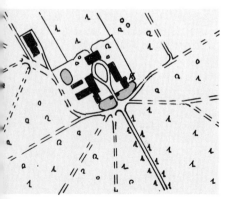

Lageplan von Haus Leye.
K Kapelle.

das Allianzwappen Ostman von der Leye-Stael betonen den herrschaftlichen Charakter des Hauses. Die Gestaltung der Innenräume einschließlich des schönen Barocksaales zeugen von hoher Wohnkultur des Erbauers.

Die zugehörigen 1905 und 1913 erweiterten Flügelbauten mit durchgefenstertem Mansardendach erstrecken sich seitlich vor dem Herrenhaus.

Das Bauensemble erfährt durch die unterschiedlichen Baukörper eine gewisse Lebendigkeit. Den großen Ehrenhof schließt eine Mauer ab, die von einem Durchgang unterbrochen wird. Zwei Türmchen rechts und links der Toreinfahrt halten die Wacht.

1737 wurden, wie die Inschrift an der zum Ehrenhof führenden Brücke besagt, Herrenhaus und Flügelbauten mit Gräben umgeben, die wiederum durch eine Futtermauer gesichert sind.

Die Kapelle vor dem rechten Seitenflügel ist erst im 20. Jahrhundert im barockisierenden Stil erbaut worden.

Besitzer

nach	1411	Kloster Osterberg erwirbt mehrere Höfe in der Bauerschaft Leye, die im 15. Jahrhundert zu einem Wirtschaftshof zusammengelegt werden
nach	1411–1633	Kreuzherren-Orden
	1633–1679	Gräfl. Tecklenburgische Verwaltung
	1679–1680	von Oer (Kauf)
	1680–heute	Ostman (Kauf) seit 1705 Ostman von der Leye, seit 1740 Reichsfreiherr Ostman von der Leye

Bauten

1703	Herrenhaus
1737	Graben und Mauerwerk
1905	Restaurierung u. Erweiterung d. Vorgebäude
1906	Bau der Kapelle
1913	Restaurierung u. Erweiterung d. Vorgebäude

Leye. Das zweigeschossige Herrenhaus erhebt sich mit hohem Walmdach als Mittelpunkt eines großzügigen Adelssitzes.

Langelage Der Rittersitz darf zu den wenigen Gütern des Hochstiftes gezählt werden, die sich in den Händen einer Familie befinden, deren Vorfahren das Gut einst geschaffen haben. Langelage war noch im 14. Jahrhundert ein Bauernerbe, das zur Burg Arenshorst gehörte. Im Jahre 1388 war der Hof im Besitz der Familie von Bar, die ihn wahrscheinlich zu einem Herrensitz ausbaute. Durch Erbgang kam das Gut wiederholt in die Hand eines anderen Geschlechts. 1884 wurde Otto von Bar, zweiter Sohn des Erblanddrosten und Königlich Hannoverschen Staatsministers G. E. von Bar, Herr zu Langelage. Seine Nachkommen sind noch heute die Besitzer des Gutes.

*Langelage.
Eine Zeichnung aus dem Jahre 1803 zeigt den geschlossenen Herrensitz. Das kleine zweigeschossige alte Herrenhaus (letztes Gebäude des rechten Flügels) erhebt sich nur wenig über den Wirtschaftstrakt.*

Der Adelssitz liegt am Rande eines früheren Bruches nördlich von Ostercappeln in der ehemaligen Gemeinde Herringhausen. Das alte tief in der Niederung gelegene Herrenhaus aus dem 16. Jahrhundert hat die Zeit unbeschädigt überstanden. Der schlichte zweigeschossige und verputzte Fachwerkbau darf als charakteristisch für einen anspruchslosen Rittersitz des ausgehenden Mittelalters angesehen werden. Ein bescheidenes Glockentürmchen auf dem Dach und ein großes Zifferblatt hoch über der Haustür erinnern an die Zeit, als die Glocke zum pünktlichen Beginn des Hand- und Spanndienstes rief. Ursprünglich bildete das auf annähernd quadratischem Grundriß errichtete Herrenhaus zusammen mit Stallungen und Wirtschaftsgebäuden eine rechteckige, von einer Graft geschützte Anlage. Aus dem Jahre 1803 liegt eine Zeichnung der damaligen Gutsherrin vor, die das Herrenhaus mit Nebengebäuden als einen geschlossenen Baukomplex ins Blickfeld bringt. Anstelle der abgerissenen Nebengebäude ist 1936 ein isoliert stehender Wohn- und Wirtschaftsbau getreten.

Etwa hundert Meter ostwärts des alten Gebäudes, das den gewachsenen Ansprüchen nicht mehr genügte, erbauten Johann Heinrich Ludwig von Oer und seine Ehefrau Helene Beate Sabine Dorothea von Westerholt 1724 das jetzige in seinen Maßverhältnissen sehr ausgewogene und gediegene Herrenhaus.

Es erinnert in seiner Auffassung an den Adelssitz Bruche. Den zweistöckigen, langgestreckten und verputzten Bruchsteinbau mit Eckverzahnung deckt ein hohes Walmdach. Die Mitte des Hauses wird durch eine doppelläufige Freitreppe und Haupteingang mit Wappen der Erbauer über dem Türsturz nur schwach betont.

Rechts und links vom Herrenhaus, von ihm durch eine Graft getrennt, liegen Orangerie und ein Gebäude, in dem früher die Holzvorräte für die Öfen des Herrenhauses lagerten. Die nach 1764 von Ludwig Dietrich Freiherr von Münster erbaute Orangerie wurde noch bis in jüngste Zeit für die Pflege von Exoten in Anspruch genommen.

Nach dem Bau des Herrenhauses legte man einen Garten in französischer Manier an. Seine Hauptachse war, wie in Hünnefeld, die verlängerte Mittelachse des Schlosses, die ebenfalls auf der Frontseite des Baus mit einer über zwei Kilometer langen Allee in eine ursprüngliche Wald- und Wiesenlandschaft überging.

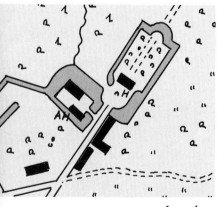

*Langelage.
H heutiges Herrenhaus,
AH ehemaliges Herrenhaus.*

Als Besonderheit darf erwähnt werden, daß, ähnlich wie im benachbarten Schloß Hünnefeld und in den Herrenhäusern Sögeln und Dankern, in Langelage Delfter Fliesen die Wände eines Wohnzimmers schmücken. Daß die glänzende blaue Pracht nicht immer nach dem Geschmack des Hausherrn war, zeigen die »Wunden« vieler Kacheln. Hier staken die Nägel, an denen Porträts und Landschaftsbilder hingen, die die kalten Fliesen überdeckten.

Ursprünglich zierten auch die Wände von Küche, Vorratskammer und Toilette holländische Kacheln. Salpeterschäden erzwangen ihre Abnahme.

Das geräumige Treppenhaus erscheint als Ahnengalerie des Schloßherrn. Hier blickt Graf von Münster von der Wand, der als Königlich Großbritannischer und Hannoverscher Staats- und Kabinettsminister die Landesinteressen beim Wiener Kongreß vertrat. An anderer Stelle schaut der Generalleutnant von Oer, der sich im Feldzug gegen die Türken auf Morea verdient gemacht hat, auf den Betrachter. Kommandostab, Kettenhemd, Mantel, Säbel und Dolch des Bassa Chabil sowie eine Feldbinde, die dem deutschen Truppenführer in Anerkennung seiner Verdienste die Republik Venedig verehrte, rufen die Schlacht vom 7. August 1685 wieder ins Gedächtnis zurück.

Besitzer

vor 1388–nach 1537		von Bar
nach 1537–	1764	verschiedene Besitzer (Erbgang)
1764–	1884	von Münster (Erbgang)
1884–	heute	von Bar (Erbgang)

Bauten
1724 Herrenhaus
1764 Orangerie

Lage. Ruine der kastellartigen Burg Lage, die während des niederländisch-spanischen Krieges 1626 von den Niederländern gesprengt wurde.

186

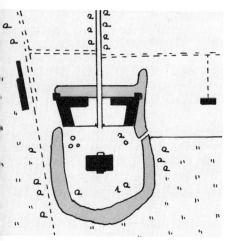

Lageplan Haus Bruche

Bruche. Westlicher Teil der Vorburg mit Eckturm.

Bruche Der Adelssitz entstand 1350 aus dem Meyerhof zu Broke (Bruche) in der Elseniederung südwestlich Eicken, östlich von Melle. Das ausgestorbene Geschlecht von Broke, dessen Stammsitz Bruche war, ist seit 1180 nachweisbar. Das Gut hat oft den Herrn gewechselt. Im 15. Jahrhundert wurde es an Johann von Möllenbeck verkauft. Die Familien von Kerßenbrock, von Oer, von Armin zu Boitzenburg, von Hammerstein-Gesmold, von dem Bussche zu Ippenburg, von Münster zu Landegge, von Redeker, von Pestel und schließlich von Bar wurden die nachfolgenden Besitzer. Seit 1953 war im vermieteten Herrenhaus ein privates Kinderheim untergebracht. Der Eigentümer selbst hatte sich in ein kleines Landhaus neben dem Gut zurückgezogen, bewohnt aber seit 1984 wieder das Herrenhaus.

Bruche besaß außer den üblichen Rechten, wie sie sich aus der Landtagsfähigkeit ergaben, das Untergericht und konnte mit Ausnahme von Kriminalfällen Vergehen ahnden.

Der Rittersitz zeigt sich heute als ein besonders stattliches zweistöckiges Herrenhaus mit hohem Walmdach. Friedrich von Hammerstein ließ es 1733 bis 1736 auf dem Platz der im Jahre 1618 abgebrochenen alten Burg errichten. Der Bau weist eine klare Gesamtordnung auf, die sich nicht in dekorativen Einzelheiten verliert. Außenfront und Innenraum sind eng aufeinander bezogen. Aufriß und Grundriß machen deutlich, wie überzeugend vom Zweck und vom Künstlerischen her gestaltet worden ist. Die Angemessenheit im Bauen, wie sie die französische Baulehre des 18. Jahrhunderts forderte, ist hier erfüllt.

Die Fassade enthält 11 im gleichen Abstand gehaltene Achsen. Die mittleren drei springen aus einem nur schwach vorgezogenen Risalit vor, der sich als Giebelausbau nach oben fortsetzt und in einem Wappengiebel (Fr. von Hammerstein/Soph. Charl. Gehlen 1733) endet. Eine Freitreppe mit zwei seitlich gehaltenen Aufgängen führt zum Hauptportal. Der Sandstein der Eckverzahnungen, der Fenster- und Türgewände steht in reizvollem Kontrast zur verputzten Hausfront. Auf der Gartenseite ragt der Mittelrisalit 3 Meter hervor und erlaubt damit die Bildung eines Saales, dessen Größe in einem ausgewogenen Verhältnis zu den benachbarten Räumen steht.

In der Vorburg liegen seitlich vor dem Herrenhaus zwei Flügelbauten, die als Wirtschaftsgebäude dienen. Sie begrenzen als im Winkel errichtete Häuser die Burganlage. An ihren äußeren Ecken stehen Ecktürme mit barocken Hauben. Der Eckturm des westlichen Vorgebäudes ist wahrscheinlich der verkürzte Bergfried der alten Burg, von der im übrigen nichts mehr erhalten ist. Das Innere des Eckturmes schmückt ein Kamin aus der Zeit der Renaissance. Haupt- und Vorburg sind von einer gemeinsamen Graft umgeben. Ihre gesamte Wasserfläche beträgt über 6800 qm.

Nach einer Zeichnung aus dem Jahre 1737 erstreckte sich der Nutzgarten unmittelbar nördlich der Vorburg, dem offenen Feld entgegen. Der kleine Schaugarten, mit Wegestern in französischer Manier gestaltet, lag weder auf das Schloß bezogen, noch zwischen Bauwerken eingespannt, wie es eigentlich dem Zeitgeschmack entsprochen hätte. Er hatte seinen Platz südwestlich des Schlosses.

Zum Besitz gehörte eine Orangerie, in der Ende des 18. Jahrhunderts »bittere(n) Orangen, Apfelsinen, Pampelmusen, Lemonen, Zitronen und Lorbeerbäume(n)« gezüchtet wurden. In Verkaufsverhandlungen wurde 1792 angegeben, daß in der Orangerie 60 große Orangenbäume vorhanden seien. Das waren 10 v. H. der Bäume, die der Kurfürst in seiner Herrenhausener Orangerie besaß. 1832 werden unter den Beständen, die im Brucher Winterhaus wuchsen, nur noch vier Orangenbäume genannt, doch kamen dazu 12 Feigenbäume, 3 Granat- und 4 Lorbeerbäume sowie eine Reihe anderer subtropischer Gewächse.

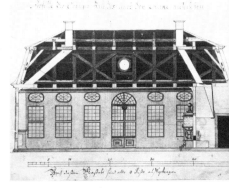

Bruche. Quer- und Längsschnitt durch die Orangerie von Haus Bruche aus der Zeit um 1750.

Besitzer

– 1350	von Broke
– 1359	Joh. Steinhaus
1402 – 1426	von Broke
1442	von Möllenbeck (Kauf)
1456 – 1458	von Kerßenbrock (Erbgang)
1519 – 1685	von Oer (Heirat)
1685 – 1726	von Arnim zu Boitzenburg (Heirat)
1726 – 1752	von Hammerstein-Gesmold (Kauf)
1752 1792	von dem Bussche-Ippenburg (Heirat)
1792 – 1795	von Münster zu Landegge (Kauf)
1795 – 1805	von Redecker (Kauf)
1805 – 1922	von Pestel (Erbgang)
1922 – heute	von Bar (Heirat)

Bauten

1733 – 1736	Herrenhaus

Bruche. Das Herrenhaus Bruche zeigt eine klare Gesamtordnung, die sich nicht in dekorative Einzelheiten verliert. Außenfront und Innenräume sind eng aufeinander bezogen.

189

Honeburg Die südöstlich des Piesberges nahe der Landstraße Osnabrück–Wallenhorst gelegene Honeburg ist aus einer curia hervorgegangen. Die Herren von Eifeler, die einem seit 1270 nachweisbaren Osnabrücker Stadtgeschlecht entstammen, waren 1344 im Besitz einer »Burg vor dem Gehölz, welches Hoen oder Pedesberg heißt«. Ein Sweder von Eifeler wird 1402 mit dem »castellum in Honeborch« belehnt. 1469 gelangte das Gut durch Heirat an von Kerßenbrock und ebenfalls durch Eheschließung 1597 an das Geschlecht von Boeselager und schließlich wieder durch Heirat 1793 in die Hände der Familie Ostman von der Leye, die es heute noch besitzt.

Herrenhaus mit Torhaus, Wirtschaftsgebäude und Kapelle St. Aloisii bilden eine fast kreisförmige Baugruppe inmitten eines prachtvollen Parks mit alten und seltenen Bäumen. Das schlichte zweistöckige Herrenhaus mit abgewalmtem Dach erhebt sich über hohem Kellergeschoß. Es ist das Ergebnis eines Umbaus im Jahre 1651. Zwei lateinische Chronogramme geben die Zeit der Umbauten und die Namen der Erbauer an (Boeselager-Grothaus und Boeselager-Nagel). Ein schmaler Absatz am Sockel des Herrenhauses zeigt, daß die Grundmauern eine größere Mächtigkeit besitzen als das hochgezogene Mauerwerk. Vermutlich bestand der frühere Bau aus Fachwerk, dessen Grundhölzer auf breiter Unterlage ruhen mußten. Ende des 17. Jahrh. wurden Pferdestall, Kutscherhaus, Back- und Brauhaus neu errichtet. Das Haupthaus und Wirtschaftsgebäude sind aus Bruchstein (Karbonsandstein des Piesberges und Muschelkalk des Westerberges). Das Mauerwerk ist verputzt, Tore und Türen wie auch die Fenstergewände sind mit Sandstein verblendet. Die Mitte des Herrenhauses wird auf der Hofseite durch Freitreppe, Tür mit dem Allianzwappen Boeselager-Grothaus in der Supraporte und flachen Dreiecksgiebel mit darin gefaßter Uhr herausgehoben. Auf der Gartenseite wird die Mitte der Hausfront durch breiten Treppenaufgang, Terrasse mit Steinbalustrade sowie ein flaches Giebeldreieck betont. Beide Treppenanlagen sind erst nach Zuschüttung der Graft angebaut worden.

Das Pforthaus zeichnet sich durch ein schönes Sandsteintor mit Sprenggiebel aus, über dem zwei steigende Löwen das Allianzwappen (Boeselager-Nagel) mit Krone halten. Zwei Pinienzapfen, Fruchtbarkeitssymbole seit der Antike und beliebte Zierform des Spätbarocks, bilden den seitlichen Abschluß.

Das westlich an das Torhaus anschließende Wirtschaftsgebäude weist vier in der Mitte ausgeweitete Schlüsselscharten auf. Die Schießscharten sind in eine nach außen abschließende Steinplatte eingemeißelt. Die Wirtschaftsgebäude mußten 1857 und nach Kriegsschäden 1944 renoviert werden. Beachtung verdient die zwischen den Wirtschaftsbauten eingefügte neugotische Kapelle St. Aloisii von 1866.

Ursprünglich war das Herrenhaus unmittelbar von einer Graft umgeben und nur über eine Brücke vom Innenhof der Schloßanlage zugäng-

Honeburg. Das Pforthaus wird durch ein Sandsteintor mit Sprenggiebel ausgezeichnet, über dem zwei steigende Löwen das Allianzwappen (Boeselager-Nagel) mit Krone halten.

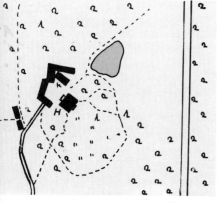

Honeburg. H Herrenhaus, K Kapelle.

Honeburg. Das schlichte zweistöckige Herrenhaus mit abgewalmten Dach erhebt sich über hohem Kellergeschoß als Ergebnis eines Umbaus von 1651. Im Hintergrund die Kapelle mit Spitztürmchen.

lich. In den 80er Jahren des vorigen Jahrhunderts wurden die Gräben zugeworfen, da die Quellbäche, die sie mit Wasser versorgten, wegen Kohleabbaus im nahen Piesberg versiegten.

Besitzer

vor	1344 – 1469	von Eifeler
	1469 – 1597	von Kerßenbrock (Heirat)
	1597 – 1793	von Boeselager (Heirat)
	1793 – heute	Ostman von der Leye (Heirat)

Bauten

1651 Umbau des Herrenhauses
1724 Wirtschaftsgebäude
1734 Torhaus
1736 Wirtschaftsgebäude
1866 Kapelle

Rieste Am Mühlenteich südlich des Ortskerns von Rieste, ostwärts der Straße von Sögeln nach Neuenkirchen liegt hinter einem hohen Mauerkranz, vor neugierigen Blicken geschützt, Haus Rieste.

Vermutlich befand sich hier ursprünglich ein fränkischer Meyerhof. Er wurde in der Folgezeit Sitz eines münsterschen, tecklenburgischen und schließlich eines Osnabrücker Ministerialen. 1350 wird erstmals von einem castrum (Burg) in Rieste geschrieben, mit dem Ermifried von Stempel belehnt wurde, und wenige Jahre später von einer Munitio Habitationes (befestigter Wohnsitz) berichtet. Rieste wird in späteren Lehensregistern nicht mehr castrum, sondern »Wohnung in den Hülsen« (Hülsort = nördlicher Teil der Bauerschaft Rieste) genannt. 1505 übertrug Hugo von Stempel sein Erbe und Gut »geheten de wonynge« zu Rieste »in dem Hulse« der Johanniter-Kommende Lage. Als Entgelt forderte er einen Platz an der Herrentafel, eine heizbare Kammer für sich allein, ein Pferd, jährlich vier bis fünf Reisen in einem Wagen des Ritterhauses, jährlich drei Paar Schuhe und in Krankheitsfällen Pflege durch einen Knecht oder eine Magd.

Die verbleibenden Stempels hatten ihren Sitz im befestigten Haus Rieste.

Aus zwei Bauernhöfen ist Mitte des 15. Jahrhunderts ein neues Gut geschaffen worden, das 1511 als bischöfliches Lehen erscheint und später die Landtagsfähigkeit erhält. Im 17. Jahrhundert kam es durch Verkauf und Abtretung zur Verminderung des Gutes. 1811 wurde das Land in Parzellen versteigert und 1872 schließlich aus Gründen der Erbteilung der Rest an den Landwirt W. Richtering verkauft.

Das heutige Herrenhaus ließ Johann Dietrich Georg von Varendorf als eingeschossige Zweiflügelanlage mit hohem Walmdach 1733 erbauen. Der nach Süden gerichtete Flügel ist im Stil des niederdeutschen Hallenhauses errichtet, und zwar mit zwei tragenden eichenen Ständerreihen im Inneren und den darüber lagernden Balken. Diese sind an beiden Seiten so weit verlängert, daß sie sich über Längshölzer auf die Außenlängswand legen, die anstelle von Ständern von einer Mauer gebildet wird. Damit hat der Bau den Charakter eines Vierständerhauses erhalten. Der außerhalb des Hauses stehende Betrachter kann nicht erkennen, daß er eigentlich ein Bauernhaus vor sich hat. Die Seitenschiffe neben der Halle (Diele) wurden ursprünglich wie üblich als Pferde- bzw. Kuhstall genutzt. Diele und der durch eine Wand von ihr getrennte Herdraum sind mit Steinplatten gedeckt, wie bei den großen Gehöften üblich. Um schwungvoll »von de Kohsied nao de Persied« (von der Kuhseite zur Pferdeseite) zu tanzen, erscheint die Diele etwas schmal. Die Feuerstelle vor dem »Kammerfach« beeindruckt durch die mächtige über vier Meter breite Schürze. Hier möchte das Wort gelten: „Holtfüer – Stoltfüer (Holzfeuer – stolzes Feuer) un is't ut – Kaoltfüer (und ist es aus – Kaltfeuer).

Wie beim überlieferten Bauernhaus liegt der Schlaf- und Wohnbereich

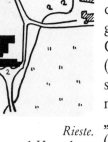

Rieste.
1 Herrenhaus,
2 Torhaus.

Rieste. Eine eingeschossige Zweiflügelanlage. Der nach Süden (rechts) gerichtete Flügel ist im Stil eines niederdeutschen Hallenhauses errichtet.

hinter dem Herdfeuer. Der massive Wohntrakt ist über tonnengewölbtem Keller errichtet. Die links und rechts des Herdfeuers über eine Treppe zu erreichenden »elf herrschaftlichen Zimmer« sind, obwohl der Wohnbau über die Breite des Hallenhauses hinaus nach Osten erweitert ist, meist sehr schmal.

Langgezogene fast bis an die Decke reichende bleiverglaste Fenster des Herdraumes – an holländische Manier erinnernd –, Schiebefenster und kleine Barockkamine in den Wohnräumen sind Ausdruck der Wohnkultur des kleinen Landadels im 18. Jahrhundert.

Das Herrenhaus wird seit Jahren nicht mehr bewohnt. Es soll zu einem Hotel umgestaltet werden.

Das mit den Wappen Varendorf und von Frydag geschmückte Torhaus übt keine Funktion mehr aus.

Besitzer

vor	1350 – 1617	von Stempel
	1617 – 1675	verschiedene Besitzer (vorübergehende Teilung des Gutes)
	1675 – 1794	von Varendorf (Erbgang)
	1794 – 1811	von Haxthausen (Kauf)
	1811	Parzellierung des Gutes
	1811 – 1837	von Eschede (Erbgang)
		Besitzer des Restgutes
	1837 – 1872	von Rolf (Erbgang)
	1872 – 1971	Richtering (Kauf)
	1971 – heute	Meier (Kauf)

Bauten
1733 Herrenhaus
1744 Torhaus

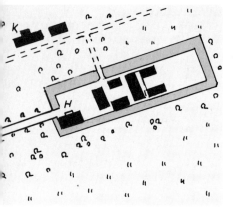

Arenshorst. Lageplan
H Herrenhaus.

Arenshorst Eine breite über sechshundert Meter lange eindrucksvolle Allee von mächtigen Eichen führt zu dem alten Rittersitz. Im ehemaligen Bruchgelände der Hunte, sechs Kilometer nordöstlich von Ostercappeln zwischen Herringhausen und Bohmte gelegen, umgibt den Adelssitz noch heute ein größerer Baumbestand, der charakteristisch für die Bodenverhältnisse ist und damit auch eine Vorstellung von der ursprünglichen Vegetation gibt. Arenshorst bestand im 14. Jahrhundert aus der oberen und der unteren Burg. In einer Urkunde von 1388 werden genannt: »Pforthaus und Wall und Raum bei der Kirche zwischen dem Graben und der Brücke wie das beplanket ist, Stallung und Backhaus auf der obersten Burg zu Arenshorst, seine Borchbrede und Brücke zu Arenshorst und alle seine Wälle und Gärten ...« Die der Jungfrau Maria und dem Evangelisten Johannes geweihte Kapelle wurde schon 1353 erwähnt. Die Kirche des Gutes ist 1634 vermutlich auf dem Platz der alten Kapelle als Fachwerk errichtet und 1742 sowie 1842 umgebaut worden. Ein Gabelkruzifix aus dem 14. Jahrhundert ist der wertvollste Schmuck des Kirchenraumes.

Als Folge von Teilungen kam es um 1500 auf dem Burgplatz zum Bau von nachweislich vier Herrenhäusern, die den Familien von Grothaus, von Leden, von Tribbe und von Sulingen gehörten. Von diesen Häusern waren drei schon vor 1700 wieder verschwunden. 1685 gab es neben dem Herrenhaus der Familie von Grothaus, das aus Fachwerk bestand und einen hohen Dachstuhl besaß, drei Pferdeställe mit Strohdach, einen Wagenschuppen und ein Back- und Brauhaus.

Das um 1740 errichtete heutige Herrenhaus entstand unter Benutzung der Anlagen von 1506. Der einstöckige, langgestreckte über hohem Kellergeschoß geschaffene Bau mit Mansardendach ist 1925 verlängert und

Arenshorst. Parkseite des heutigen Herrenhauses, das unter Benutzung der Anlagen aus dem frühen 16. Jahrhundert um 1740 entstand.

im Dachgeschoß erweitert worden. Die Mitte des Gebäudes wird auf der Vorder- und Rückseite durch einen zweigeschossigen Mittelrisalit mit Dreiecksgiebel betont. Das Wappen (Philipp Wilhelm von Ledebur – Augusta Amalia von dem Bussche, 1740) über dem Hauseingang und eine doppelläufige geschwungene Freitreppe sind der einzige Schmuck. Sandsteinfiguren der vier Jahreszeiten dekorieren den Platz vor dem Eingang.

Im mittleren Kaminzimmer schmückt eine handgedruckte Tapete mit Kassettenmuster und eingefaßter Rose die Decke. Sie gibt zusammen mit drei Supraporten, die jeweils einen Engel mit ausgebreiteten Flügeln darstellen, dem Raum eine fast klassische Note.

Noch 1727 umgaben Graften und Wälle die rechteckigen Plätze von Haupt- und Vorburg, die jeweils durch eine Brücke mit dem festen Land verbunden waren. Heute sind die Wälle verschwunden.

Als erster Besitzer von Arenshorst wird mehrfach ein Ritter Helembert von der Horst genannt, der 1353 an den Priester Gerd der Kapelle zu Arenshorst ein Haus in Ostercappeln verkaufte. Die obere Burg gelangte schon 1388 in die Hände von Heinecke von Bar. Außerordentlich verwickelte Besitz- und Erbschaftsverhältnisse, bedingt durch große Kinderzahl in den folgenden Generationen, führten zur Zersplitterung des Gutes, bis im 16. Jahrhundert, vorwiegend durch Erbgang, zwei selbständige Güter mit je eigener Landtagsfähigkeit entstanden. Das der Familie von Ledebur gehörende Gut blieb bis 1961 in ihrem Besitz, dann kam es durch Kauf in bürgerliche Hände (Claas). Das andere Gut fiel an die

Arenshorst.
Das Allianzwappen (Philipp Wilhelm von Ledebur-Augusta Amalia von dem Bussche) über dem Hauseingang bildet eines der wenigen Schmuckstücke des Hauses.

Arenshorst.
Ein Aquarell aus dem frühen 19. Jahrhundert zeigt die Frontseite des Herrenhauses.

Erben von Fickensolt und später von Grothaus, die es 1685 an von Ledebur verkauften. Damit war Arenshorst wieder in einer Hand.

Besitzer

vor	1388–nach 1585	Helmbert von der Horst, von Bar und von Quernheim (Erbgang; von Quernheim gibt seinen Erbanteil vermutlich schon um 1388 auf)
nach	1585–1685	Zersplitterung des Gutes durch Erbteilung, schließlich Bildung von zwei selbständigen Gütern
	1685–1961	von Ledebur (Erbgang und Kauf)
	1961–heute	Claas (Kauf)

Bauten

1634 Gutskapelle
1740 Herrenhaus
1742 Umbau der Kapelle
1842 Umbau der Kapelle

Schlichthorst Der Rittersitz entstand im 16. Jahrhundert in der Niederung südwestlich von Merzen (zwischen Bramsche und Fürstenau) durch Zusammenlegung angekaufter Bauernhöfe. Der Fürstenauer Drost Eberhard Möring gilt als der Erbauer der ersten Wasserburg.

Die beiden »Femlinden« am östlichen Gartenrand des Gutes weisen darauf hin, daß wir hier eine alte Gerichtsstätte zu suchen haben. Schlichthorst besaß von 1559–1594 die höhere Gerichtsbarkeit in dem Freigericht zu Engelern und dem Gogericht zu Schwagsdorf. Das heutige Herrenhaus entstand in seinem westlichen Teil auf dem Fundament eines turmartigen Steinwerkes, dessen über einen Meter mächtiges Mauerwerk und Kellergewölbe mitgenutzt wurde. Durch einen unterirdischen jetzt zugemauerten Gang soll einst eine Verbindung nach außen möglich gewesen sein. Der jetzige Bau wurde im klassizistischen Stil im 18. Jahrhundert geschaffen. Er bekommt seinen Akzent durch einen über den Dachfirst reichenden Mittelrisaliten mit Dreiecksgiebel und aufgesetzter Laterne.

Um die Mitte des 19. Jahrhunderts und Anfang dieses Jahrhunderts wurde das Wohnhaus im Westen durch Anbauten verlängert. Diese sind 1972 abgerissen worden, so daß heute der Bau, mit Ausnahme einer vor dem Eingang liegenden Loggia, wieder das ursprüngliche Gesicht hat. Die Wassergräben, die Haupt- und Vorburg einst umgaben, sind zum großen Teil in den 20er Jahren des vorigen Jahrhunderts zugeschüttet worden. Heute ist nur noch die Süd- und Ostseite des Herrenhauses von einer Graft geschützt.

Anstelle des vor 1800 abgebrochenen kleinen Gotteshauses, das vermutlich an der Brücke zum Hausgarten lag, wurde 1907 aus Bruchstein eine St. Clemens geweihte Kapelle im romanischen Stil erbaut.

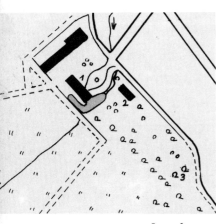

Lageplan von Haus Schlichthorst. 1 Herrenhaus, 2 Kapelle.

Das Herrenhaus dient seit 1973, nach dem Verkauf durch den Vorbesitzer Freiherr von Schorlemer, zusammen mit einem Ensemble moderner Flachbauten als Wohnheim für psychisch Kranke.

Besitzer

nach 1528 – 1557	Möring
1557 – 1616	von Lüninck (Kauf)
1616 – 1709	von Hetterscheid (Heirat)
1709 – 1797	von Grüter (Erbgang)
1797 – 1821	Schrader (Kauf)
1821 – 1852	Delius (Erbgang)
1852 – 1905	Höpker (Kauf)
1905 – 1972	von Schorlemer (Kauf)
1972 – heute	Schlichthorst Wohnheim GmbH (Kauf)

Bauten

Mitte 18. Jahrhundert Umbau d. Herrenhauses
Ende 19. Jahrhundert Herrenhausanbau
1907 Kapelle

Schlichthorst. Das heutige Herrenhaus entstand in seinem linken (westlichen) Teil auf dem Fundament eines turmartigen Steinwerkes.

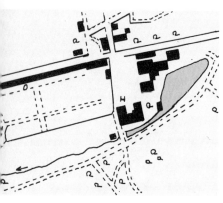

Ostenwalde

Lageplan von Ostenwalde.
H Herrenhaus, O Orangerie.

Der Ursprung des Rittersitzes ist vermutlich in einer Burg zu sehen, die zum Schutz eines Passes zwischen Dietrichsburg und Moseler Berg nördlich von Melle erbaut wurde.

Ostenwalde ist seit 1316 als Sitz des Geschlechtes von Vincke bezeugt. Als Ministerialen des Osnabrücker Bischofs sind die von Vinckes schon 1223 nachweisbar.

Nach dem Lageplan von 1725 zeigt Ostenwalde das typische Bild einer Zweiinsellage. Die vor der Frontseite des Herrenhauses doppelt geführten Graften sind später zugeschüttet worden. Ein Wassergraben ist an der Südseite des Hauses und, als Teich erweitert, an der Ostseite belassen worden.

Der zweigeschossige Westflügel, das heutige Hauptgebäude, entstand 1698. Mauerangeln an der Giebelseite zeigen das Baujahr an. Das Allianzwappen »Vincke-Steding« über der Eingangstür erinnert an die Erbauer. 1780 kam es zur Erneuerung des Mittelbaus. Anstelle des schon früher abgerissenen Ostflügels mit Turm wurden auf altem Fundament 1906 bis 1908 ein neuer Trakt und ein Verbindungsturm zum Hauptbau geschaffen.

Die Wirtschaftsgebäude sind heute nicht mehr durch Graften von der Hauptburg getrennt.

Eine Orangerie am oberen Ende des terrassierten Gartens zeigt an, daß auch Ostenwalde dem Zeitgeist Tribut zollte. Wandmalereien aus dem 19. Jahrhundert, die einen Palmengarten darstellen, gaben dem Innenraum einen bestimmten Reiz. Leider sind große Teile der Malerei heute bis zur Unkenntlichkeit verwittert.

Einen besonderen Schatz des Hauses stellt die über 15 000 Bände umfas-

Ostenwalde.
Orangerie, deren Innenwände
Wandmalereien (Palmengar-
ten) schmücken.

198

sende Bibliothek dar, deren Grundstock Idel Jobst III. von Vincke (1667–1723) schuf, der Verfasser der Osnabrücker Eigentumsordnung von 1722, einer Grundlage des heimischen Güterrechtes. Erwähnenswert von den Kunstschätzen des Hauses ist ein kostbares Trinkhorn aus Büffelhorn mit vergoldeter Silberfassung aus dem Jahre 1575. Der Fries zeigt sehr lebendig verschiedene Jagdszenen. Das Horn gilt als einzigartig.

Haus Ostenwalde ist Geburtsstätte von Ludwig Freiherr von Vincke, dem ersten preußischen Oberpräsidenten der Provinz Westfalen. 1945 war das Herrenhaus Hauptquartier des britischen Oberkommandierenden, Feldmarschall Montgomery, später des Luftmarschalls Douglas. Das Haus wurde erst 1957 wieder freigegeben. Während der Besetzung ging ein Drittel des gesamten Archivs verloren.

Besitzer
vor 1316 – heute von Vincke (Gräfin Perponscher geb. von Vincke)

Bauten

1698	Westflügel
1780	Mittelbau erneuert
1906–1908	Ostflügel und Verbindungsturm

Vier Kilometer nördlich von Preußisch-Oldendorf, zwischen Gr. Dieck und Gr. Aue, liegt abseits der Straße im freien Feld Haus Hüffe. Vermutlich befand sich hier im umstrittenen Grenzgebiet von Minden und Ravensberg schon um 1250 der Sitz eines Ministerialen des Mindener Bischofs. Noch im Verzeichnis der landtagsfähigen Güter in der Grafschaft Ravensberg aus dem Jahre 1808 heißt es: »Die Grenze zwischen Minden und Ravensberg geht über das Haus.« So war der Herr von Hüffe sowohl im Mindener als auch im Ravensberger Landtag vertreten. Die ersten Grundbesitzer waren die Herren von Aspelkamp, sie trugen schon vor 1310 den Zehnten im Dorfe Hüffe (Lashorst) zu Lehen. Das Gut hat vor allem im 18. Jahrhundert mehrfach den Besitzer gewechselt. Nach dem Zweiten Weltkrieg wurde das Herrenhaus Altersheim des Deutschen Roten Kreuzes. Heute dient es wieder privaten Zwecken. Die jetzige Anlage präsentiert sich als ein Dreiflügelbau. Dieser wurde 1775–1784 geschaffen für den hessischen Geheimen Staatsminister und Generalleutnant Friedrich Christian Arnold von Jungkenn gen. Münzer von Mohrenstamm, einen engen Vertrauten des Landgrafen Friedrich II. von Hessen-Kassel. Jungkenn ließ das Bauwerk nach einem Entwurf von Simon Du Ry, Oberbaudirektor in Kassel, errichten, um »de vivre dans la solitude à la campagne et d'y jouir d'un repos joissible et heureux« (um in der Einsamkeit auf dem Lande zu leben und hier eine erfreuliche und glückliche Ruhe zu genießen).

Daß Hüffe nicht aus der Welt lag, bewies später ein längerer Besuch des Landgrafen mit seinem gesamten Hofstaat und Opernsängerinnen aus

Hüffe

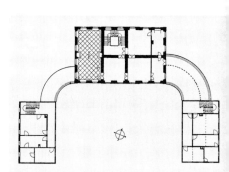

Schloß Hüffe.
Grundriß des Obergeschosses.

Ostenwalde. Das Herrenhaus öffnet sich als Dreiflügelanlage nach Norden. Der Westflügel, das heutige Hauptgebäude, ent-stand Ende des 17. Jahrhunderts.

*Hüffe. Der Spiegelsaal.
Fenster, Konsol- und
Kaminspiegel gliedern die
Längswände. Martialische
Embleme unter den Konsolen-
tischen.*

Kassel. Hüffe soll nie lustigere Tage gesehen haben als beim Aufenthalt des hohen Gastes.

Das Herrenhaus liegt auf einer rechteckigen Insel. Die beiden Flügelbauten sind mit dem Haupthaus nicht unmittelbar, sondern über eine kleine im Bogen geführte eingeschossige Galerie verbunden, in ähnlicher Weise wie in Fürstenberg (Kr. Büren), das Du Ry ebenfalls errichtet hat.

Wegen der ungenügenden Tragfähigkeit des Baugrundes mußte vor Beginn des eigentlichen Baus ein Pfahlrost eingerammt werden. Trotzdem wurden aus Sicherheitsgründen nur die Wände des Haupthauses massiv in Bruchstein und die Wände der Seitenflügel in Holzfachwerk mit Backsteinausmauerung erstellt. Die Backsteine wurden an Ort und Stelle gebrannt (vergl. Loxten).

Hauptbau und Seitentrakte sind in zwei Stockwerken und in einem Mansardengeschoß gleichmäßig durchgefenstert. Der große Baukörper mit vorgezogenem dreiachsigem Mittelrisalit und Dreiecksgiebel sowie Portal mit Freitreppe in der Mittelachse kennzeichnet den anspruchsvollen Adelssitz. An der Frontseite unter den Obergeschoßfenstern angebrachtes vergoldetes Lorbeergehänge gibt dem Haus eine besondere Note.

Die Bauauffassung, die Angemessenheit, ausgewogene Proportion und Einklang der Bauglieder, Symmetrie und schließlich Harmonie des Ganzen verlangte, ist ganz im Sinne der französischen Bautheorie erfolgt, wie sie Jacques-François Blondel, dessen Architekturschule in Paris Du Ry fünf Jahre besuchte, entwickelt hat. Er forderte eine Steigerung des Eindrucks für den Herankommenden. In diesem Sinne ist die Stufung von den Flügelbauten zum Hauptbau zu verstehen. Auffällig ist der dreitaktige Rhythmus der Gebäudeteile untereinander und in den Ansichtsflächen der Flügelbauten. Ein festes Maßschema zeigt sich auch in der Stellung der einzelnen Räume zueinander – hier ist der Übergang vom Barock zum Klassizismus erkennbar. Die Grundeinheit ist das Quadrat. Für den Spiegelsaal, der nicht mehr dem Geist des Barocks entsprechend in der Mitte des Hauptbaus angelegt ist, sondern seitlich verschoben, zeigt der Grundriß acht, für die wichtigsten Paraderäume je vier und für die beiden Kabinette je zwei Quadrate. Es ergibt sich im Verständnis des Barocks eine Flächensteigerung von 2 : 4 : 4 : 8. Klarheit und Rationalität, zwei Grundprinzipien der Raumposition, sind hier sichtbar. Der Grundsatz »par enfilade« bleibt gewahrt.

In der Gestaltung der Innenräume ist noch das Rokoko zu spüren. Das Eckschrankenwerk der Deckenhohlkehle im Spiegelsaal anstelle der im früheren Barock üblichen Prachtdecke mag dafür kennzeichnend sein. Im übrigen herrschen Louis-XVI-Formen vor. Den eigentlichen Platz für die Dekoration bilden die Wände. Großer Wert wird auf ihre architektonische Gliederung gelegt. Die Mitte der inneren Längswand des Spiegelsaales beherrscht ein von zwei Türen flankierter Spiegelkamin – der

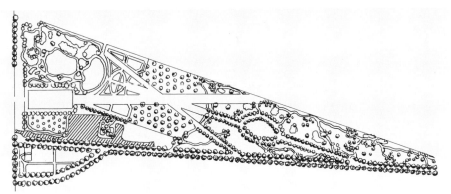

Hüffe. Park nach einem Riß von 1782. Die Anlage zeigt Merkmale des strengen französischen Stils und auch solche der englischen Gartengestaltung. Eine Eschenallee durchzieht das Grundstück von Norden nach Süden; Linden, Eichen, Vogelbeerbäume, Erlen, Birken und Obstbäume sowie Buschwerk bilden die übrige Bepflanzung.

Spiegel gehörte zur unentbehrlichen Einrichtung eines vornehmen Zimmers und verstärkte die Tiefenwirkung –, die Zwischenflächen bestehen aus eingefaßten Feldern. Der gleiche Rhythmus mit gesteigerter Mitte zeigt sich an der Fensterlängswand. Türen und Fenster, Konsol- und Kaminspiegel, wirkliche und Scheinöffnungen gliedern den Raum in zahlreiche Längs- und Querebenen, doch herrscht die vertikale Einteilung vor. Schnörkelwerk der Rocaillen in den Hohlkehlen zwischen Wand und Decke und Putten in Medaillons über den Spiegeln wirken als spielerisches Element.

Das Streben nach innerer Einheit kommt auch in der Material- und Farbenbehandlung zum Ausdruck. Helle, einander verwandte Töne in Rosa, Gelb und Grün herrschen vor. Die Innendekoration, wie die vergoldeten Gehängemotive, Supraporten und Rundbilder im Spiegelsaal, ist das Werk des Stukkateurs Widmann und der Kasseler Maler Johann Werner Kobold und Strack. Sie ist 1979 in vorbildlicher Weise wiederhergestellt worden.

Toiletten- und Baderäume waren im Schloß nicht vorgesehen. Noch Anfang dieses Jahrhunderts mußte ein hochrädiger Rollstuhl mit einsetzbarem Topf seine Dienste tun, um auftretende Bedürfnisse zu befriedigen.

In diesem Zusammenhang darf bemerkt werden, daß schon Anfang des 17. Jahrhunderts in der Außenwand eines Wohnzimmers im Haupttrakt des Schlosses Hünnefeld ein kleines Kabinett eingebaut war mit Platz für einen Sitz. Die Spülung besorgte das Wasser der Graft.

Früher gehörte zum Gut eine südlich des Ostflügels gelegene Kapelle, die 1771 als »noch in ziemlichen Stande« bezeichnet wird. Sie wurde zusammen mit dem alten Wohn- und Pforthaus sowie den Nebengebäuden vor Beginn des Schloßbaus niedergelegt.

Der vom hessischen Gärtner Bourgignon gestaltete Schloßpark zeigte sowohl Merkmale des strengen französischen Stils als auch solche der englischen Gartengestaltung. Die lange und schmale zur Verfügung stehende Gesamtfläche machte ihn jedoch zur Ausbildung französischer Schmuckformen geeigneter.

Der Garten breitet sich nicht wie üblich auf der dem Ehrenhof abgewandten Schloßseite aus, er beginnt vielmehr unmittelbar im Anschluß

*Hüffe.
Erbbegräbnis auf einer Insel im westlichen Parkbereich.*

Hüffe. Der Herrensitz präsentiert sich als ein Dreiflügelbau, bei dem die beiden Seitenflügel über eine im Bogen geführte Galerie mit dem Haupthaus verbunden sind.

204

an den Ehrenhof. Ein Gartenriß aus dem Jahre 1782 gibt im einzelnen die Aufteilung wieder. Der Besucher gelangte auf gewundenen Pfaden in von Baumgruppen umgebene Kabinette, die nach einer Seite den Blick in die Weite der Landschaft freigaben. Über ein streng symmetrisch geordnetes Parterre führte der Gang weiter zu einem großen Wegestern. Dieser war so geschickt angelegt, daß die sich hier kreuzenden Wege tief in den Park zu führen schienen und diesen optisch vergrößerten. Die große Eschenallee, die Obstplantage und die mittlere Allee mit dem sogenannten Wäldchen, wie im Plan zu sehen, sind nicht zur Ausführung gelangt. Es wurden jedoch zwei parallel zueinander liegende Lindenalleen geschaffen, die an der westlich gelegenen »Insel«, dem heutigen Erbbegräbnis, vorbeiführende Allee und die Allee am Ostrand des Parks, bei der geplanten »arcade« beginnend. Den Betrachter mag es nachdenklich stimmen, wenn er vor dem Grabstein des 1806 in Hüffe verstorbenen Schloßerbauers steht und liest: »Alle Tugenden in sich zu vereinigen und zu üben strebte der Edle, welcher hier ruhet«. Die klassische Ordnung des französischen Gartens wurde insofern aufgegeben, als in unmittelbarer Nähe des Schlosses auch schattenspendende Elemente vorhanden waren und einige Bosketts den Blick über die Parterres verhinderten.

An der Gartengestaltung ist die Freude an kleinen Unregelmäßigkeiten zu erkennen, auch die Sehnsucht nach Intimität spürbar. Damit trug der Garten schon Merkmale, die ihn mit der nächsten Entwicklungsphase verbinden.

Heute sind kaum noch Reste der ursprünglichen Anlage zu finden. Große Rasenflächen, die den Blick zum nahen Wiehengebirge freigeben, einzeln stehende Bäume und Baumgruppen sowie zwei abschließende Lindenalleen bestimmen das Bild des Schloßparks.

Besitzer

1280 – 1439	von Aspelkamp (!)
1439 – 1546	von Schloen gen. Gehle*
1546 – 1555	von Ledebur (Heirat)
1555 – 1595	von Wriesberg (Heirat)
1595 – 1725	von Cornberg (Kauf)
1725 – 1737	Tilemann (Erbgang)
1737 – 1758	von Schloen gen. Gehle (Kauf)
1758 – 1766	von Droste zu Vischering u. d. übrigen Allodialerben
1766 – 1773	von Ditfurth (Kauf)
1773 – 1806	von Jungkenn gen. Münzer von Mohrenstamm (Kauf)
1806 – 1931	von Vely-Jungkenn (Heirat)
1931 – 1947	von Vittinghoff-Schell (Erbgang)
1947 – 1977	Deutsches Rotes Kreuz (Übereignung)**
1977 – heute	Dr. Krukemeyer u. Gräfin Schwerin (Kauf)

* Hüffe und Hollwinkel waren Anfang des 15. Jahrhunderts in einer Hand
** Gutsland mit Park und Wirtschaftsgebäuden verblieben im Eigentum der Familie von Vittinghoff-Schell

Bauten 1775 – 1784 Herrenhaus

Der Ursprung des Rittersitzes ist unsicher. Der Name (palatium [lat.] = Pfalz, Kamp = campus [lat.] = Feld) könnte auf eine Verbindung zum früheren Königshof (Pfalz) in Dissen hinweisen. Vermutlich stand auf dem Burggelände schon vor Errichtung der Feste ein Steinwerk. Die Graften deuten auf eine frühmittelalterliche Verteidigungsanlage hin. Johann von Buck erwarb Anfang des 15. Jahrhunderts von den Herren von Steinhausen, die auf der gleichnamigen Burg bei Halle ihren Sitz hatten, das Gebiet des Palsterkamps. Buck war ein begüterter Herr, der vom Stift Münster die Burg Sassenberg und vom Stift Minden die Burg Rahden zum Pfand hatte. Nach Einlösung von Sassenberg durch den Bischof von Münster erbaute er die Burg Palsterkamp.

Der Bau war ohne Einwilligung der Stände erfolgt. Der zuständige Drost ließ die Burg 1424 abreißen, da angeblich eine Feste, von der aus Freundschaft mit den Ravensbergern bestand, eine besondere Gefahr in der damals sehr unruhigen Zeit für das Hochstift Osnabrück bedeutete. Wenige Jahre später stellte von Buck jedoch die Burg wieder her. Erbansprüche Diedrichs von Buck zu Wulften beim Aussterben der männlichen Linie auf Palsterkamp 1445 führten schließlich zu der elf Jahre andauernden »Palsterkamper Fehde«. Die Neigung zur Selbsthilfe, wie sie im Mittelalter häufig ausgeübt wurde, feierte hier böse Triumphe. Palsterkamp kam 1456 durch Heirat an Johann von Nesselrode, gelangte in der Folgezeit durch Erbgang oder Heirat an von Rennenberg, Loë zu Wissen, von Oye und schließlich Anfang des 17. Jahrhunderts an den dänischen Obersten Kaspar von Oer. Dieser war ein glänzender Soldat, der 1627 auf verlorenem Posten Wiedenbrück gegen ein kaiserliches Heer

Palsterkamp

Palsterkamp.
Das heutige Herrenhaus darf als künstlerische Auswirkung der Osnabrücker Bischöflichen Kanzlei angesprochen werden. Der Bau steht auf der über 1,5 Meter dicken Grundmauer des ehemaligen Westflügels. Mächtige Kellergewölbe weisen auf sein hohes Alter hin.

verteidigte und deshalb freien Abzug mit fliegenden Fahnen und in Waffen erlangte. Er war auch ein leidenschaftlicher Jäger, dem das unweidmännische Verhalten der Iburger Klosterknechte verhaßt war, so daß er sich hinreißen ließ, den im Helferner Forst jagenden Klostervogt zu erschießen.

Nach einem Zechgelage brachte »den dullen Oer« ein Fehltritt in den Burggraben ums Leben. Nach dem Tode von Oers kam Palsterkamp durch Vergleich an den Freiherrn von Bylandt. Sein Urenkel verkaufte das Gut an König Georg III. von England und Kurfürsten von Hannover. Von der kurzen napoleonischen Zeit abgesehen, blieb Palsterkamp der Krone erhalten und fiel damit der späteren Provinz Hannover bzw. dem heutigen Lande Niedersachsen zu.

Ursprünglich war Palsterkamp eine rechteckige von zwei (vier) Türmen bewehrte Wasserburg und unmittelbar von breiten Graften umgeben. Das zweistöckige Herrenhaus und die Türme bestanden aus massivem Mauerwerk. Ein Turm wurde als Rüstkammer genutzt, ein anderer, 1642 weiter ausgebaut, nahm die Kapelle auf.

Der Burg war im Südwesten eine schmale im Bogen geführte Halbinsel vorgelagert. Hier befanden sich vier langgestreckte miteinander verbundene Bauten, die von kleinen Türmen gesichert wurden.

Ein Kraut- und ein Lustgarten mit Galerie, Altane sowie Plastiken von Adam und Eva sind für das erste Drittel des 17. Jahrhunderts bezeugt.

Noch 1780 war die Burg nur über eine Zugbrücke zu erreichen. Die Feste wurde in den 80er Jahren des 18. Jahrhunderts niedergelegt. Das heutige aus zwei Geschossen bestehende massive Wohnhaus entstand 1786–1790 und dient jetzt als Forstamt. Der Bau kann als künstlerische Auswirkung der Osnabrücker Bischöflichen Kanzlei angesprochen werden, die der von Hannover kommende Landesbaumeister Schaedler im klassizistischen Stil geschaffen hat. Das von dem Architekten Paulsen errichtete Gebäude ist bis auf das abgewalmte Dach in allem ihre verkleinerte und vereinfachte Ausgabe. Ein dreiachsiger durch vier Lisenen gegliederter Mittelrisalit mit flachem Giebel beherrscht die Vorderfront. Rustifizierte Ecken und eine doppelläufige Freitreppe tragen zur Belebung bei.

Nach Renovierung 1977 erstrahlt das Forstamtsgebäude wieder im königlich-hannoverschen Rot des 18. Jahrhunderts.

Besitzer

um	1400	von Steine zu Steinhausen
nach	1400–1445	von Buck
	1445–1652	verschiedene Besitzer
	1652–1780	Grafen von Bylandt-Reydt (Vermächtnis)
	1780–1785/87	Kurfürst Georg III. für seinen Sohn Friedrich von York (Kauf)
	1787–1866	Krongut
	1866–heute	Dom- und Forstfiskus

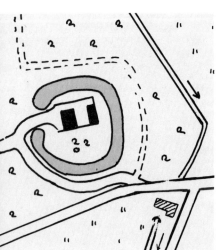

Lageplan von Palsterkamp   *Bauten*   1790   Herrenhaus

Das ehemals adlig-freie Gut Sandfort am westlichen Fuße des gleichnamigen Berges zwischen Voxtrup und Düstrup gehört zu den relativ jüngeren Rittersitzen des Hochstiftes. Das Anwesen ist aus einem Bauernerbe in der einstigen Bauerschaft Molenseten geschaffen worden, das keinerlei Gerechtigkeiten besaß. Es wird als Stammsitz der Herren von Molenseten angesehen, einem alten Osnabrücker Stadtgeschlecht, das urkundlich schon im 12. Jahrhundert bezeugt ist. Ein von Ankum, der 1534 mit Sandfort belehnt wurde, schuf aus dem Bauernerbe das Gut. Erst 1622 wurde der damalige Besitzer, von Westerholt, zum Landtag zugelassen. Der Name Sandfort erscheint erstmals anstelle des alten Namens im Jahre 1580 und wird endgültig 1689 mit dem Gut gleichgesetzt. »Johans Haus zu Molenseten, wo itzo das Haus Sandfort steht«. Zwei Jahre vorher hatte von Waden das Anwesen gekauft. 1716 gelangt das Gut durch Heirat an die Familie von Reichmeister. 1862 erwirbt es Konsul Ischon, dessen Sohn 1891 Sandfort an den späteren Ökonomierat Jaffé verkauft.

Das ursprünglich in einem Sumpfgebiet errichtete feste Haus war von einer Graft umgeben, die nahe Quellen speisten. Der erste Herrensitz bestand aus einem Wohnturm, dessen auf Eichenpfählen ruhende Fundamente einen Teil der Grundmauern des jetzigen Haupthauses bilden. Dieses wurde 1760 anstelle des alten Herrenhauses geschaffen und 1808 renoviert. Der mittlere Teil des zweistöckigen verputzten Fachwerkbaues ist im Dachgeschoß mit abschließenden Dreieckgiebeln und eingebauter Uhr herausgehoben. Über der bescheidenen Eingangstür mit Freitreppe erscheint das Wappen des Bauherrn mit der Inschrift »Carl Diederich von Reichmeister 1760«.

Der Zugang zum Herrenhaus erfolgt durch das turmartige Torhaus (1662). Dieses war ursprünglich über eine Zugbrücke mit der Vorburg verbunden.

Ein steinerner Löwe bewacht Tor und Schlußpforte.

Der Löwe wird unter allen heraldischen Tieren am häufigsten verwendet. Er gilt als Sinnbild vor allem der landesherrlichen Macht. Hier mag er als Symbol der Kraft und Gewandtheit gelten, die für den Hüter der Schwelle notwendig sind.

Haus Sandfort liegt inmitten des Wassereinzugsgebietes der Stadt Osnabrück. Eine Brunnensäule aus Sandstein neben der Linde im Wirtschaftshof weist darauf hin. Wenige Schritte weiter liegt ein großer granitener Mahlstein mit vier Arbeitsstellen. Er wurde vor 50 Jahren im Düstruper Urnenfeld aus 1,5 Meter Tiefe geborgen.

Torhaus, Wirtschaftsgebäude und ein eingeschossiges Wohnhaus gruppieren sich um den Wirtschaftshof, die ehemalige Vorburg. Ein flankierender Wirtschaftsbau von 1752 mit doppelter Einfahrt wurde 1979 abgerissen. Der Wirtschaftshof war vom Herrenhaus bis 1860 durch einen breiten Wassergraben getrennt. Die Graften sind bis auf den Graben, der Haupt- und Vorburg voneinander schied, erhalten geblieben und im Norden teichartig erweitert worden.

Sandfort. Ein steinerner Löwe bewacht Tor und Schlußpforte. Der Löwe galt als Symbol der Kraft und Gewandtheit, die für den Hüter der Schwelle erforderlich waren.

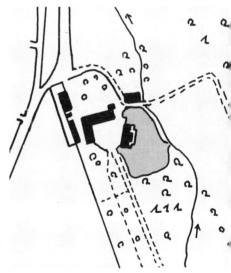

Lageplan von Sandfort.

Ein eigener Zauber breitet sich um den Park aus, der mit seinen mächtigen Ulmen, Platanen und Buchen und einem Laubengang aus beschnittenen Linden, hier als architektonisches Mittel der Rahmung dienend, die Unruhe unserer Zeit vergessen läßt. Es ist sicher kein Zufall, daß der bekannte Maler Franz Hecker in Sandfort sein Atelier hatte.

Besitzer

	1402–1547	von Ankum
	1547–1622	von Roland (Erbgang)
	1622–nach 1668	von Westerholt (Heirat)
nach	1668–1687	von Langen (Heirat)
	1687–1716	von Waden (Kauf)
	1716–1862	von Reichmeister (Heirat)
	1862–1890	Ischon (Kauf)
	1891–1934	Jaffé (Kauf)
	1934–heute	Jaffé-Erbengemeinschaft

Bauten

1662	Torhaus
1760	Herrenhaus
1808	Herrenhausumbau

Harkotten Elf Kilometer südlich von Iburg, östlich der Bundesstraße 475 (Glandorf–Warendorf) liegt an der Bever das Doppelschloß Harkotten (= Heidekotten, nd. har = trocken).

Zwischen 1297 und 1309 errichtete der Ritter Heinrich III. Korff an der Grenze zum Bistum Osnabrück und zur Grafschaft Ravensberg das feste Haus (mansio) Harkotten wahrscheinlich auf allodialem Grund.

Die Vorburg war 1311 fertiggestellt, doch genügte der Ausbau der Feste noch nicht den Ansprüchen des von Korff. Die Fertigstellung der Befestigungsanlage verzögerte sich, da die Ravensberger den weiteren Ausbau blockierten, indem sie die Zufuhr von Baumaterialien aus Markengründen, wo sie ebenfalls Rechte beanspruchten, verhinderten. Es kam zu einer Fehde, in der die Ravensberger unterlagen. Sie mußten sich (am 2. 12. 1315) zur Sühne bereit erklären. Der Ritter von Korff durfte künftig zur Befestigung seines Hauses im Kirchspiel Laer (Ledere) Steine brechen, Kalk brennen und sonstiges Baumaterial aus anderen Orten heranführen. 1315 konnte der Ausbau zu einer wehrhaften Burg erfolgen.

Noch im gleichen Jahr erhielt von Korff die Gerichtsbarkeit über die ravensbergischen Freien. Durch Heirat der Erbtochter Wibbecke von Warendorf erwarb Heinrich von Korff das Gaugericht in Warendorf.

Korff handelte wie ein Vasall und nicht wie ein Ministerialer. Tatsächlich hatte er dem Bischof von Münster das feste Haus Harkotten als

Harkotten.
Das Herrenhaus von Korff-Harkotten wurde anstelle des 1805 niedergelegten mittelalterlichen Burgsitzes errichtet.

Offenhaus aufgetragen und es als Lehen zurückerhalten. Nach Ansicht des Bischofs verletzte Korff mit dem Bau seines Hauses landesherrliche Rechte. Die späteren Fehden mit ihm sind daher begreiflich. Die Schwierigkeiten wuchsen auch dadurch, daß die Herren von Harkotten zeitweise Burgmannen des Osnabrücker Bischofs, des Grafen zur Lippe und des Ravensberger Grafen waren.

Die von Korffs gehören zu den verbreitetsten westfälischen Adelsgeschlechtern. Darüber hinaus waren sie Ordensritter in Preußen (Westpreußen) und im Baltikum (Kurland und Livland).

Die Burg Harkotten wurde 1334 unter den beiden Söhnen Heinrichs III. geteilt und hierbei nach der Familienüberlieferung um die Erbteile gewürfelt. »Smiet in!« (Schmeiß rein) rief Heinrich IV., der zuerst den Würfel warf. Er habe danach den Beinamen »Schmiesing« erhalten. Seine Nachkommen nannten sich von Korff-Schmiesing. Heinrich IV. erhielt »die östliche Seite des von ihrem Vater bewohnten Hauses von einem Turm zum anderen und die Fischerei auf der östlichen Seite, nämlich den großen Teich zum Sittelkamp und den kleinen Teich und den Garten auf der Ostseite«. Eberhard (Everd) bekam »die westliche Seite des väterlichen Wohnhauses von einem Turm zum anderen und die Fischerei auf der westlichen Seite, den Rüwenteich und den großen Teich auf derselben Seite ...«. Gemeinsam gehörten ihnen »der Install vor dem Hause und der große Hudepol vor der Pforte, die zwei Türme und das Pforthaus, die Mühle und die bei den Flutwerken gefangenen Fische«. Gerichtshaus, Burgtor, die übrigen Gebäude auf der Mühleninsel und die St. Antonius geweihte Kapelle auf der Vorburg waren ebenfalls gemeinsamer Besitz. Die Kapellenstiftung war 1302 vom Bischof Ludwig von Münster genehmigt worden, doch blieben Taufe, Bestattung und letzte Ölung der Pfarrkirche in Füchtorf vorbehalten, über die von Korffs das Patronat besaßen. Das im 18. Jahrhundert umgebaute Gotteshaus gehört noch heute den Familien Korff und Ketteler. Auf der linken Seite des Kapellenschiffes ist das Gestühl derer von Korff und auf der rechten Seite sind die Sitze der Familie von Ketteler angebracht.

Die beiden Familien blieben unter einem Dach wohnen, doch wird berichtet, daß in den einzelnen Stockwerken Truhen die Grenze der Familienbereiche markiert haben. Die Teilung des Besitzes war im übrigen in besonderer Weise verklausuliert. So gehörten die Baumreihen des nach Füchtorf führenden Kirchweges – heute im Besitz der Stadt Sassenberg – auf der linken Seite der Familie von Korff, auf der rechten Seite den Kettelers, bis nach der Mitte der Strecke sich die Besitzverhältnisse wieder umkehrten. Auf diese Weise wurde verhindert, daß die Allee von der Bildfläche verschwand.

Der Anteil der älteren Linie von Korff kam 1615 durch Heirat der Erbtochter Christine an die Familie von Ketteler, einem bedeutenden westfälischen Adelsgeschlecht. Aus einem Familienzweig stammt der letzte Ordensmeister im Baltikum, der 1561 das säkularisierte »Herzogtum von Kurland und Semgallen« als erbliches Lehen erhielt.

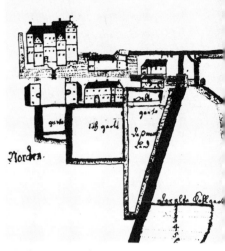

Harkotten im Jahre 1720.

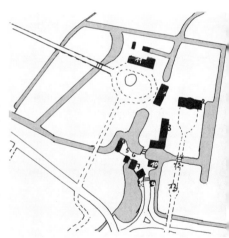

Harkotten Lageplan.
1 Schloß von Korff (1805–1806), 2 Schloß von Ketteler (1754–1767), 3 Wirtschafts- und Wohngebäude (Försterwohnung) mit Kapelle (1744 angebaut), 4 Mälzhaus, 5 Mühle, 6 Müllerhaus (1701), 7 Gerichtsgebäude mit Gefängnis, 8 Torhaus, 9 Torhaus, 10 Wirtschaftsgebäude, 11 Wohngebäude (Verwaltung) (1830), 12 allegorische Figuren (Löwen), 13 allegorische Figur (Apollo), 14 Zugbrücke.

Torhaus von Haus Sandfort (Parkseite).

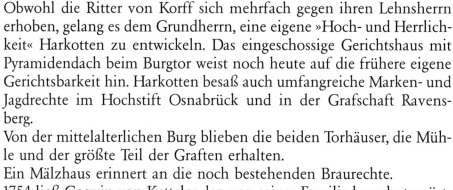

Harkotten. Im Vordergrund Mühle und zwei Torhäuser von Schloß Korff-Harkotten, im Hintergrund rechts Schloß Ketteler-Harkotten.

Obwohl die Ritter von Korff sich mehrfach gegen ihren Lehnsherrn erhoben, gelang es dem Grundherrn, eine eigene »Hoch- und Herrlichkeit« Harkotten zu entwickeln. Das eingeschossige Gerichtshaus mit Pyramidendach beim Burgtor weist noch heute auf die frühere eigene Gerichtsbarkeit hin. Harkotten besaß auch umfangreiche Marken- und Jagdrechte im Hochstift Osnabrück und in der Grafschaft Ravensberg.

Von der mittelalterlichen Burg blieben die beiden Torhäuser, die Mühle und der größte Teil der Graften erhalten.

Ein Mälzhaus erinnert an die noch bestehenden Braurechte.

1754 ließ Goswin von Ketteler den von seiner Familie bewohnten östlichen Teil der Hauptburg niederlegen. Im gleichen Jahr wurde keine hundert Meter weiter ostwärts mit dem Bau des jetzigen Schlosses begonnen. Der Fürstbischöfliche Feldhauptmann und Landesingenieur Johann Leonard Mauritz Gröninger aus Münster schuf es in der Zeit von 1754 bis 1758 und nach Unterbrechung durch den 7jährigen Krieg von 1763 bis 1767. Allein die Fundamentierung mit Eichen- und Fichtenstämmen dauerte zwei Jahre. Das zweistöckige Herrenhaus mit Mansardendach erhebt sich über hohem Kellergeschoß als verputzter Backsteinbau. Ein oval ausladender fünfachsiger Mittelrisalit mit geschwungenem Giebel und schwachen zweifenstrigen Eckrisaliten sowie eine breitgeschwungene doppelt geführte Freitreppe geben dem monumentalen Bau einen ausgeprägt repräsentativen Charakter.

Der Gedanke des ellipsenförmig vorspringenden Mittelrisalits ist eine Erfindung des Barocks, indem durch Schwingung der Mauer ein Bewegungseindruck erweckt werden soll. Im Giebel der Hauptfront weist das verzierte Doppelwappen Ketteler-Korff auf herrschaftlichen Anspruch hin. Das Wappenrelief im Giebel galt im 18. Jahrhundert als wichtiges Zeichen adeliger, vor allem fürstlicher Selbstdarstellung.

Auf der Gartenseite springt der an den Seiten abgeschrägte Mittelrisalit stark vor. Ein von dorischen Säulen getragener um 1870 errichteter Balkon nimmt die gesamte Breite des Risalites ein. Von ihm aus führen zwei elegant geschwungene Treppen in den Garten.

Geräumiges Treppenhaus und überhöhter Festsaal dienten der Rangerhöhung des Erbauers. Soweit die finanziellen Mittel reichten, mußte architektonischer Glanz zum Ausdruck bringen, was dem Standesherrn selbstverständliches Bedürfnis war. Auch die zwei Wappen haltenden Löwen auf hohen achteckigen Säulen vor der Zugbrücke am Eingang der Schloßallee bekräftigen seinen Anspruch. Die Freude an allegorischen Darstellungen, wie sie dem Geschmack der Zeit entsprach, kommt in den etwas theatralisch wirkenden Figuren von Apollo mit der Zither in der Schloßallee aus der 2. Hälfte des 18. Jahrhunderts und im Atlas mit der Weltkugel von 1729 zum Ausdruck, der heute östlich des Schlosses einen Blickfang bildet.

Anstelle des 1805 abgebrochenen Westflügels der mittelalterlichen Burg schuf Adolf von Vagedes 1805 bis 1806 nach dem Vorbild von Schloß

Harkotten. Ein oval ausladender Mittelrisalit mit geschwungenem Giebel und doppelt geführter Freitreppe geben Schloß Ketteler einen repräsentativen Charakter.

Wörlitz bei Dessau einen klassizistischen Werksteinbau mit flachem abgewalmtem Ziegeldach. Vagedes hatte ursprünglich vor dem Mittelrisalit einen beide Stockwerke zusammenfassenden Säulenportikus mit hohen korinthischen Säulen, eine sogenannte korinthische Kolossalordnung, und breiter Treppe entworfen, um damit eine ähnliche monumentale Lösung zu erreichen, wie sie beim Gröningerbau gelungen war. Dadurch wäre zwar eine größere Geschlossenheit des Baus erreicht worden, doch wirkt das heutige Schloß mit einstöckiger von vier dorischen Säulen gestützter Vorhalle und Balkon, die nach dem Umbau von 1831 geschaffen wurden, ausgewogen und edel. Insgesamt wird die Fassadenbreite betont. Eine Doppelbalustrade über dem Kranzgesims als Attika und sparsames Wandgehänge schmücken die von Lisenen eingerahmten Seitenrisalite.

Das Schloß wurde auf den Pfählen der alten Burg erbaut und erhielt damit eine ähnliche Lage. Während das Kettelersche Schloß nach Süden gewandt ist, richtet sich der Korffsche Bau mit seiner Front nach Westen. Seine Unabhängigkeit wird dadurch zum Ausdruck gebracht, daß die zum Schloß Ketteler gewandte unbetonte Rückfront durch eine Baumreihe abgeschirmt wird.

Das Haus steht über hochgezogenem Kellergeschoß. Das Gelände vor dem Mittelrisalit wurde vor 1831 aufgeschüttet, so daß das Gebäude wie auf einer Warft stehend erscheint, und der Zugang zum Hauptgeschoß fast zur ebenen Erde und damit bequem erfolgen kann.

Die schützenden Graften sind beseitigt und an ihre Stelle in gewissem Abstand zum Schloß ein Teich geschaffen und Grünflächen angelegt worden. In dieser Gestaltung der Wasserfläche ist der Gedanke des Wehrhaften endgültig aufgegeben worden.

Harkotten.
Die St. Antonius geweihte
Kapelle auf der Vorburg ist
gemeinsamer Besitz der Familien Korff und Ketteler.

Besitzer

14. Jahrh.	von Korff	
1334	Teilung der Burg	
1334–1615	von Korff	1334–heute von Korff
	(Linie Heinrich IV.)	(Linie Everd)
1615–heute	von Ketteler	
	(Heirat)	

Gebäude

1701	Gerichtshaus
1749	Müllerhaus
1754–1767	Schloß Ketteler
1805–1806	Schloß Korff

Harkotten. Schloß Ketteler.

Vortlage Haus Vortlage entstand in einem früheren Bruchgelände südlich Lengerich. Es gehörte zu den ehemaligen landtagsfähigen Burgmannssitzen
der alten Grafschaft Tecklenburg. In frühester Zeit ein Steinfurter Lehen, wurde es seit Mitte des 13. Jahrhunderts als Tecklenburger Lehen
bezeichnet.

Fast fünfhundert Jahre befand sich die Anlage in den Händen der Familie von Münster. Von den Mitgliedern dieses Geschlechts verdient
Johann von Münster (1560–1632), ein entschiedener Vertreter des refor-
mierten Glaubens, hervorgehoben zu werden. Er machte sich als Verfasser von 37 meist erbaulichen Schriften einen Namen. Mit seinen
Ausführungen gegen die Lockerung der Sitten und gegen den Tanz versuchte er in einer bösen Zeit getreu seinem Wahlspruch zu handeln:
Dieu est ma justice et ma force (Gott ist mein Recht und meine Stärke).
Zeitweise waren auch die adeligen Häuser Mesenburg und Velpe Eigentum der Herren auf Vortlage.

Nach mehrfachem Besitzwechsel und Verkauf der Ländereien an die
Stadt Lengerich gingen Herrenhaus und Park 1978 in den Besitz von
Frau Dr. Mannzmann über.

Die ursprüngliche Burg lag mit großer Wahrscheinlichkeit auf einem
künstlichen Erdhügel (Motte) westlich des derzeitigen Herrenhauses an
der heutigen Landstraße von Lengerich nach Ladbergen. Die Kleinheit
der Motte verbot einen weiteren Ausbau.

Das Herrenhaus wird 1788 beschrieben als »ein altes hölzernes Gebäude
mit einem Graben umgeben, über welchen eine Zugbrücke führet«.
Damals gehörten neben den üblichen Wirtschaftsgebäuden eine Mahl-,
eine Öl- und Bockmühle zum Gut. Über Haus Vortlage schreibt der
Chronist, daß es 1814 »mit seinen Ackerflächen, Wiesen und Holzungen
eine Oase in der unabsehbaren Einöde des Ericafeldes (Heidekrautfel-
des) bildete«.

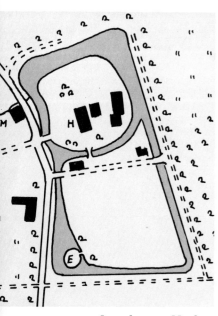

*Lageplan von Vortlage.
H Herrenhaus, E Erbbegräbnis, M ehemalige Mühle.*

Eine Steinbrücke verbindet die Insel der Hauptburg mit dem festen Land. Bemerkenswert erscheint das geschwungene Mauerwerk, das seitlich als hohe Brüstung den Torpfeilern angefügt ist und symbolisch die Begrenzung der einstigen Wasserburg andeutet. Es erinnert an die Brückenmauer der Toreinfahrt der Dyckburg in St. Mauritz/Münster. Die Torpfeiler tragen Sandsteinvasen, in die die Wappen derer von Steding bzw. der Familie von Grote eingemeißelt sind. Die imponierende Toranlage stand vor dem Bau des jetzigen Herrenhauses in auffallendem Gegensatz zum bescheidenen Wohnsitz.

Das heutige Herrenhaus stellt sich als zweigeschossiger Massivbau mit Mansardendach dar. Der Grundriß ist symmetrisch zur Mittelachse ausgebildet. Ein Mittelrisalit mit Dreiecksgiebel gibt dem Haus einen gewissen Schwerpunkt.

Das Gelände der einstigen Vorburg ist wie das Herrenhaus von einer Graft umgeben. Diese wurde im Südosten teichartig erweitert, damit auf überhöhter Insel ein Erbbegräbnis geschaffen werden konnte.

Besitzer

um	1241		von Vortlage
um	1241–	1707	von Münster
um	1707–	1752	von Grote (Heirat)
	1752–	1823	von Blomberg (Kauf)
	1823–	1906	Kröner (Kauf)
	1906–	1923	Rickmers (Kauf)
	1923–	1978	Dr. Lochte und Erben
	1978–	heute	Dr. Mannzmann (Kauf)

Bauten

	1730	Toranlage
um	1870	Herrenhaus
	1907	Herrenhausumbau

Ein Henricus de Cappelle, Lehnsmann des Grafen von Ravensberg, wird **Kappeln** 1158 erwähnt und als »Thegrave« (Dinggraf = Gerichtsherr), Ende des 13. Jahrhunderts als Liber comes (Freigraf), bezeichnet. Die Ritter von Kappeln werden nach 1357 nicht mehr Freigrafen genannt. Es setzen sich die Grafen von Tecklenburg durch, die 1347 für ihr Land den Status einer Freigrafenschaft erhalten hatten.

Zeitweise gehörte die Burg mehreren Besitzern. 1350 besaß Johannes von Kappeln nur noch einen Teil der Feste. Albert von Vincke (Vynke), der 1336 mit Kappeln belehnt wurde, überließ ihm Jahre später wieder einen Teil der Burg.

Haus Kappeln hat in der Folgezeit mehrfach den Besitzer gewechselt. Völlig überraschend trat 1812 ein neuer Grundherr auf. Der Chronist H. W. Berghaus berichtet, daß wenige Tage nach Neujahr 1812 ein Fremder

Kappeln. Der Dreiflügelbau von Haus Kappeln wirkt wie eine einheitliche Anlage. Die beiden Seitenflügel sind jedoch erst 1777–1779 hinzugefügt worden. Die Giebeldreiecke mit angedeuteten Stufen erinnern an die münsterländische Giebelausbildung der Renaissance.

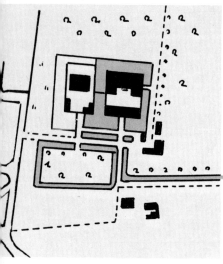

Lageplan von Haus Kappeln. Bemerkenswert ist die ursprüngliche Anlage auf zwei Inseln, die von drei Graften gesichert wurde.

in Begleitung einer jungen Dame, deren Kammerjungfrau und eines Bedienten mit Extrapost anreisten. »Sie kamen direct von Paris. Der Fremde überbrachte Briefe vom Freiherr von Loen an seinen Oheim-Canonicus (Rudolf Emanuel von Loen) und den Guts-Inspector von Haus Cappeln. Er bat, die Briefe auf der Stelle und in seiner Gegenwart zu lesen. Der Inspector wurde gerufen. Der Canonicus erbrach den an ihn gerichteten Brief, sank aber, wie er die ersten Zeilen flüchtig überblickt hatte, mit einem kurzen Aufschrei und wie ohnmächtig in seinen Lehnsessel zurück. Der Inspector öffnete seinen Brief, blickte hinein, ließ ihn zur Erde fallen und stand da leichenblaß wie eine Marmorsäule.« Der Fremde, Baron von Lange, legte eine vom kaiserlichen Notar in Paris ausgefertigte Urkunde vor, nach der Freiherr von Loen (der Besitzer von Gut Kappeln) die Rechte und Ansprüche, welche »er bisher an dem Hause Cappeln und allen seinen Zubehörungen, an dem lebenden und toten Inventar, dem Ameublement des Schlosses und Allem, was darinnen, besessen habe, an den Baron Lange zu dessen ausschließlichem Besitz und Gebrauch übertrug«. Canonicus von Loen, der Oheim des gewesenen Besitzers, solle jedoch zeitlebens Unterhaltsrechte im Schloß Cappeln behalten.

Der Neffe des Canonicus hatte in einer Nacht in Paris sein ganzes Rittergut verspielt. Der verbitterte alte Herr schrieb wenig später in einem Brief, daß er noch 91 014 Gulden und 39 Kreuzer zu vererben habe, hinzufügend: »Meine Beerdigung soll, nachdem ich offengelegen und erst recht stinkig geworden bin, ohne Aufsehen schlechtweg sein.«

Haus Kappeln liegt unmittelbar nördlich von Westerkappeln in typischer Zweiinsellage. Die Hauptburg wird von einer Graft umgeben. Wassergräben führten auch um die Vorburg, den späteren Wirtschaftshof. Ursprünglich war die Feste von drei Graften geschützt. Diese sind auf der Südseite noch erhalten. Das benötigte Wasser kommt zum größten Teil vom Bullerteich, der von einem früheren Besitzer des Hauses Kappeln aufgekauft wurde. Osterbecker Bauern mußten jedoch so viel des kostbaren Nasses erhalten, wie durch drei Mauselöcher (= 3/4 Zoll) fließen konnte.

Es erscheint nicht ausgeschlossen, daß der ursprüngliche Wohnplatz auf einer später angegebenen Motte etwa 130 Meter nördlich der jetzigen Wasserburg im sogenannten »Holzteich« – heute ein Wäldchen – lag. Graf Otto IV. von Tecklenburg erklärte 1326 – die Grafen von Ravensberg verfügten nur bis 1246 über Kappeln – die Burg zu Eigentum des Ritters Hermann von Kappeln. Im Jahre 1382, während der Tecklenburger Fehde, wurde die Burg vom Osnabrücker Bischof und von Bürgern der Stadt erobert und zerstört. Wahrscheinlich ist die Feste nach ihrer Vernichtung auf den alten Fundamenten wiederaufgebaut worden. Die Weite des aus der Wand entwickelten Gewölbes unter dem östlichen Keller (6,40×12,30 Meter) des Herrenhauses weist auf ein ursprünglich mehrstöckiges Steinwerk hin. Seine Westwand trennt als 1,40 Meter mächtige Kaminwand den Raum von dem dazugekommenen Keller (6,0×12,70 Meter). Seine übrige Mauerstärke deutet auf einen Ausbau im späten Mittelalter. Vermutlich befand sich vor Zerstörung der Burg über den beiden Kellerräumen der Palas, der Turm und Anbau vereinte. Der Wiederaufbau der Burg wird frühestens um 1400 nach Beendigung der Fehde erfolgt sein.

Der heutige Dreiflügelbau wirkt wie eine einheitliche Anlage der Barockzeit. Tatsächlich sind die beiden Flügelbauten erst 1777–1779 errichtet worden. Anfangs bestand nur ein längsrechteckiger Baukörper. In der ehemaligen westlichen Außenwand, die heute vom Flügelanbau verdeckt wird, ist noch ein unversehrtes Fenstergewände erhalten, das die gleichen Maße besitzt und in gleicher Höhe angebracht ist wie die übrigen Kellerfenster und damit auf eine ursprüngliche Außenwand hinweist. Im westlichen Keller sind der alte Herd mit Kamin und links davon ein Backofen und rechts eine Wärmehaltung (!) zu sehen.

Zusammen mit den Seitenflügeln sind der westliche und der östliche Balkon angesetzt worden, der letztere wurde später mit einer über die Graft führenden Brücke verbunden. Der in der Schloßachse zum Park orientierte Balkon wird von vier kräftigen Konsolen getragen, die auf eine erheblich frühere Bauzeit schließen lassen.

Das Herrenhaus ist gleichmäßig durchgefenstert. Während die zum Park gerichteten Fensterwände ein leichtes Profil zeigen, sind die übrigen völlig glatt. Die Einfassungen wurden beim Umbau gewendet und gleichzeitig die Fensterkreuze entfernt. Erstaunlicherweise sind die Gewände nach dem Umbau in hannoverschem Rot gestrichen worden. Die Mitte des Haupthauses wird durch einen bis zum Dachfirst hochgezogenen Giebel, wappengeschmückten Eingang mit an den Seiten zugänglicher Freitreppe und Balustrade betont. Ein von zwei steigenden Löwen gehaltenes quadriertes Wappen mit Krone über einer Kartusche mit der Jahreszahl 1777 in römischen Ziffern bekräftigt den Anspruch des Standesherrn. Die im Barock angestrebte Symmetrie ist am Herrenhaus in jeder Weise erreicht. Nur die Giebeldreiecke mit hoch angedeuteten Stufen erinnern an die typisch münsterländische Giebelausbildung der Renaissance.

Der Grundriß des Hauses ist klar und übersichtlich. Fast zwei Drittel des Schlosses werden von Gesellschaftsräumen in Anspruch genommen. Diese spiegeln in den schweren Stuckdecken und verstuckten Balken, vor allem im Rittersaal, in Supraporten, in denen die sorglose Freude an der dekorativen Wirkung zum Ausdruck kommt, und in den vom derzeitigen Besitzer gesammelten kostbaren Stilmöbeln des Barocks und Empire sowie in Gemälden den jeweiligen Zeitgeist wider. Einzigartig sind die Sammlung von Trensen (Mundstück und Ringen) aus drei Jahrtausenden, die Zusammenstellung von Schloßbildern, vorwiegend aus dem 16. Jahrhundert, eine dazugehörige eisenbeschlagene

Kappeln.
Die Mitte des Haupthauses wird durch hochgezogene Giebel, wappengeschmückten Eingang und Freitreppe mit Balustrade betont.

Kappeln.
Schwere Stuckdecken und verstuckte Balken sind ein besonderer Schmuck des Herrenhauses.

Ippenburg

Geldtruhe mit 12 Sicherungen und Arbeitsgeräte aus dem bäuerlichen Lebenskreis des Osnabrücker-Tecklenburger Landes.

Das dem Herrenhaus gegenüberliegende langgestreckte Torhaus ist vermutlich im Zusammenhang mit dem Bau des alten Herrenhauses errichtet worden. Drei Schießscharten auf seiner westlichen Seite sind derart konstruiert, daß der Zugang zur Brücke genau im Schußfeld liegt. Im Ostteil des Torhauses war die Burgkapelle St. Margaretha eingerichtet. Eine Glocke aus dem Jahre 1482, die zur Zeit im Schloß aufbewahrt wird, kann zur Kapelle gehört haben.

In einer Beschreibung von Holsche aus dem Jahre 1788 heißt es, daß der Rittersitz »einen wohlangelegten Garten, ein Boskett mit angenehmen Spatziergängen« habe. Vermutlich haben Johann Jost von Loen, der zusammen mit seinem Bruder Johann Michael Besitzer von Kappeln war, die Parkanlagen des Bagno in Burgsteinfurt, die er mitschuf, angeregt, etwas Ähnliches in Kappeln zu gestalten.

Die gesamte Anlage ist nach 1964 vorbildlich renoviert und von Zusätzen, die beim Umbau 1862 im Sinne der Renaissance erfolgten, befreit worden.

Der Chronist Berghaus überliefert, daß der Schloßhof im Jahre 1814 »an die sauberen Höfe der Huizen des altholländischen Adels« erinnere und in seinen Räumen »ein edle Architektur herrsche, die den geläuterten Geschmack des Erbauers kund gebe«. Das gleiche kann noch heute gesagt werden.

Besitzer

vermutl. 12. Jahrhundert –1350	von Cappeln
1350	von Cappeln und von Vincke
Mitte 15. Jahrhundert –1708	von Lüninck (Heirat)
1708–1755	von der Horst
1755–1777	Prediger Buddaeus zu Spenge (Kauf)
1777–1812	von Loen (Kauf)
1812–1847	von Lange (Spielgewinn)
1847–1889	von Kalckstein (Heirat)
1889–1919	von Loen (Kauf)
1919–1964	Schulte, seit 1962 Iden geb. Schulte
1964–1964	Zimmer
1964–heute	W. Titgemeyer

Bauten

| 1777–1779 | Flügelbauten |

Haus Sögeln wurde Ende des 18. Jahrhunderts als rechteckiger Bruchsteinbau ohne Keller errichtet. Die beiden kurzen Seitenflügel sind erst im frühen 19. Jahrhundert angesetzt worden.

Sögeln Haus Sögeln, nördlich von Bramsche, nahe der Straße von Hesepe nach Rieste, wirkt heute als ein Refugium. In einem weiten Park gelegen, umgeben von Wiesen und Feldern, scheint »kein Klang der aufgeregten Zeit« nach hier zu dringen.

Der Ursprung des Rittersitzes ist unbekannt. Er wird 1350 als bischöfliches Lehen des von Ledebur erwähnt. Als Burg wird Sögeln zum ersten Mal 1426 bezeichnet. Der Besitz gelangte um 1590 im Konkursverfahren an von Langen, Drost zu Fürstenau und Vörden, und kam nach wiederholtem Verkauf 1817 an Rathgen und im Erbgang 1877 schließlich an die Familie von Rappard, die das Gut noch heute besitzt.

Reste eines Wohnturmes und anschließendes Mauerwerk weisen auf die mittelalterliche Hauptburg hin, Mühle und Wirtschaftsgebäude auf die frühere Vorburg. Doppelte Graften umziehen heute fast geschlossen den alten Rittersitz.

Nach einem Plan von 1774 erhob sich die viereckige Hauptburg mitten aus dem Burgteich. Das im Westen liegende Herrenhaus umstanden vermutlich ein alter Wohnturm und Nebengebäude. Zur Vorburg gehörten Stallungen, Backhaus und Küchengarten.

Schießscharten im Torhaus, links und rechts der Durchfahrt, weisen noch heute auf den Anspruch des adeligen Herrn auf Selbstschutz hin. Friedrich Philipp von Hammerstein erbaute zwischen 1793 und 1802 den jetzigen Wohnsitz, einen auf Eichenpfählen gegründeten rechteckigen Bruchsteinbau ohne Keller. Erst im frühen 19. Jahrhundert wurden seitlich zwei kurze Flügelbauten mit gewalmten Dächern angesetzt und gleichzeitig eine unmittelbar zum ersten Stock führende Freitreppe abgebrochen. Erdgeschoß, westliches Mauerwerk und die beiden Seitenflügel wurden aus Bruchstein, die zum heutigen Teich gewandte Seite des Haupthauses aus Fachwerk errichtet. Das gesamte Bauwerk ist verputzt, Fenster und Türen sind sandsteinverblendet. Über dem niederen Erdgeschoß erhebt sich das durch hohe Fenster gekennzeichnete Hauptgeschoß. Ein Mittelrisalit mit Dreiecksgiebel unterbricht die gleichmäßig durchgefensterte Front- und Rückseite des Baus. Das Herrenhaus

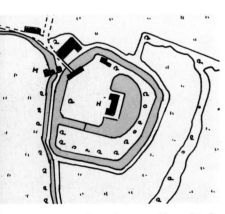

Lageplan von Haus Sögeln. H Herrenhaus, M Mühle.

226

darf wegen seiner ruhigen und ausgeglichenen Formen als charakteristisch für die Baugesinnung um die Wende des 18. zum 19. Jahrhundert angesehen werden.

Von seltener Geschlossenheit wirkt im großen Saal die im Biedermeierstil gehaltene Einrichtung. Das oft abwertend als »ärmlicher Ausläufer des Empirestils« genannte Biedermeier zeichnet sich hier durch einfache, streng wirkende und doch bequeme Möbel von gediegener Arbeit aus. Nur an den Rücklehnen der Stühle oder in Holzeinlagen wird sparsamer Schmuck wirksam. Eine Vitrine, in der kostbares Porzellan und Silberzeug zur Schau gestellt werden, vervollständigt wie üblich den herrschaftlichen Rahmen.

Sögeln. Ein Aquarell aus der Zeit des Biedermeier zeigt die Frontseite des Herrenhauses. Es macht den Geist der Zeit spürbar.

Wenige hundert Meter ostwärts des Wohngebäudes liegt mitten im Wald die 1871 erbaute neugotische Kapelle, umgeben von den Gräbern der seit dieser Zeit auf Haus Sögeln wohnenden Geschlechter. Männer und Frauen des Adelssitzes haben bemerkenswerte Schicksale gehabt. Generalleutnant Hans Freiherr von Hammerstein-Equord, der 1817 Sögeln verkaufen mußte, führte bis in sein Alter ein sehr freies Leben. »Der tolle Hammerstein«, wie er gern genannt wurde, ließ sich in seinen jungen Jahren auch gern auf romantische Liebesabenteuer ein. Im Jahre 1799 entführte er die junge Gräfin Schweidnitz ihrem Ehemann und ließ sie als seine angebliche Schwester im Kloster Gertrudenberg in Osnabrück aufnehmen. Er selbst trat im Kloster Iburg als spanischer Mönch auf, um derart verkleidet ein Zusammentreffen mit der Geliebten zu erreichen. Eine Heirat scheiterte jedoch am entschiedenen Widerspruch des Grafen Schweidnitz.

Im großen Saal des Hauses Sögeln stellt ein »auf Stein gezeichnetes Bild« Friedrich-Wilhelm von Rappard dar, den »Präsidenten des Königl. Oberlandes-Gerichtes zu Hamm«, den »Ritter des rothen Adler-Ordens« und Vater von 13 Kindern in seinem 82. Lebensjahr am Tage seines 60jährigen Dienstjubiläums.

Ein Pastellbild der reizenden Irmengard von Rappard erinnert an die Verlobung mit dem späteren Genaralfeldmarschall und Reichspräsidenten Paul von Hindenburg. Unmittelbar vor ihrer Hochzeit fiel sie in den Mühlenkolk vor dem Torhaus. Eine nachfolgende Lungenentzündung brachte ihr den Tod. Hindenburg, der dem Hause Sögeln treu verbunden blieb, hat Jahr für Jahr bis in sein hohes Alter zum Todestag der Verstorbenen einen Kranz geschickt.

Ein vergilbtes Bild aus einer Armeezeitung macht auf den Generalleutnant Friedrich Georg von Rappard aufmerksam, den letzten Verteidiger der Marienburg im Zweiten Weltkrieg. Der von seinen Leuten als »Vater der Division« verehrte Offizier wurde von den Russen liquidiert.

Torhaus von Haus Sögeln.

Besitzer

| 1323 | von Braken (?) |
| 1350–1412 | von Ledebur |

1412–1590	von Knehem (Heirat)
1590–1750	von Langen (Kauf)
1750–1792	von der Horst zu Haldem (Heirat)
1792–1793	von Münster (Kauf)
1793–1817	von Hammerstein (Kauf)
1817–1849	Rathgen (Kauf)
1849–1877	von Stoltzenberg (Heirat)
1877–heute	von Rappard (Erbgang)

Bauten
1600	Torhaus
1793–1802	Herrenhaus
1871	Kapelle

Ippenburg   Das Castrum Ibbenborg in der Hunteniederung, wenige Kilometer nördlich von Wittlage, wird 1345 erstmalig genannt. Die Anlage der Burg ist in Zusammenhang mit den territorialen Auseinandersetzungen des Osnabrücker Bischofs mit dem Bischof von Minden und dem Grafen von Ravensberg zu sehen.

Seit Ende des 14. Jahrhunderts gehört Ippenburg der Familie von dem Bussche. Diese besaß 1402 auch die Hälfte der niederen Burg Hünnefeld. 1447 kaufte Albert von dem Bussche das Gut Hünnefeld von Bernd von Dehem. 1598 kam es unter den drei Söhnen des Clamor von dem Bussche zur Erbteilung, nach der Albert das Gut Ippenburg, Johann das Gut Lohe und Gerd Clamor das Gut Hünnefeld erhielt.

Das Geschlecht von dem Bussche gehört zu den verzweigtesten des Osnabrücker Adels. Um 1800 bestanden sieben Hauptlinien, von denen heute als wichtigste die Linien Ippenburg, Hünnefeld und Haddenhausen gelten. Durch die Heirat Georgs von dem Bussche mit der Erbtochter Amalie von dem Bottlenberg gen. von Kessell wurde der Grundbesitz des Hauses Ippenburg erheblich vergrößert. Damit war eine Voraussetzung für die Verleihung des Grafentitels nach dem Recht der Erstgeburt anläßlich der Huldigungsfeier Königs Friedrich Wilhelm IV. im Jahre 1840 erfüllt.

Die vor 1400 im geschlossenen Rechteck errichtete Ippenburg bestand aus drei Flügeln um einen engen Hof und im Norden aus einer Mauer mit Tor. Über einem steinernen Unterbau mit Schießscharten, der sich unmittelbar aus dem Wasser erhob, lag das Obergeschoß aus Fachwerk. Zur Burg gehörte seit 1421 eine im Erdgeschoß eingerichtete Kapelle »in honorem laudem et gloriam Omnipotentis Dei, sanctaeque Mariae Virginis eius genetricis et sancti Georgi Martyris« (zur Ehre, Lob und Ruhm

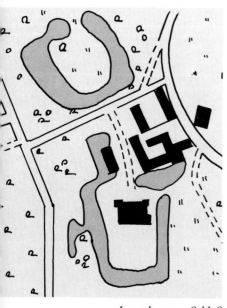

Lageplan von Schloß Ippenburg.

des allmächtigen Gottes und der heiligen Jungfrau Maria, deren Mutter und des heiligen Blutzeugen Georg). Bis zum Jahre 1808 wirkte in der Kapelle ein Hausgeistlicher.

Zwei Graften und ein dazwischen liegender schon 1429 erwähnter Wall schützten Haupt- und Vorburg. Die Hauptburg wurde erst 1811 niedergelegt, um Platz für einen Garten zu schaffen. Die Wälle waren bereits 1725 abgetragen worden. Die Vorburg mit den um 1600 geschaffenen Wirtschaftsgebäuden und Stallungen blieb erhalten. Anstelle der abgewalmten Dächer traten vor 1900 lediglich Dächer mit Steilgiebel. Die Graften sind bis auf den der Schloßfront zugewandten Wassergraben mit Brücke bis auf unsere Tage gekommen. Vier allegorische Figuren Prudentia (Klugheit), Constantia (Standhaftigkeit), Justitia (Gerechtigkeit) und Misericordia (Mitleid), die, ursprünglich in zwei Paare getrennt, vor den beiden Schloßbrücken standen, stehen heute vor und hinter der einzigen Schloßbrücke. Im 17. Jahrhundert wurde im Abstand von einer Graftenbreite nördlich der alten Burg ein zweistöckiges Herrenhaus mit Tordurchfahrt errichtet, an das sich links und rechts je ein kleiner Seitenflügel anschloß. Der Bau wurde 1862 abgerissen.

Die große Zeit der Schloßbauten war nach der Säkularisation und dem Verlust wichtiger Vorrechte der Feudalherren vorbei. Manche weiträumigen Schloßanlagen verschwanden, Graften wurden zugeschüttet. Im 19. Jahrhundert werden nur noch wenige Herrensitze geschaffen. Sie haben meist ein bescheidenes Ausmaß wie in Schwegerhoff, wo anstelle des 1696 in Fachwerk errichteten Herrenhauses 1818 ein Neubau in klassizistischer Manier entsteht.

Beflügelt von einem Zug nach Romantik setzt nach der Mitte des Jahrhunderts eine bedingte Rückkehr in die Welt des Mittelalters und der Renaissance ein, die in Um- und Anbauten aber auch in Neubauten zum Ausdruck kam. Das 1862/64 in gotisierenden Formen erbaute Haus Streithorst und vor allem das neue Schloß Ippenburg erscheinen dafür kennzeichnend.

Graf Friedrich Wilhelm von dem Bussche und seine Ehefrau Else geb. von Arnim ließen 1862 bis 1867 durch den Osnabrücker Architekten Schulze ein Herrenhaus in englischer Neugotik erbauen.

Der zweigeschossige dreiflügelige Bau präsentiert sich mit Ecktürmen und breitem Mittelrisalit, Treppengiebel und breiter Vorhalle. Eine gotische fünfschiffige Eingangshalle mit Kreuzgewölbe hebt den Charakter eines großzügigen Landsitzes hervor. Dieser ist gleichzeitig Ausdruck des neuen Zeitgeistes. Sorgfältig gearbeitete Kapitelle, feine Schablonenmalerei an Kreuzgewölben und saubere Ornamentik der paneelierten Wände zeugen von hervorragendem handwerklichem Können. Bemerkenswert erscheint, daß in fast allen Räumen anstelle von Tapeten auf den verputzten Wänden mit handgearbeiteten Schablonen Muster gedruckt sind; sie geben den Räumen eine persönliche Note.

Das Herrenhaus birgt Kostbarkeiten eigener Art. Die historischen Räu-

*Ippenburg.
Die alte Burg nach einer Zeichnung von 1811.*

*Lageplan der Ippenburg aus der Zeit um 1850.
A Herrenhaus, B alte Burg mit Kapelle, C Bleichhaus, D Eiskeller, E Schmiede, F Holzscheune, G Brunnen, H Verwalterhaus, I Viehscheune.*

Neu-Barenaue wurde nach der Mitte des vorigen Jahrhunderts im Stil eines herrschaftlichen Landhauses erbaut. Es zeigt neuromanische Stilelemente.

230

me im Obergeschoß, insbesondere den Saal, schmücken Brüsseler Gobelins des 17. und 18. Jahrhunderts nach Enghin und Tennier aus der Werkstatt Borg in Brüssel und französische Tapisserien aus Aubusson. Seit dem Mittelalter gehörten gewirkte Teppiche mit ornamentalen Mustern, figürlichen Szenen und Landschaftsdarstellungen zum beliebtesten Hausschmuck in Fürstenhäusern und auf Adelshöfen. Die Gobelinwirkerei erlebte ihre größte Blüte im 16. und 17. Jahrhundert. Um dem gesteigerten Bedarf zu entsprechen, haben Großunternehmer, vor allem in Brüssel und Paris, die Tapisserie zu einem der wichtigsten Wirtschaftszweige des Landes entwickelt.

Eine umfangreiche Ahnengalerie zeigt Porträts aus dem hannoverschen und preußischen Herrscherhaus und der eigenen Familie vom 16. bis 19. Jahrhundert. Schon in der Eingangshalle begrüßen Georg I. und Georg II. den Besucher. Auch die Tochter des »Winterkönigs« und Kurfürsten Friedrich V. von der Pfalz, Herzogin Sophie (»Frau Bischöfin«) scheint den Ankommenden freundlich zu betrachten.

Zum Lebensstil barocker Fürsten gehörte eine Gemäldegalerie. Gewöhnlich wurden die Bilder in langen Gängen gesammelt und dicht an dicht aneinandergereiht. Der begüterte Standesherr suchte dem nachzueifern. In Ippenburg weisen vor allem Porträts, weniger Landschaftsbilder, auf den Sammeleifer des Schloßherrn hin.

Neben den Gemälden verdienen Kelche mit Wappen von dem Bussche/Oer und Sieberg zu Aprat/Neuenhoff sowie eine Reihe deutscher und französischer Gläser aus dem 17. und 18. Jahrhundert Beachtung.

Zum historisch und geographisch Kostbarsten des Hauses darf die mehrere tausend Bände umfassende Bibliothek mit frühen Atlanten und Weltbeschreibungen gerechnet werden.

Seit der Zeit des Barocks gibt es in den Schlössern Bibliotheken in eigens für sie geschaffenen Räumen, nicht selten in raumübergreifenden Stockwerken. Sie wurden oft zu Kunstkabinetten, die das Haus schmückten (Schloß Bentheim, Schelenburg, Schloß Gesmold). In Ippenburg umgibt das Grün der Bäume und Sträucher unmittelbar das Herrenhaus. Efeu umrankt die Fassaden und läßt romantische Gotik sichtbar werden. Eine Rasenfläche, in der wie zufällig einige Bäume stehen, breitet sich vor und hinter dem Herrenhaus aus. Je weiter die Entfernung vom Schloß, um so mehr gehen einzelne Hecken in Buschwerk und Bäume in Gruppen und Wald über. Schließlich ist die »ausgedehnte Wohnung« zur Landschaft geworden.

Ippenburg. Eine Zeichnung aus dem frühen 19. Jahrhundert stellt das zweistökkige Herrenhaus mit Tordurchfahrt und Seitenflügeln dar. Der Bau wurde 1862 niedergelegt.

Besitzer

1345	von der Owe
1350	von Sutholte
1358	von Gesmele (Gesmold)
	(Besitzer der halben Burg)
1390	von dem Bussche-Ippenburg
	(Besitzer der halben Burg)

um 1390–heute	von dem Bussche-Ippenburg (seit 1840 Graf von dem Bussche)

Bauten

um 1600	Wirtschaftsgebäude (Verwalterwohnung, Stallungen)
1862–1867	Herrenhaus

Neu Barenaue Schloß Neu-Barenaue wurde 1857 bis 1862 unterhalb des Kalkrieser Berges im Stil eines herrschaftlichen Landhauses vom hannoverschen Architekten Hunäus erbaut. Ursprünglich sollte das Haus auf der Höhe des Berges errichtet werden. Wegen der Schwierigkeit des Materialtransportes wurde davon Abstand genommen. Der Neubau erschien notwendig, weil ungünstiger Baugrund am Rande des Moores und Trinkwassermangel einen Ausbau des bescheidenen Wohnhauses in Alt-Barenaue (siehe S. 135) nicht zuließen.

Der auf rechteckigem Grundriß über hohem Kellergeschoß errichtete zweistöckige Bau zeigt neuromanische Stilelemente. Nach allen vier Seiten sind ein Geschoß höher reichende Mittelrisalite ausgebaut. Kleine flankierende Ecktürmchen erinnern an Ausbauten eines mittelalterlichen Bergfrieds. Die beiden Längsseiten sind gleichmäßig durchgefenstert und die Fenster im ersten Stock und die gekuppelten im zweiten Geschoß rundbogig abgeschlossen.

Die beherrschende Anordnung von Haupttreppe, Vorplatz und Saal mit anschließender Gartentreppe nimmt die Vorstellungen der Repräsentationsbauten des Barocks wieder auf. Die einander gegenüberliegenden Türen im Hauptgeschoß lassen die axiale Gliederung nach dem einstigen französischen Vorbild »par enfilade« erkennen. Neu-Barenaue erscheint weniger Selbstausdruck eines Standes als Zeichen einer Zeit, die in der Vergangenheit ihre Zukunft sah. Wir vermögen heute nicht zu erkennen, daß diese Art Herrschaftsvilla alten Zauber bewirken könnte.

Der dazugehörige Garten und die Parkanlagen haben nicht mehr den von den Schlössern des Barocks und des Klassizismus gewohnten Umfang. Anstelle der Graften oder weiten Wasserflächen erscheint lediglich ein Springbrunnen. Über eine Gruppe von Eiben gleitet der Blick frei nach Süden zum Kalkrieser Berg, nördlich des Herrenhauses breitet sich eine von Exoten umrandete Wiese aus. Diese unterbricht ein kleiner Teich, wie früher auch das Parkgelände östlich des Adelssitzes. Die freie Landschaft wird wie selbstverständlich einbezogen.

Besitzer

1857–heute	von Bar

Bauten

1857–1862	Herrenhaus

Worterklärungen

Allegorie (griech. allegorein = anders reden) bildliche Darstellung eines abstrakten Begriffes.

Allod (ahd. ganz eigen) freies Gut im Gegensatz zum Lehen, abgabefrei.

Allodifizierung Umwandlung von Lehen in freies Eigentum (gegen Abfindung des Landesherren).

Akanthus (griech. akonthos = Bärenklau) Blatt mit gebuchtetem Rand; als Schmuck beim korinthischen Kapitell gebraucht.

Attika Mauerzone unmittelbar über dem Hauptgesims eines Bauwerkes; s. Korff-Harkotten.

Ballei Verwaltungsbezirk des Johanniter-Ordens, der mehrere Kommenden umfaßt.

Balustrade Geländer aus Balustern Baluster = Docke = geschwellte Säulchen oder Vierkantpfosten; s. Gesmold, Ledenburg, Eggermühlen, Korff-Harkotten, Kappeln.

Bandelwerk Ornament aus geschwungenen Bändern, oft mit Ranken, Blättern und figürlichen Motiven verbunden; s. Clemenswerth, Hüffe.

Basis Fuß einer Säule, Sockel einer Figur.

Bastion (franz.) vorspringender Teil des Hauptwalles einer Befestigung, fünfeckig zur Feuerlenkung nach allen Angriffsrichtungen; s. Vechta, Meppen, Lingen.

Belvedere (ital. belvedere = Schönblick) architektonisch gestalteter Aussichtsplatz; s. Gesmold.

Bergfried Hauptturm einer Burg; s. Iburg, Wittlage, Ravensberg, Limberg, Bentheim.

Beschlagwerk symmetrisch angeordnetes flach abgesetztes Ornament der Renaissance in Art aufgenieteter metallener Beschläge; s. Holtfeld.

Bossenwerk Quadermauerwerk aus vorstehendem roh bearbeitetem Werkstein (Bossenquader) mit sauber gearbeiteten Kanten; s. Fürstenau, Herzford.

Boskett (franz. bosquet) Parkwäldchen, Buschwäldchen. Lustwäldchen im Kontrast zur geometrischen Anlage des Parks; s. Osnabrück, Hünnefeld.

Burgmann verpflichtet, die Burg zu verteidigen und zeitweise dort seinen Wohnsitz zu nehmen.

Chronogramm textlich in eine Inschrift eingefügte Jahreszahl; größer geschriebene Buchstaben bedeuten römische Zahlen, die zusammengezählt das Entstehungsjahr angeben; s. Sutthausen.

Ciborium Kelch zur Aufbewahrung geweihter Hostien mit Deckel.

Corps de Logis (franz.) Mittelteil eines mehrgliedrigen Gebäudes bes. im Barock.

Docke s. Baluster.

Epitaph (griech. = Grabschrift) Wanddenkmal, oft nur eine Platte, zum Gedächtnis eines Verstorbenen; s. Brinke.

Fideikommiß (lat. = fidei commissum = auf Treu und Glauben anvertraut) eine Vermögensform zur Erhaltung des Familiengutes. Das Fideikommiß ist unveräußerlich und nur als Ganzes vererblich; außerdem ist eine bestimmte Erbfolge vorgesehen. Die Weimarer Verfassung schaffte das Fideikommiß ab.

Gewände Schnittflächen, die sich durch schräge Einschnitte eines Fensters oder Portals in die Mauer ergeben.

Gloriette (franz. gloriette = Gartenhäuschen) offener Rundtempel auch Pavillon im barocken Park meist auf einem kleinen Hügel.

Grisaille Grautonmalerei, Farben grau-in-grau; s. Loxten.

Halbkreisaufsatz mit einer Muschel oder einer Halbpalmette gefüllter Aufsatz auf Giebelstufen von Renaissancegebäuden; s. Surenburg.

Kapitell (lat. capitulum = Köpfchen) ausladender oberer Abschluß einer Säule.

Kartusche Zierrahmen der Spätrenaissance und des Barocks aus Rollwerk um eine schildartige Fläche für Wappen, Inschriften u. dergl.

Knagge Kantholz zur Unterstützung eines tragenden Balken am Fachwerkbau; s. Sondermühlen.

Knorpelwerk symmetrisches Ornament aus knorpelartig verdichteten Gebilden; Zierform vor allem im 17. Jahrhundert.

Korbbogen gedrückter Rundbogen (aus Kreisstücken zusammengesetzt).

Korinthisches Kapitell im Kern kelchförmiges Kapitell, mit mehreren Reihen von Akanthusblättern mit Eckvoluten.

(Stand) Landstand im frühen und hohen Mittelalter werden die alten Stände des Adels, der Geistlichkeit und der nicht privilegierten Bauern unterschieden, im späten Mittelalter tritt das Bürgertum als der Dritte Stand hinzu.

Laterne (lat. laterna = Lampe) Türmchen mit Fensteröffnungen als Aufbau einer Kuppel oder eines Turmes; s. Clemenswerth.

Leh(e)n Grundstück, das dem Vasallen zur Nutzung verliehen wird als Entgelt für seine Dienste.

Lisenen flach aufliegende Mauerstreifen, die eine Wand gliedern, ohne Basis und Kapitell; s. Iburg.

Louis seize Stil der französischen Kunst unter Ludwig XVI. (1774–1792). Übergang vom Rokoko zum Klassizismus; s. Hüffe.

Mansarde Dachform mit gebrochenen Dachflächen; die unteren Flächen sind steil, um Platz zu gewinnen; s. Orangerie in Tatenhausen, Hüffe.

Maßwerk Zierform der Gotik, mit dem Zirkel konstruiert.

Orangerie Gewächshaus zum Überwintern von Orangenbäumen und anderen südlichen Gewächsen; s. Tatenhausen, Bruche, Ostenwalde.

Palas Wohnbau einer Burg.

Pagode ostasiatischer Kultbau des Buddhismus, beliebtes Motiv des spätbarocken Gartens.

Palmette fächerförmiges symmetrisches Ornament mit starker Betonung der Mittelachse (an Palmblätter erinnernd); s. Sondermühlen, Hollwinkel.

Paneel vertieftes Feld der Täfelung.

Patrimonialgericht Gerichtsbarkeit, die dem Grundherrn bzw. Gutsherrn zusteht über die Hintersassen seiner Herrschaft.

Pavillon viereckiges kleineres Gebäude freistehend oder mit dem Hauptbau fest verbunden (Barockschloß); s. Loxten.

Pilaster aus der Wand heraustretender flacher Pfeiler mit Basis und Kapitell; s. Bentheim.

Pinienzapfen beliebtes architektonisches Ziermotiv vor allem im Barock (Sinnbild der Fruchtbarkeit); s. Honeburg, Vortlage.

Portikus von Säulen getragener Vorbau an der Frontseite eines Hauses; S. Korff-Harkotten.

Quader behauener rechteckiger Blockstein.

Radzinne Halbkreisaufsatz auf den Giebelstufen eines Renaissancebaus; s. Schelenburg.

Risalit (ital. risalto = Vorsprung) Teil eines Gebäudes, der zur Aufgliederung der Fläche in ganzer Höhe vorspringt; Mittel-, Seiten- und Eckrisalte; s. Landegge, Bruche, Hüffe, Ketteler-Harkotten.

Rocaille asymmetrische Muschelform (Kartusche) nach außen sich auflösend; beliebtes Ornament des Rokoko; s. Hüffe.

Rollwerk Ornament der Renaissance, das an seinen Rändern bandartig aufgerollt ist.

Rustika Quadermauerwerk aus Bossen (Buckelquadern), siehe auch Bossenwerk; s. Fürstenau, Bentheim.

Seelgerät Gebets- oder Meßstiftung zum Seelenheil (für die armen Seelen im Fegefeuer).

Supraporte (ital. = über der Tür) schmückender Aufsatz über der Tür; s. Clemenswerth.

Tapisserie (franz. = Tapete) gewirkte oder bestickte Teppiche (Wandteppiche); s. Ledenburg, Ippenburg.

Taustabknaggen Knaggen, die mit tauähnlichem Ornament geschmückt sind; s. Sondermühlen.

Tonnengewölbe Gewölbe gewöhnlich mit halbkreisförmigem Querschnitt.

Tumba (lat. = Grabhügel) Grabmal, rechteckiger Unterbau über einem Grab.

Türsturz waagerechter Abschluß der Türöffnung.

Verkröpfung Herumführung eines Gesimses oder Ornamentbandes um eine senkrechte Wandvorlage (Vorsprung, Pilaster); s. Osnabrück.

Volute schneckenförmige, spiralförmige Einrollungen.

Walmdach an den Längs- und Schmalseiten abgeschrägtes Dach.

Welsche Haube mehrfach geschweifte Turmhaube.

Zwerchgiebel (zwerch = quer) Giebel über der Außenwand und in ihrer Längsfront liegend, quer zur Firstlinie; s. Schelenburg.

Zwinger Raum zwischen der Burgmauer und Vormauer oder Graben.

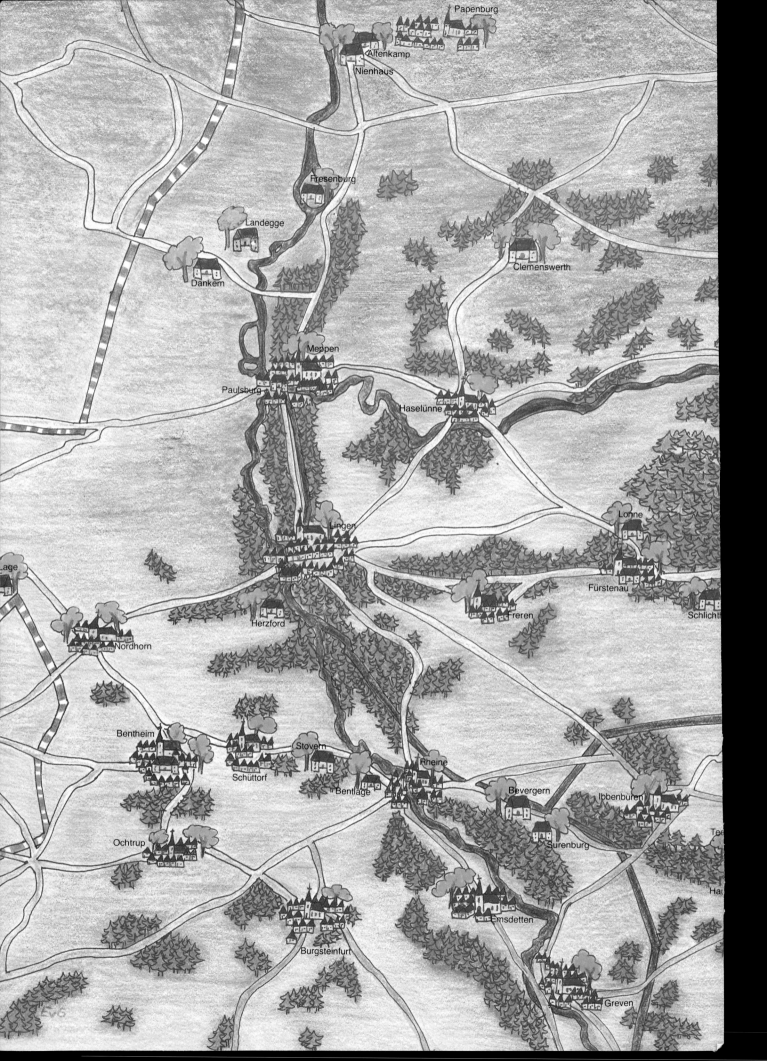